〈児童文学〉の成立と課外読み物の時代

目黒 強

和泉書院

目次

第二部　児童雑誌のジレンマ

凡例

(1) 資料からの引用については、旧字は適宜、新字に改め、「々」を除く踊り字は当該活字に起こし、傍点・ルビは省略した（ただし、読み方が難しい語句については新仮名遣いのルビを付した）。脱字や句読点は〔 〕で補い、誤植と思われる語句には（ママ）を付し、判読不能な文字は□と記した。

(2) 収録図版

【図2-1】附木舟に乗る「僕」（一四六頁）、【図2-2】大犬張子（一四八頁）、以上は『博文館版　少年世界11・16』名著普及会、平成二年復刻版より転載。

【図2-3】飛蝗に乗る太郎（一五四頁）、【図3-1】蟹と話す小安手（一九六頁）、【図3-2】森を探検する露子とお照（一九九頁）、【図3-3】男装姿で乗馬する浪子（二〇七頁）、【カバー裏】『少女世界』五巻十二号（博文館、一九一〇年九月発行）表紙（太田三郎・画「読書」）、以上は大阪府立中央図書館国際児童文学館所蔵の画像提供による。

【カバー表】『少年世界』十八巻五号（博文館、一九一二年三月発行）表紙（岡野栄・画「幸福の光」）は著者所蔵による。

(3) 引用作品中、今日の人権意識に照らして不適切と思われる表現が用いられているが、当時の時代的背景をかんがみ、そのままとした。

序論

課外読み物の時代

小学生の頃、夏休みの宿題で読書感想文に取り組んだことがある人は多いのではないだろうか。なかには、どんな本を読んだらよいのか途方に暮れた末、「課題図書」にお世話になった方も少なくないはずだ。

読書感想文が夏休みの風物詩になった経緯については別途検証する必要がありそうだが、青少年読書感想文全国コンクールの普及が一役買っていることは間違いない。

青少年読書感想文全国コンクールは全国学校図書館協議会と毎日新聞社の主催事業で、読書活動等の振興を目的に一九五五年に始まったものである（第一回のみ毎日新聞社は後援）。「課題図書」は主催者が指定した図書で、一九六二年に課題図書部門が設けられて以降、毎年指定されている(1)。

全国学校図書館協議会編（二〇一七）によれば、六二回目のコンクールとなる二〇一六年度の応募総数は四三七万六三一三編で、参加校数は二万六〇七七校であったという。これほどの規模で長期間にわたって実施されているメディア・イベントは寡聞にして知らない。同コンクールがいかに桁外れな事業であるのかが理解されることと思う。

さて、本書のタイトルでも使っている「課外読み物」という語句だが、課題図書をイメージしてもらうとわかりやすいのではないか。「課外読み物」は、学校で指定された教科書や参考書以外の読み物を指すが、教科書等とそれ以外の読み物を区別する以上の意味を含んでいる。たとえば、読書感想文で課題図書を手に取るのは、何を読んだらよいのかわからないからであることに加え、オーソライズされていることによる安心感を得られるからであろう。つまり、課外読み物というカテゴリーは、当該の読み物が児童・生徒に適しているという価値判断を内在させているのである。

二〇〇一年には、子どもの読書活動の推進に関する法律が施行された。自治体は子どもの読書活動推進計画の策定を義務付けられ、子どもの読書活動が家庭・学校・地域において推進されるようになり、課外読み物に対する社会的関心が高まりつつある。現代社会は、休暇中にも学校外にも、課外読み物のまなざしが遍在した社会なのである。

課外読み物の成立要件

それでは、このような課外読み物のまなざしはどのように形成されたのであろうか。課外読み物の成立要件としては、公教育の普及と〈児童文学〉の成立が挙げられる。課外読み物は正課活動の根拠である公教育を前提とした概念であり、その対象として〈児童文学〉を必要とするからである。そこで、ここでは、公教育制度と〈児童文学〉の誕生について素描しておきたい。なお、当時は「児童文学」というジャンル名はほとんど使われず、「少年文学」や「お伽噺」などのジャンル名が使われていたが、子ども読者を対象とした文学ジャンルの総称として名指す場合には〈児童文学〉と表記する。

日本における公教育制度は明治五年に公布された学制を端緒とするが、制度的完成をみるまでには時間が要された。「義務教育」という語が初めて登場するのは小学校令（明治一九年）からで、義務教育年限は三年から四年であった。その後、義務教育年限は、明治三三年の小学校令の改正で四年となり、明治四〇年の小学校令の改正で六年となる。年限に変化はあるものの、いずれも尋常小学校までが義務教育とされていた。

就学率が五〇％を超える明治二四年前後から、『少年園』（少年園社、明治二一年創刊）を皮切りに少年向けの総合雑誌が相次いで創刊されたり、博文館から「少年文学」叢書（明治二四〜二七年）が刊行されたりするなど、児童・生徒を読者対象とした〈児童文学〉が花開くことになる。(2) 読者対象は、尋常小学校児童のみならず、尋常小学校の上級学校である高等小学校、ひいては中学校の生徒をも含んでいた。これらの児童・生徒の多くは、公教育制度を通して読み書き能力を身に付けたと考えられる。(3) つまり、公教育の普及は、本や雑誌を読むことができ、雑誌に投稿できる読者を育てたという点で、〈児童文学〉の誕生を促したのである。

小説有害論

〈児童文学〉が誕生した明治中期は、学生風紀問題に伴い、課外読み物が統制の対象として発見された時期でもあった。学生風紀問題とは、「学生の乱暴狼藉、学校紛擾、政治活動への熱中などの「社会的逸脱」から、服装の乱れや喫煙飲酒などのこまごまとした生活態度までを問題化し、批判する一連の言説群」で（澁谷、二〇一三、二〇七頁）、明治中期の教育界を席巻した社会問題の一つである。第一部で検討するように、〈小説〉などの読み物もまた、学生の風紀を乱す元凶として槍玉に挙げられていた。

現代の感覚からすれば、学生の風紀を乱す原因を〈小説〉に求める小説有害論には違和をおぼえるかも知れない。そこで、当時の小説観について整理しておくことにしたい。個々の事例については、第一部で取り上げているので、ここではアウトラインのみを示す。なお、これから明らかにするように、「小説」という用語は論者の立場によって指示対象が異なっていたが、行論の都合、総称として指示する際には〈小説〉と表記する。

まずは、稗史小説観を取り上げたい。「稗史小説（稗官小説）」は古代中国の下級官吏（稗官）が収集した巷間の風聞等を指し、「正史」とは区別されていた(4)。やがて、取るに足りない言説を原義としながら、白話小説などの虚構を意味するようになる。日本においても、近世以降、儒学が官学となり、稗史小説観が受け継がれた。四書五経などを学ぶ「士君子の文学」とは差別化され、虚構に過ぎない戯作などの稗史小説は婦女童蒙の玩具として蔑視されていた。

稗史小説観が士族以外の階層に広まったのは、明治初期のベストセラーである斯邁爾斯《スマイルス》（中村正直・訳）『西国立志編　原名自助論』（明治三～四年、木平謙一郎蔵版）を通して(5)、「稗官小説ノ害」が人口に膾炙し、その後の読書論においても再生産されたからだと考える。

第一一編二四の「稗官小説ノ害」という章では、「稗官小説ハ．人ノ戯笑ニ供シ．ソノ心志ヲ蕩散スルモノニシテ．教養ノ事ヲ穢《けが》スコト．コレヨリ甚シキハナシ」のように位置付けられていた(6)。少し後には、「稗官小説．遍ク世人ヲ害シ．就中《なかんずく》心志未夕定マラサル人ヲ害スルコト．疫病ヨリモ甚シ」とある。「稗官小説」は、とりわけ「心志未夕定マラサル」年少者の勉強立身にとって有害であるとされていたのである。

このような「稗官小説ノ害」は、少なくとも明治中期の年少読者の間では共有されていたようだ。「稗官小説ノ害」に反論しながら、「小説」を擁護した吉田幾治郎による投書「少年（青年ヲ含ム）諸君須ク小説ヲ読ムベシ」（『日本之少年』二巻五号［明治二三年三月一日］）を契機に、『日本之少年』（博文館、明治二二年創刊）の読者投稿欄で論争化しているからである。

翻訳書であるにもかかわらず、『西国立志編』に儒教的文学観が認められるのは、「稗官小説」という訳語の選択からもうかがえるように、訳者である中村正直の思想が反映されているからである。三川（二〇一〇b）によれば、「Self-Help（『西国立志編』、引用者注）が novel の文芸としての価値を全面的には否定しておらず、程度をわきまえた上での娯楽としての読書を容認していたのに対し、『西国立志編』では、そのようなニュアンスが翻訳の過程で消し去られ、専ら「小説」の害のみが強調された形となっている」という。このような改変が行われたのは、洋学者であると同時に儒学者でもあった中村正直が「儒教的な枠組みで西洋文化を受け入れようとした」（三川、二〇一〇ａ）からであった。

以上のことから、稗史小説観が小説有害論の源泉の一つであったことが理解されることと思うが、学生風紀問題で有害とみなされていたのは、近世の戯作よりも、写実主義や自然主義などの近代小説の方であった。

そこで次に、近代小説観をみていくことにしたい。「小説」の近代化を試みた坪内雄蔵（逍遥）の『小説神髄』（松月堂、明治一八～一九年）によれば、「小説」（novel）の眼目は、同時代の普通の人びとの「世態人情」を写実することにあった。(7)

ローマンスは趣向を荒唐無稽の事物に取りて、奇怪の百出もて篇をなし、尋常世界に見《あら》はれたる事物の道理に矛盾するを敢て顧みざるものにぞある。小説すなはちノベルに至りては之れと異なり。世の人情と風俗をば写すを以て主脳となし、平常世間にあるべきやうなる事柄をもて材料として而して趣向を設くるものなり。（二七頁）(8)

ここで注意すべきは、滝沢馬琴『南総里見八犬伝』（文化一一～天保一三年）のような稗史小説が「奇異譚（romance）」として排除されていた点である（「その譚《ものがたり》は奇なりといふとも、之れを小説とはいふべからず」五二頁）。

稗史小説を排除したにもかかわらず、近代小説が有害視されたのは、「世態人情」を写実するという方法論にあった。稗史小説観のもとでは、〈小説〉は虚構に過ぎず、現実に及ぼす影響は軽視される傾向にあったが、(9)近代小説の台頭に伴い、〈小説〉は現実を映し出すが故に危険なメディアとして警戒されることになる。稗史小説観は、近代小説を否定的媒介としながら、有害図書観としてリニューアルされたのだと言い換えることも可能だろう。

さらに、子どもは保護／管理されるべき存在であるという近代的子ども観が有害図書観に合流し、子どもに有害な悪書を排除しながら、子どもに望ましい良書を推奨するという課外読み物観が次第に形成されたのだと考えられるのである。

課外読み物という思想

話を元に戻すと、学生風紀問題を背景的要因としながら、文部省は課外読み物の統制に着手するようになる。その嚆矢は、牧野伸顕文部大臣が明治三九年に発令した訓令第一号「学生生徒ノ風紀振粛ニ関スル件」（『官報』六八八二号）であった[10]。

> 就中《なかんずく》近時発刊ノ文書図画ヲ見ルニ或ハ危激ノ言論ヲ掲ケ或ハ厭世ノ思想ヲ説キ或ハ陋劣《ろうれつ》ノ情態ヲ描キ教育上有害ニシテ断シテ取ルヘカラサルモノ尠《すくな》シトセス〔。〕故ニ学生生徒ノ閲読スル図書ハ其ノ内容ヲ精査シ有益ト認ムルモノハ之ヲ勧奨スルト共ニ苟《いやしく》モ不良ノ結果ヲ生スヘキ虞《おそれ》アルモノハ学校ノ内外ヲ問ハス厳ニ之ヲ禁遏《きんあつ》スルノ方法ヲ取ラサルヘカラス〔。〕

「陋劣ノ情態ヲ描キ」とあるように、学生の風紀を乱す有害図書として自然主義小説が取り上げられていた。

牧野訓令が注目されるのは、良書の「勧奨」と悪書の「禁遏」（禁止）が表裏一体の政策として打ち出されているからである。現代に目を転じると、子どもの読書活動の推進に関する法律が施行されて以降、全国各地で子どもの読書活動が推進されている一方で、二〇一〇年に非実在青少年で話題となった「東京都青少年の健全な育成に関する条例」のように[11]、青少年健全育成条例において有害図書類の規制が強化されるなど、読書活動の推進と有害図書類の規制は軌を一にしている。

現代においても牧野訓令と同型の構造が看取されるのは、良書と悪書が相補的関係にあるカテゴリーであることに加え、良書を選書するという行為は悪書を排除するという行為に転化しやすいからであろう。

以上のことから、課外読み物の思想とは、子どもが読むべき本を正統化する[12]と同時に、読むべきでない本を排除することを通して、学校外における子どもの読書活動を統制する考え方であるということができる。

本書の構成

そこで第一部では、課外読み物が統制されるようになった明治期において、課外読み物として発見された〈児童文学〉の役割、ひいては、そのような役割期待を通して〈児童文学〉が正統化された局面を明らかにする。

第一章では、明治期を代表する出版社である博文館が刊行した総合雑誌の『太陽』（明治二八年創刊）を取り上げ、「少年」が「読書国民」として発見された局面を明らかにする。第二章では、修養主義的文学論のイデオローグと目される大町桂月を取り上げ、『太陽』に認められた修養主義的読書論の社会的機能について論じる。第三章では、『教育時論』（開発社、明治一八年創刊）を取り上げ、課外読み物として〈児童文学〉が正統化された過程をたどる。第四章では、〈冒険小説〉というジャンルを事例にしながら、課外読み物における排除と包摂の力学を明らかにする。第五章では、明治期を代表する児童文学作家である巌谷小波のお伽噺論の検討を通して、〈お伽噺〉が課外読み物として正統化される局面と課外読み物から逸脱する局面を論じる。第六章では、巌谷小波の文士優遇論の検討を通して、児童文学作家の社会的地位の確立をめぐるポリティクスについて論じる。

第二部では、博文館が刊行した児童雑誌である『少年世界』（明治二八年創刊）と『少女世界』（明治三九年創刊）を取り上げ、課外読み物として囲い込まれようとしていた児童雑誌のジレンマを明らかにする。公教育制度の普及に伴い誕生した〈児童文学〉は課外読み物として振る舞うことを余儀なくされる訳であるが、実際に発表された〈小説〉を読んでみると、作品が社会の役割期待ないしは作家や編集者の意図を裏切っているようなケースが散見されるからである。

第一章では、小説有害論が認められた明治時代に、児童雑誌が〈小説〉を掲載することが孕む諸問題を明らかにする。第二章では、『少年世界』における〈お伽小説〉と〈冒険小説〉に認められた冒険思想を検討し、第三章では『少女世界』における〈お伽小説〉と〈冒険小説〉に認められた良妻賢母思想を検討する。第四章では『少年世界』の〈少年小説〉、第五章では『少女世界』の〈少女小説〉を取り上げ、少年少女の学校化の諸相を検討する。冒険思想・良妻賢母思想・学校化に着目したのは、いずれもが当時の少年少女に期待されていたイデオロギーないしはハビトゥスであり、児童雑誌を正統化するテーマであったと考えたからである。

以上の検討を通して、課外読み物から逸脱するモーメントを孕みつつも、〈児童文学〉が課外読み物として正統化されながら成立する諸相を明らかにする。課外読み物の統制の起源を明らかにする本書の試みが、課外読み物の思想がますます遍在化し強化されている現代日本における子どもの読書生活を問い直す契機になればと思う。

第一部　課外読み物としての〈児童文学〉の正統化戦略

第一章　読書国民としての「少年」の発見
―『太陽』を事例として―

本章では、課外読み物観が形成されるにあたって、年少読者が読書国民として発見され、近代国家の成員として包摂される局面を明らかにする。永嶺（二〇〇四）によれば、「読書国民」とは明治後期における地方改良運動のもとで理念として見出された読者公衆で、読書によって教化善導される国民を指す。ただし、本書では、地方改良運動を与件としていないケースにも拡大適用している。

そこで取り上げることにしたのは『太陽』である。同誌は明治二八年に博文館から創刊された総合雑誌で、都市部新中間層の世論の形成に寄与したマス・メディアであった。永嶺（一九九七）によれば、当時の政治評論雑誌の発行部数が数千部程度であったのに対して、『太陽』は創刊年の各号が十万部程度発行されており、主な読者層は「官吏・教員を主体とする都市部の中産知識人層であり、これに学生層と一部上層商工階層が加わってくる」という（一二四頁）。

このように『太陽』が広く読まれたのは、「百科全書」的な編集を通して、[1]「当節の日本人が一国民として身につけるべき平均的な教養や常識、知っておくべき知識を網羅して提供」していたからであった（鈴木、二〇〇一、一六頁）。

「百科全書」的性格は創刊号の構成からもうかがえる。創刊号は、「論説」「史伝」「地理」「小説」「雑録」「文苑」「芸苑」「家庭」「政治」「法律」「文学」「科学」「美術」「商業」「農業」「工業」「社会」「海外思想」「与論一斑」「社交案内」「新刊紹介」「海外彙報」「海内彙報」「英文」の二四に及ぶジャンルから構成されていたからだ。

つまり、『太陽』は当時の「平均的」な世論を形成したマス・メディアであったのである。ここで留意したいのは、『太陽』の発行元である博文館が青少年向け文学雑誌に力を入れていた出版社であった点だ。このことは、明治二八年の博文館による雑誌再編で『太陽』と共に創刊されたのが『少年世界』と『文芸倶楽部』であったことからもうかがえよう。鈴木（一九七九）によれば、『太陽』の執筆陣は「帝大、早大、文壇の中心をおさえ、ほぼ当時のトップレベルの執筆者をそろえていた」という（九頁）[2]。

以上のように、総合雑誌でありながら文学色が強いメディアであったことから、『太陽』は課外読み物観の形成を検討するのに適した雑誌であるといえる。なお、検討期間については、『太陽』が創刊された明治二八年から明治四五／大正一年までとした。

第一節　学生風紀問題関連記事

まずは、課外読み物観の成立を促した学生風紀問題関連記事を検討することから始めたい。ここでは、「風紀」というキーワードが題名に含まれているかどうかを手がかりに記事を収集した。この方法ではキーワードが含まれていない記事を収集できないが、題名として明示されているということは学生風紀問題が争点として顕在化していることを示唆していると考えられるため、傾向を明らかにする上では適切であると判断した。確認できた学生風紀問題関連記事は、次の一二件であった。

・無署名「学生の風紀」三巻一四号（明治三〇年七月五日）

・無署名「学生の風紀問題」四巻六号（明治三一年三月二〇日）
・無署名「学生風紀問題」四巻一〇号（明治三一年五月五日）
・無署名「学生風紀振粛の根本問題」四巻一三号（明治三一年六月二〇日）
・無署名「学生の風紀取締」六巻七号（明治三三年六月一日）
・桂月漁郎「学生風紀根治策」七巻一〇号（明治三四年九月五日）
・桂月漁郎「風紀雑題」七巻一三号（明治三四年一一月五日）
・大町桂月「女学生風紀問題」八巻一二号（明治三五年一〇月五日）
・無署名「風紀振粛の訓令」一二巻一〇号（明治三九年七月一日）
・沢柳文部次官談「英国の教育問題と風紀問題」一二巻一一号（明治三九年八月一日）
・井上哲次郎「学生の風紀問題に就て」一二巻一三号（明治三九年一〇月一日）
・長谷川天渓「姑息の風紀改善案」一三巻一二号（明治四〇年九月一日）

本節では、以上の記事のうち、〈小説〉などの文学が争点となっていた「学生風紀根治策」・「英国の教育問題と風紀問題」・「学生の風紀問題に就て」・「姑息の風紀改善案」の四件の記事を中心に検討する。なお、上記の記事以外でも、「学生風紀振粛の根本問題」では「中小学生徒」の「寄席《よせ》」の出入、「風紀雑題」では裸体画論争、「風紀振粛の訓令」では牧野訓令が取り上げられるなど、課外読み物規制に関連する記事が認められた。

まずは、「学生風紀根治策」（七巻一〇号［明治三四年九月五日］）であるが、文芸記事を担当していた大町桂月（桂月漁郎）が「余輩はただ其極端に趨《はし》りて、社会を無視し、人道を無視するもの（小説を指す、引用者注）を排斥するのみ」という立場を採っている。

文学の要は、人の感情を醇美にし、高尚にす。かくて、人品自から高まるべし。且つや、理性に訴へずして、感情に訴ふ。而して人の行為を左右するに力あるものは、冷かなる理性にあらずして、温かなる感情なるを思へば、文学は実に教化の一大要具たらずんばあらず。（同右）

桂月が「理性」ではなく「感情」に訴える「文学」の感化力をポジティブに捉えていたことがわかる。このような文学＝小説観は、桂月から文芸記事の担当を引き継いだ長谷川天渓の「有害の小説」（一二巻一二号［明治三九年九月一日］）にも認められた。天渓は「有害なる小説とは何物ぞ。写実主義、或は自然主義の弊毒に発生したるものこれなり」と断言し、その「弊毒」を次のように指摘した。

其の弊害中、最も忌《い》むべきは、主人公の堕落なりとす。／科学的風潮に浴したる結果、凡庸の事ににすら《（ママ）》趣味あるを発見したるは可なり。然れども之れと同時に、ただ人間の生理的、心理的解剖のみを、面白がりて、人格ある人物の描写を忘却したるは誤れり。科学的に性格ある人物は描かれたりと雖《いえど》も、道徳的に人格ある人物は顧られざりき。

このように近代小説を批判した天渓は「人格ある人物を主人公とせむことを切望」して擱筆している。「科学」ではなく「道徳」を重視する天渓の小説観は、「理性」ではなく「感情」を重視した桂月と同型であり(3)、小説有害論の典型であった。

次に、「英国の教育問題と風紀問題」（一二巻一一号［明治三九年八月一日］）であるが、英国では「青年は専ら自家を修養し開発すべきもので、未熟の言論を発表したり、行動を執つたりする事は何処までも排斥されるやうに出来て居る」こと、「図書の閲読の如きも家庭で厳重な注意を与へるは固《もと》より、図書館や学校などの公館に於ても学生の見るべきもの読むべきものの区別が備はつて居る」ことを伝えている。

この時、沢柳は文部次官であり、時期からして牧野伸顕文部大臣による訓令第一号「学生生徒ノ風紀振粛ニ関スル件」（明治三九年六月九日）を権威付ける意図があったと推測される。なお、「新任文部次官沢柳政太郎君」というキャプション付で肖像画が掲載されており、記事自体もオーソライズされていた。

つづいて、「学生の風紀問題に就て」（一二巻一三号〔明治三九年一〇月一日〕）であるが、「日清戦争後淫靡《いんび》なる文学が益々《ますます》行はれて、さうして其文学の中には、ニーチエとかゴルキーとか云ふやうな、作家が持て囃《はや》され、弥々《いよいよ》倍々《ますます》淫靡なる風潮を助けるやうな」状況を踏まえ、「斯る文学が汎《ひろ》く我国に行はれて来た以上は、独り学生が之を免れると云うことは、余程難い事であるのであります」という見解が示されている。国民道徳論の主導者であった井上哲次郎の見解だけに、[4]日清戦争後の文芸思潮批判を先導する記事であったといえる。

最後に、「姑息の風紀改善案」（一三巻一二号〔明治四〇年九月一日〕）であるが、帝国教育会が文部省に提出した「風紀に関する建議案」に対する反論である。長谷川天渓が反論を寄せたのは、「新聞雑誌小説の類は厳密なる検閲をなし苟《いやしく》も風教に害ありと認むべきものに対しては相当の制裁を加ふることを励行すること」という建議に対してであった。[5]

天渓は「小説出版の自由を拘束せんとするが如き、暴虐の甚しきものなり」と痛罵し、「風紀頽廃《たいはい》の原因」は「外界の誘惑物」にではなく、「誘惑物」に惑わされることのない「品性の強固なる人物」を育成できない「教育者」にこそあると主張した。「品性の強固なる人物」を育成できれば規制は不要であるとの立場は、「人品」や「人格」を重視した「学生風紀根治策」と「有害の小説」にも認められたものであった。

以上の検討から、近代小説が学生の風紀を乱しているという認識は共通しているものの、〈小説〉による人格の陶冶を期待する課外読み物規制反対派と課外読み物規制派との対立関係が示唆されよう。

第二節　特集「教育と小説」

「教育と小説（青年男女に小説を読ましむる可否）」という特集が一四巻一号（明治四一年一月一日）で組まれ、(6)七人の識者が談話を寄せている。(7)明治三九年の牧野訓令以降、課外読み物が社会問題として争点化される過程を知る上で注目に値する特集である。そこで本節では、同特集について検討することにしたい。

課外読み物として〈小説〉を規制することに賛成していると考えられるのは、田中喜一と中島徳蔵の二名であった。田中は自然主義小説を批判していた哲学者、中島は井上哲次郎の国民道徳論と親和的な思想を有していた哲学者である。(8)

「田中喜一氏談」は「過去二十五年間日本に現はれた小説は、決して我が赫々《かくかく》たる国運と伴つて居るものではない」とした上で、次のように近代小説を批判している。

要するに彼等の著作は概して博大なる観察と、深遠なる研究と、高尚なる経綸とを欠いて居る。唯学識乏しく経験少なき青年が、他人を皮相的に観察してそれを写すとか、自分のつまらない感想を手本として描いた人生観に過ぎない。かかる小説は経験に富んだ大人にとつては、ただ無益たるに止まらうが、まだ経験乏しい、従つて判断力の弱い青年男女にとつては、或は人生を観察するに、極めて下劣なる、極めて雑駁《ざつぱく》なる、極めて不自然なる観察法を取るやうに感化しないとも限らぬと思ふ。ここに至つて自分は現代の小説を青年男女に推奨することを、大いに躊躇《ちゅうちょ》せざるを得ない。

「他人を皮相的に観察してそれを写す」などの文言から、写実主義小説や自然主義小説を批判していることがわかる。牧野訓令等に言及している訳ではないが、内容からして近代小説を規制する思想に親和的であると考えられる。ただし、「十七八歳以上ならば、随分社会や個性の事を峻刻に写したものを読ませても、差支ないのみならず、又読ませる方が有益であると思ふ」という立場を採っていた。

「中島徳蔵氏談」もまた、近代小説を批判している。

それは西洋のやうな特種な青年小説はいいであらう。例へばロビンソンクルーソーとか、トムブラウンス、スクールデースとか、其の他冒険談風のものなどは宜《よろ》しからう。ナチユラルな、フイジカルな、有益な趣味あるものならば宜しかろうが、近来行はるる如き恋情小説肉欲小説は絶対的に青年に読ませてはならないと思ふ。

「恋情小説肉欲小説」については強い調子で読ませてはならないと主張しており、近代小説を規制することに賛成していると考えられる（「冒険談風のもの」が許容されている点については、第一部第四章を参照のこと）。なお、ここで糾弾されているのは、次のような「写実小説」である。

然るに近時の写実小説といふものには、劣情挑発だけあるやうに見える。此頃或雑誌の附録に出た小説を二つ読んで見た処が、二つながら姦通の事を書いてあつた。聞けば此頃頻《しき》りに此の姦通小説が流行《はや》るさうである。実に悪文学と言はざるを得ない。

一方、課外読み物として〈小説〉を規制することに反対していると考えられるのは、藤井健治郎、小栗風葉、巌谷小波、三輪田元道、新渡戸稲造の五名であった。藤井は井上哲次郎の弟子であるが、個人の倫理的自由を尊重した哲学者であった(9)。風葉と小波は『太陽』と関係が深い硯友社の作家、三輪田高等女学校教頭の三輪田と第一高等学校校長の新渡戸はいずれも教育者である(10)。

まずは、「文学士　藤井健治郎氏談」であるが、「青年男女が小説を読むといふ事実は到底之を禁止し得ぬ」ものであり、課外読み物規制については反対の立場を採っている。

されば今日の青年が何故堕落したかと言へば（堕落といふ事物(ママ)も私自身には疑があるが）、それは全く根底からして青年の意気が盛でないから起つた事。即ち決して小説が青年を堕落せしめたるにあらずして、堕落すべき素因ある青年が偶々僅かの黴菌《ばいきん》によつて犯されたといふ現象と見るべきものである。従つて文部大臣等が現今の小説を以て青年男女の堕落の原因と見るのは、全く因果の関係を倒逆して見て居るのだと信ずる〔。〕とは申すものの無論レシプロカルの作用が、其間に存在するといふ事は私も否定するのではない。

「文部大臣等が現今の小説を以て青年男女の堕落の原因と見る」は、時期からして牧野訓令を指していよう。「妄《みだ》りに法律、妄りに訓令若しくは、妄りに校則等を以て、青年男女学生を拘束せんとするならば、大体の戦略に於て既に謬《あや》まれるものと思ふ」というのが藤井の立場である。

次に、「小栗風葉氏談」であるが、文部省の当時の動向を批判している。

近頃聞くところによると、文部省では美術展覧会で美術家を奨励したやうに、文芸院とかいふものを立てて今度は文学者を優待する意志があるのだとか。これが事実とすれば御志はまことに有難い次第であるが、誰かも心配したやうに、例の風教主義を振り回して文学、殊に小説などを喧《やかま》しく律しやせんだらうか。然《そ》うだと一向有難くも何ともない御志だ。（略）実際、五十歳前後の人々に会つて見ると、やれ何々学士、何々博士といつて最高の教育をも受けて来た人々だ、定めし進歩した思想を有《も》つてるだらうと思ひの外、頭が粗笨《そほん》で趣味も趣向も卑しいのには驚かされる、（略）だから彼等は、新思潮に育まれて文芸の感化を受けて居る今の青年とは殆《ほと》ど没交渉と云つて好い。その連中が若し実際に文芸を律したとしたらば、身の程知らずと評するのに何の差し支へがある！

風葉の代表作「青春」が『読売新聞』紙上に連載されたのが明治三八年から翌年にかけてのことである。山本（一九八一）によれば、『読売新聞』の読者層で最も多かったのが学生層であったという。したがって、このような風葉の見解は学生をはじめとした青年読者層に支持されたかも知れない。なお、引用文中にある「文芸院」をめぐる論争については、第一部第六章を参照されたい。

「巌谷小波氏談」は、近代小説こそが「人生教科書」であるという見解を述べたものだ。

寧《むし》ろ善悪利害の念を離れて、世態人情を白地《あからさま》に写し、若《も》しくは世の欠陥、人の弱点を赤裸々に描き去つた所に、より大なる教訓が含まれ居る。／例へば此頃流行しつつある、彼の自然派の小説の如きも、単に社会の暗面をのみ暴露し、人類の弱点をのみ指摘したものとして、之に眉を顰《ひそ》め、鼻を掩《おお》ふのは、抑《そ》も一を知つて二を悟らざる、近眼者流のする事だ。／尤《もっと》も多くの小説の中には、作家其者の品性の下劣を、無遠慮に表白して憚《はばか》らぬ、似而非《えせ》自然主義の物も沢山ある。此等は実に害あつて益無き、彼の混成酒の如きものであるが、已に作家に一派の見識あり、一種の信念あつて立つた物とすれば、たとひ其中に姦通、弑逆、詐欺、変節、あらゆる不徳が描かれてあつても、それは立派な人生教科書である、世渡手《て》引艸《びきぐさ》である。なまじ見当違ひの正義を論じた、時世後れの修身学より、何《ど》れ程有効か知れはしない。

中島が糾弾していた姦通小説であっても、「立派な人生教科書」であるという小波の近代小説擁護論は、近代小説を規制するという立場とは相容れないものである。(11)

つづいて、「文学士　三輪田元道氏談」であるが、「家庭に於て小説が青年男女に耽読されてゐることは事実である。教育家の禁止は畢竟《ひつきよう》形式に止まる」との立場から、二つのことを提案している。

一つ目の提案は、教育家が「小説」を読む「批評眼」を持つことである。そうすれば、「小説の善いものと悪いものとの判別も出来て、従つて悪い小説を避けて善い小説を読ましむべしといふ普通の理想通り行はるる」からである。

二つ目の提案は、「根本的に青年男女の精神状態を立派に作り上げて、小説を手に触れしめぬが安全などといふ姑息なる事に止まらずに、たとへ小説を枕しても、はた小説の中に座せしめても、善いものには手を触れ、悪いものには手を触れぬといふ内部精神を健全に作り上ぐること」である。

すなわち、「教育者被教育者共に小説等についての批判力を確かに持つやうにすること」が提案されていたのである。小波も「僕は寧《むし》ろ教育家に、小説を読んでも中毒せぬ程の、健全な思想を育成しやうと云ふ、積極方針を取つて貰《もら》ひ度《た》い」と先の談話で述べていたことから、近代小説を擁護する論法の一つであったと考えられる。

ただし、三輪田が次のような小説観を有していたことには留意する必要がある。小波とは違って、現状の写実主義小説ないしは自然主義小説に対して、「倫理」や「道徳」を期待しているからである。

私は日本の小説家に哲学思想を十分持つて貰《もら》ひたく、倫理道徳の考も十分加味して貰ひたい。実世間には倫理もあり道徳も行はれてゐる。世相を写すが小説であるならば此辺も書き入れて貰ひたいのである。

なお、三輪田は「目前の注意」として「まだ年齢の若い者は、一朝一夕にして立ちどころに健全の思想を養ふ訳にはゆかぬから、実際淫靡《いんび》な小説等は読まない方がよい事勿論である」と注意を喚起しており、年少読者については別の考えを有していた。

最後に、「第一高等学校長　新渡戸稲造氏談」であるが、「青年男女学生に小説を読ますの可否に就て、私の考へは、一概に小説と云つて排斥することは出来ないだらう」と述べ、「小説」の読書の利点として、①「想像」の養成、②「読書を楽しむ癖」、③書き方・話し方の学習、④「感情」の養成、の四点を挙げている。なかでも注目されるのは「感情」の養成である。

今日感情の養成と云ふ事は、学校にも無いやうである。我国の学校に在つて感情に訴へるものは、修身の一課でありますが、是《これ》とても感情に訴へると云ふのではないので、恰《あたか》も論語の素読をすると同様である故、修身の話を聴いて、学生が震ひ動かされたと云ふ様なことは毫《ごう》もありませぬ。此点から見ても小説を読ますことは善いだらうと思ふ。

課外読み物規制の根拠となっていた「小説」の感化力がポジティブに捉えられていることがわかる。

このような「小説」の利点を踏まえつつ、選書の必要性を説いているのだが、選書については「家庭殊に父兄母姉の教育が先決問題である」と主張している。三輪田とは違って、「家庭」に小説等についての「批評力」を求めていた。

学生風紀問題関連記事の検討からは課外読み物規制派と課外読み物規制反対派との対立関係が示唆されたが、特集「教育と小説」を踏まえるならば、課外読み物規制反対派が主流を占めていたことが示唆された[12]。なかでも、課外読み物規制反対派が近代小説の読者に「批評力」を求めていたことが注目される。というのも、近代小説が有害図書であるかどうかという課外読み物規制派による論点が青少年の文学趣味へとシフトされているからである。そこで次節では、文学趣味観について検討を加えることとしたい。

第三節　文学趣味関連記事

ここでは、「小説」などの文学関連のキーワードと「趣味」などの教育関連のキーワードの双方をタイトルに含む記事を調査した。その結果、前節で検討した特集「教育と小説」の七件以外に、七件の文学趣味関連記事を確認できた。これらの記事を手がかりとしながら、青少年を対象とした文学趣味観を明らかにしたい。

・無署名「文学趣味の修養・教育的文学」二巻一五号（明治二九年七月二〇日）
・無署名「雑誌界の文学趣味」二巻二一号（明治二九年一〇月二〇日）
・無署名「教育小説」二巻二四号（明治二九年一二月五日）
・無署名「小説の流行と歴史的教育」三巻一〇号（明治三〇年五月二〇日）
・無署名「小説の趣味」五巻七号（明治三二年四月五日）
・無署名「国民の文学趣味を養ふ方法」五巻一一号（明治三二年五月二〇日）

・長谷川天渓「恋愛文学と教育」一一巻一一号（明治三八年八月一日）

なお、「雑誌界の文学趣味」は掲載された文学作品から雑誌の文学趣味が知れるという記事で、本節のテーマから外れるものであったため、この記事を除いた六件の記事を検討する。

まずは、「文学趣味の修養・教育的文学」（二巻一五号［明治二九年七月二〇日］）を取り上げる(13)。

「文学趣味の修養」は「文学を呼ぶの声は今日頗《すこ》ぶる高し、然れども、その趣味の修養を説き、又その教育力を論ずるものに至りては、寥々《りようりよう》たるは何故ぞや」という現状認識を示し、「近時文学流行すと云ふものから、学生にしてその趣味頗《すこ》ふる劣悪なるものあり、これその修養を欠けばなるべし」のように、学生風紀問題の解決策として「文学趣味」の「修養」の必要性を説いている。裏を返せば、この時期には、文学趣味の修養が識者の間でも馴染みのない議論であったことがうかがえる。

「教育的文学」では、「児童少年」にとっての教育と小説の関係が次のように論じられていた。

> 空想の産物たる物語小説を、児童少年に読ましむるは、或は甚だしき空想家たらしめ、現実に遠かるの恐れなきにしもあらずと雖《いえども》、然れども、その善良なるものを選んでこれに授けんか、彼等を誘ふて、人生に接せしむることを得ん、国民の思想感情に親しむることを得ん、情を健やかにし、知を伸へ、意を強からしむることを得ん［。］（同右）

「空想の産物たる物語小説を、児童少年に読ましむるは、或は甚だしき空想家たらしめ、現実に遠かるの恐れなきにしもあらず」というフレーズからは、稗史小説観がうかがえる。課外読み物を評価する際、「空想」などの要素はネガティブに捉えられることが少なくなかった（第一部第五章を参照のこと）。したがって、「教育的文学」は、稗史小説観に基づく「物語小説」批判を踏まえた上で、「物語小説」の教育的意義を主張した新しいタイプの言説であったと考えられる。

次に、「教育小説」（二巻二四号［明治二九年一二月五日］）であるが、「善良なる小説の、児童の教育に欠くべからざるは、ペスタロッチも之を云へり、フエネロンも之を云へり、啻《ただ》に之を云へりしのみならず、亦《また》自から小説を作りて、之を教育用に供したりき」と諸外国の事例を引き合いに出し、日本においても「教育と文学との密接せんことを祈る」と結んでいる。〈小説〉の教育的利用が市民権を得ていないことがうかがえる記事である。

つづいて、「小説の流行と歴史的教育」（三巻一〇号［明治三〇年五月二〇日］）であるが、「小説」の流行の原因として「科学的ならざる即伝奇的なる歴史教育」を指摘し、「空想」を刺激するような「歴史教育」を批判した記事である。「空想」を批判している点は稗史小説観と同じだが、「科学的教育」の重要性を指摘しており、大町桂月や長谷川天渓の小説観とは対照的な小説観であった。

「小説の趣味」（五巻七号［明治三一年四月五日］）は、読者の趣味の涵養ではなく、「小説」の「堕落」を批判した記事である。読者ではなく、作品（作家）の文学趣味が焦点化されているという点では、学生風紀問題関連記事の方に位置付けられよう。

「国民の文学趣味を養ふ方法」（五巻一一号［明治三一年五月二〇日］）は『大阪毎日新聞』からの転載記事で、「家庭の間に文学を愛するの声高からば、国民の文学趣味は靡然《びぜん》として風の如く生ぜん」と「家庭」における文学趣味の向上を期待している。

ちなみに、二巻九号（明治二九年五月五日）に掲載された桜井鷗村「家庭の読書」では、次のような家庭像が理想とされていた。

家庭といふ一ツの団体が、一処になつて、即ち主人、主婦乃至《ないし》子供諸共前にいふた書斎に集まりて、一つの書物を読んでこれを考へ、知識智慧の交換をなすことにしたく、そして此折りには、高尚なる詩歌文章小説若《も》しくは宗教上の書物を用ゐることにしたが（ママ）尤《もつと》も良からんと思へり。

このような「家庭」は明治中期にはほとんど存在しなかったと思われるが、読書家族の理想像として注目されよう。

最後に、「恋愛文学と教育」（一一巻一一号［明治三八年八月一日］）であるが、次のような見解が示されていた。

今日の青年が、恋愛文学を読みて、堕落の淵に沈むは、文学の罪にあらずして、青年自身に、是れを解釈するの能力なきが故なり。其の能力なきは、偏頗《へんぱ》なる形式主義の教育を行ひたるが故のみ。教育家にして、青年の胸中に健全なる文学的嗜好を養はば、彼れ等は決して文学を悪しざまに解釈することなかるべし。

文学趣味の修養を通して近代小説による「青年」の堕落を防ぐという論法は前項でも認められたものであり、天渓の持論であった。

以上の検討から、文学趣味の修養が新たな課題として見出されつつあったことが明らかとなった。文学趣味の修養は読書習慣を前提にしており、〈小説〉を読む「癖習」が有害とされた稗史小説観とは一線を画しているといえ[14]る。

さらに、ここで留意したいのは、文学趣味の修養が議論される際、「少年」のような年少読者が対象化されている点である。学生風紀問題では中学生以上の「青年」や「生徒」が対象化されることが多く、「少年」や「児童」

のような年少読者については別途検討する必要が認められる。そこで次節では、年少読者を対象とした児童文学関連記事を検討することにしたい。

第四節　児童文学関連記事

ここでは、「少年」などのキーワードと「文学」などのキーワードをタイトルに両方含んでいる記事を調査した。その結果、七件の児童文学関連記事を確認することができた。

・無署名「少年文集の記者に」三巻一〇号（明治三〇年五月二〇日）
・無署名「危うい哉今の少年作家」四巻三号（明治三一年二月五日）
・無署名「少年文学の再興」四巻一一号（明治三一年五月二〇日）
・無署名「少年の読物」五巻二六号（明治三二年一二月五日）
・無署名「少年の文学熱」六巻七号（明治三三年六月一日）
・高山樗牛「少年文学雑誌」七巻一二号（明治三四年一〇月五日）
・大町桂月「少年文学に就いて」九巻六号（明治三六年六月一日）

「少年文集の記者に」は『少年世界』の別冊である『少年文集』（明治二九年創刊）の記者の見識を非難した記事であり、「危うい哉今の少年作家」の「少年作家」は新進作家の意味で使われており、本節のテーマから外れているので検討対象から除外した。

さて、「少年文学の再興」（四巻一一号［明治三一年五月二〇日］）は、「此度は（博文館から明治三一年一〇月に創刊される「少年読本」を指す?、引用者注）専《もっぱ》ら近世の偉人英傑を紹介し、開国の偉業、勤王の大勲を、少年の頭脳に反映せしめ、以て尚武冒険の気慨を鼓舞せんとす」のように、「少年文学」に期待を寄せた記事である。なお、「少年文学」叢書第一編の著者で、『少年世界』の主筆でもある巌谷小波作品の書評のなかには、本節のテーマに関係する記事が散見されたため、それらの記事の中から高山樗牛「漣山人の日本お伽噺」（六巻二号［明治三三年二月五日］）を取り上げることにしたい。

「漣山人の日本お伽噺」は博文館から刊行されていた「日本お伽噺」（明治三〇～三一年）を「教育上の見地」より書評した記事である。

> お伽噺は其名の如くお伽噺のみ、見聞の新あるに非らず、学理の深あるに非ず、洵《まこと》に小供らしきもの也。然れども吾人及び吾人の祖先が是のお伽噺によりて如何の修養を得来りたるかを顧緬せば、吾人は吾人の子孫に対しても亦《また》永く是の貴重なる遺物を世襲せしめざるべからず。是の点に於て漣山人の事業は徒《いたずら》に文芸上の製作を以てのみ見るべきに非るべし。

第一部第五章で明らかにするように、稗史小説観に基づき、〈お伽噺〉が批判されることが少なくなかった時代にあって、「お伽噺」による「修養」という観点が打ち出されている点が注目される記事である。

次に、「少年の読物」（五巻二六号［明治三二年一二月五日］）であるが、ロンドンの一二歳以下の児童向け図書を紹介し、「少年」の文学趣味を涵養する意義を説いている。

又キップリング作ジャングルブックは本館発行の『少年世界』に目下連載せらるる『狼少年』是にして、スルーゼ、ルツキンググラツスは同誌に長谷川天渓氏が訳出せる『鏡世界』是なり。顧て我邦の少年の読物を見よ、其趣は全く此等の諸書と異れり。若《も》しも我邦の教育家をして此等の書物を通読せしめなば、恐らく有害を〔ママ〕書なり、教育上害毒を醸す者なりと非難すべし。然れども此等物語お伽噺動物談等は、其不条理にして道徳的教訓に富まざるに拘《かかわ》らず、其文学的趣味は不智不識の間に児童の情操を涵養するに足れり。吾人は我国に於ても此種書籍の陸続出版せられむことを希望す。

なお、「恐らく有害を書なり、教育上害毒を醸す者なりと非難すべし」のように、明治三十年代前半にあっても、年少読者向けの読み物が市民権を得ていない点が注目される。

「少年の文学熱」（六巻七号〔明治三三年六月一日〕）と「少年文学雑誌」（七巻一二号〔明治三四年一〇月五日〕）は同趣旨の記事で、「文学雑誌」を発行したり、雑誌に投稿したりすることは、「其の小功名心を満たすを以て自ら利するのみ、（略）是の如きは百の害ありて一の利無し」（「少年文学雑誌」）と主張している。このような少年文学観は、「ソノ心志ヲ蕩散スルモノ」として「文学」が捉えられている点で稗史小説観に基づいていると考えられる。[15] ちなみに、「漣山人の日本お伽噺」で「お伽噺」による修養の意義を認めていた高山樗牛が「少年文学雑誌」では年少読者の虚栄心を助長するとして少年雑誌を批判していた点が興味深い。

最後に、「少年文学に就いて」（九巻六号〔明治三六年六月一日〕）であるが、文芸記事を担当していた桂月による記事である。この記事は次章で取り上げるので、関連する箇所のみ取り上げることにしたい。

桂月は「少年文学」として「伝記」・「お伽噺」・「理科談」の必要性を説いている。「伝記」については、「少年の読むべき伝記とても、虚偽を伝ふべきにあらざれども、事実よりは、むしろ趣味に重きを置かざるべからず」のように、「事実」よりも「趣味」を重視している点が「事実」を重んじる稗史小説観とは異なっている。「お伽噺」については、「人事をとびはなれて、空想を逞《たくま》しうし、変幻奇怪なるを以て、お伽噺の本色とせざるべからず。かくて、児童の趣味を啓発し、想像力を養ふべき也」のように、「お伽噺」による「児童」の「趣味」の「啓発」を主張していた。

以上の検討から、「少年」の修養にとって「文学」や「雑誌」が有害であるという稗史小説観が認められる一方で、「お伽噺」や「少年文学」による文学趣味の修養という課外読み物観が出現していることが明らかとなった。

第五節　考察と課題

これまでの検討から、『太陽』という雑誌メディアにおいて課外読み物が社会問題として争点化されていたことが明らかとなった。

しかしながら、課外読み物の規制を主張していると考えられる記事は少なかった（「英国の教育問題と風紀問題」・「田中喜一氏談」・「中島徳蔵氏談」）。むしろ、「姑息の風紀改善案」のように、有害小説の存在を認めた上で、制度による規制ではなく、文学趣味の修養に訴える傾向が認められた。

文学趣味の修養は、有害な〈小説〉を読まないような青少年を内的に統制する点では有害図書観に基づく対策であるが、有害とされる〈小説〉を芸術として批評できるような青少年のリテラシーを育成する点では近代小説観に基づくものでもあり、両義的な性格を有していたと考えられる。

筒井（一九九五）は明治後期のアノミー状況に対応するようにして修養主義[16]が台頭してきたことを明らかにしているが、本章の検討を通して、学生風紀問題というアノミー状況のもとで新旧の小説観がせめぎ合いながら、修養主義的読書観が形成されていたことが明らかとなった[17]。

さらに注目されるのは、「少年」の場合は、「青年」とは違った読書観が適用され、「お伽噺」や「冒険談」が適しているとされていた点である。課外読み物規制反対派の三輪田元道が「まだ年齢の若い者は、一朝一夕にして立ちどころに健全の思想を養ふ訳にはゆかぬから、実際淫靡な小説等は読まない方がよい事勿論である」と述べたり、課外読み物規制派の中島徳蔵が「ロビンソンクルーソーとか、トムブラウンス、スクールデースとか、其の他冒険談風のものなどは宜しからう」と述べたり、児童文学観においては先述した文学趣味の修養が抱える両義性がねじれをみせていた。

そもそも、『小説神髄』ですら、「婦女稚童は蒙昧《もうまい》にて、もとより事理にくらきものなり、小説を読みてその脚色の奇なるを喜ぶべしといへども、いかでか寓意をさとり得べき」（七九頁）のように、「ノベル」の読者から「婦女稚童」を排除していた。「婦女稚童」は、「テクストに対して正統な権利を持たない」という「二級読者」（岡、一九九八）であったといえる[18]。

総合雑誌である『太陽』において「少年」を対象とした文学趣味の修養という論点が認められたことは、『太陽』が読書国民として「少年」を包摂する世論の形成を促し、文部省による課外読み物規制を下から支える役割を果たしたことを示唆している。読書国民として包摂されることで、「少年」の一部は「二級読者」から「一級読者」予備軍へと格上げされたのである。

本章の主な課題は次の三点である。一つ目の課題は、本章の知見は『太陽』のみから得られたものであり、他誌と比較する必要が認められる点である。二つ目の課題は、永嶺（二〇〇四）や山梨（二〇一一）が検討を加えている図書館の普及に伴う読書観の形成を検討できなかった点である。博文館の創立者である大橋佐平・新太郎父子が大橋図書館を設立していることからも示唆されるように、明治後期における図書館の普及が文学趣味の修養の基盤となったと考えられるからである。三つ目の課題は、「婦女稚童」のうち「婦女」を対象とした課外読み物観を検討できなかった点である。稲垣（二〇〇七）によれば、女学生の読書は女学生堕落問題のもとで争点化されていたからである。

第二章　大町桂月の修養主義的文学論

前章の検討から、読書国民として「少年」が見出されるに際して、修養主義が「少年」と「文学」を結び付ける役割を果たしていたことが明らかとなった。そこで本章では、修養主義的文学論を主導したと考えられる大町桂月の文芸評論関連記事について検討を加え、修養主義的文学論の社会的機能について考察する。

まずは、検討資料であるが、桂月が時評を手がけた博文館刊行雑誌から『太陽』・『文芸倶楽部』・『中学世界』（明治三一年創刊）を取り上げ、[1]単行本については一二点を検討することとした。[2]なお、単行本に収録されていても、初出掲載誌が確認できたものについては初出記事の方を検討対象とした。

次に、文芸評論家としての桂月に関する先行研究の現状と課題であるが、文学史的な記述がほとんどで、まとまった研究は見受けられない。数少ない研究としては、桂月の遺業の検討を通して「青年指導者としての一面」を指摘した竹崎（一九五二）、「明治の男らしさの理念的イメージ」を提供した人物として評価した細谷（二〇〇一）、『中学世界』において桂月が果たした役割を明らかにした永井（二〇一一）などが挙げられる。なかでも、永井（二〇一一）は『中学世界』を検討していることもあり、本章と問題意識を共有しているが、いずれの研究においても桂月の文芸評論関連記事が十分に検討されているとは言えないことに加え、児童文学観に及ぼした影響については考察されていない点が課題として挙げられる。

第一節　文芸評論家としての大町桂月

大町桂月(3)は、東京帝国大学在学中から執筆活動を始めた文士である。卒業後に刊行した共著の詩華集『美文韻文花紅葉』（博文館、明治二九年）で脚光を浴びるなど、詩人として活躍する一方、在学中から『帝国文学』に寄稿するなど、文芸評論家としても活躍した。

桂月の文芸評論活動の特徴としては、博文館刊行雑誌において時評を担当していた点が挙げられる。次の文章は、桂月が博文館創業二十年にちなんで、自身と博文館との関係を回想した記事である（「博文館創業二十年」『中学世界』一〇巻七号［明治四〇年六月一〇日］）。

『少年世界』の外に、『少年文集』出でたり。その編集に当りたるは、上村左川なり。その二号か三号かより、余は頼まれて、時評をうけもつこととなれり。当時余は、大学の二年生なり。これより先き、余は『明治会叢誌』、『女鑑』、『帝国文学』などに執筆し居りたり。その時、博文館より余に頼みに来りたるは、大橋乙羽なり。余を推薦したるは、高山樗牛なりとの事也。（略）のち、余は、うつりて、『文芸倶楽部』の時評をうけもち、『少年文集』の時評は、羽衣（武島羽衣、引用者注）がうけもつやうになりたり。かかるほどに、『少年文集』は改まりて、『中学世界』となりぬ。羽衣の後に、天随（久保天随、引用者注）がうけもちしことありしかと覚ゆ。明治三十三年よりこの方、余また『中学世界』の時評をうけもつやうになりて、今日にいたれり。この間、凡《およ》そ七年也。もとは、文芸に関する時評をものしたりしが、明治三十三年以来は修養に関する時評をものしたり。文壇よりは、遠ざかりて、一種の青年教育に力をつくさむとしたる也。

高山樗牛による推薦は、『帝国文学』の人脈（赤門派）によるものと思われる(4)。ここで言及している雑誌の他にも、『太陽』（博文館、明治二八年創刊）で時評を担当していた(5)。桂月は、博文館刊行雑誌を中心に活躍していた文芸評論家であったのである。博文館が明治期を代表する出版社であったことを踏まえるならば、現在ではあまり顧みられることがない桂月のプレゼンスは高かったと考えられる。

ここで注目したいのは、「明治三十三年以来は修養に関する時評をものしたり」という一文である。明治三三年に博文館に入社した頃から、時評に対する関心が「文芸」から「修養」へと変化し、「青年教育」を試みていることがわかる。このことは、桂月が「青年」に影響力のある文芸評論家であったことを示唆している。

桂月の支持層を示した典型的な記事であると考えられるのが高須磐山「大町桂月君選　第一賞　高山樗牛と大町桂月」（『中学世界』六巻三号〔明治三六年三月一日〕）である。「其文の読書社会より歓迎せらるることに於て、則ち多くの愛読者を有することに於ては、桂月氏たしかに樗牛氏に優るであらう」と総評した後で、次のように説明している。

樗牛氏の文は高尚に傾き、桂月氏の文は平淡に過ぐ、彼に深遠の患《うれ》へあれば、此に浅薄の嫌ひがある、若《も》し樗牛氏の文を、貴族的なりといへ得べくんば、桂月氏の文は之を平民的といふことが出来やう、樗牛氏の文を、真個《ほんと》に喜ぶものは、学者専門家等少数の上流社会に過ぎぬのである、桂月氏の文は、中学師範及同程度の少壮学生を中心として、教員書生軍人番頭等に至るまで、中流及び其以下の社会に於て、最も多数の読者を有するのである、今の大町文学士の名を知らざる中学生は、恐らくないのであらう、氏が少壮学生間に於ける勢力は、実に非常なものである〔。〕

桂月自身が選者であるので、桂月にとって都合のよい記事である点は差し引いて評価しなければならないが、『太陽』の読者投稿欄でも、次のような桂月評が認められた（原田金門「本誌に対する批評」『太陽』一三巻六号［明治四〇年五月一日］）。

吾人は。最も遺憾なるは。本誌文芸時評欄にて。大町桂月の文と。接すること。能はざること也。吾人の眼を以てすれば。本誌文芸欄の生命は桂月の文なりき。

桂月が文芸時評欄から去ったことを嘆いた記事であるが、「本誌文芸欄の生命は桂月の文なりき」のように、桂月を高く評価している。

桂月の魅力は次のような点にあったようだ（仏嵬生「去りし桂月と残れる天渓」『太陽』一三巻一三号［明治四〇年一〇月一日］）。(6)

桂月の評論は専門智識では無い、常識張である、直覚式である、其文章は常に熱情を含んで直に人を動さんとする、大に人を動かす権威は無いが、直に人を動かす電力が有る、後には愚かだと思ふことにも一度は必らず動かされる、是が天渓と人格及其文章を異にする所である［。］

「平民的」で「直覚式」な桂月の文芸評論を支持したのが、先の『中学世界』の記事で指摘されていたように、「中学師範及同程度の少壮学生を中心として、教員書生軍人番頭等に至る」読者であった。

桂月の支持層の裾野の拡がりについては、大正一二年に刊行された『桂月全集』第一二巻に寄せられた芳賀矢一の「序文」からもうかがえる（引用は大正一五年版に拠る）。

桂月君の文には世已に定評があつて、その青年社会に与へた影響の至大なことは言ふまでもない。私は年々中等教員検定委員をつとめたが、その作文の答案の中に、桂月君の文体語調を学んだものの非常に多いのに驚いた。これは形式の上の事だが、随《したが》つて思想上の感化も無論多かつたに違ひない。（一頁）

芳賀が委員をつとめた中等教員資格検定試験は、初等教員の資格しか有していない者に対して、中等教員資格を与えるための試験である。受験者は、高等師範学校および女子高等師範学校を経て中等教員となる「正系」ルートから外れた人々であった。

以上の検討から、桂月は準エリート層を中心としつつも、高い就学意欲を持ちながら上級学校に進学できない青年層にまで訴求力があった文芸評論家であったということができよう。

第二節　国民文学論

第一項　武士道

桂月の文学論は「武士道」(7)を基盤とした国民文学論であった（『大絃小絃』博文館、明治三三年）。

今日我社会の道徳を維持せるものは、唯一縷《ただいちる》の武士道の余緒あるのみ、知らず、何者か之を維持するに足るものぞ、吾人は国民文学に向て之を伝へんことを希望せざるを得ざるなり。（一四〇〜一四一頁）

国民文学論は、「人物は本也。学問芸能は末也。人は何よりも先きに心術を正しくし、人品を高尚にし、以て国家有用の材たらむことを期せざるべからず」（「本誌の将来（中等教育諸家及び学生諸君に告ぐ）」『中学世界』七巻一号［明治三七年一月一〇日］）のように、『中学世界』の編集にも反映されていた。[8]

このような文学観を有する桂月にとって、滝沢馬琴こそが「明治以前の武士の趣味に合せる大詩人」であった（「滝沢馬琴」『中学世界』八巻一二号［明治三八年九月二〇日］）。馬琴を評価する桂月の文学観は、「西洋風に、こまかに性格を描いては、人を描くも、竟《つい》に日本武士を描く能はず」という点で（同右）、写実主義小説とは相容れないものであった。「漫《みだり》に馬琴の作を唾棄し去ること莫《なか》れ。（略）徒《いたずら》に花柳の事情などに通がりて、以て写実の真趣を得たりとなすの徒、安《いずくん》ぞ能《よ》く文学の真相を解せんや」（『文学小観』新声社、明治三三年、六七頁）のように、坪内逍遥らがノベルの立場からロマンスとして馬琴の文学を批判していることに不満をおぼえていたようだ。

なかでも、桂月は青少年に悪影響を及ぼすとされた恋愛小説と自然主義小説を糾弾していた。

まずは、恋愛小説についてであるが、「年頭の辞」（『中学世界』五巻一号［明治三五年一月一〇日］）で次のような見解を示している。

> 徒《いたずら》に文学に淫して、自から小説の主人公となり、涙もろき男となり、恋愛とやらに憂身をやつして国家百年の理想を擲《なげう》ち、星や菫《すみれ》のあはれを知りて、社会、国家、人道の前に骨なく、腸《はらわた》なき似而非《えせ》詩人となる莫《なく》んば可也。

「恋愛とやらに憂身をやつして国家百年の理想を擲ち」のくだりから、恋愛小説による小説亡国論的発想がうかがえる。

次に、自然主義小説についてであるが、「青年と文学」(『青年時代』大倉書店、明治四一年)でも、小説亡国論が展開されていた。

殊に昨今の自然派小説家の中には、道徳を無《な》みし、宗教を無みし、国家を無みし、人道を無みし、品性を無みし、士気を無みし、修養なく、品性の劣等なるままに、匹夫下郎の根性を、臆面もなく、筆にあらはして、人生の真を描けりと称し、更に進んで、獣欲を描き、姦淫をうつして、毫《ごう》も恥ぢざるもの多し。(一一八頁)

以上の通り、写実主義小説・恋愛小説・自然主義小説に対して批判的態度を示していた桂月であったが、一方で〈小説〉を擁護する論陣を張っていたので、次にみていくことにしたい。

第二項　紳士道

桂月の文学論で注目されるのは、「武士道」が「紳士道」として再定義されている点である(「我国道徳の過去及び将来」『太陽』八巻三号〔明治三五年三月五日〕)。

即ち将来は第二の武士とも云ふべき階級起らむこと、必ずや英国の紳士の如きものあらむ。従つて武士の道徳は、多少変形して、紳士の道徳起るべし。

「武士道鼓吹に就いて」(『太陽』七巻一四号〔明治三四年一二月五日〕)では、「社会の境遇の異なれる今日、古の武士を学ばむよりも、むしろ英国の紳士を学ぶが、捷路《はやみち》ならずや」と述べ、江戸以前の士道とは一線を画していた。

約言すれば、桂月は「日本従来の武士道と今の実業界の道徳と相融和して、ここに日本将来の紳士道となるべし」（「青年時代の危機」『中学世界』一一巻五号［明治四一年四月一〇日］）と考えていたのである。「紳士道」における文芸の扱いについては、「学生の娯楽」（『中学世界』七巻一号［明治三七年一月一〇日］）が参考になる。

運動の外、文芸に関する者を娯楽とし、感情を高尚にし、もしくは、志気を卓励せむとするは、紳士の一資格としても必要なること也。ただ野卑なる小説を愛読して、誤つて、其小説の主人公たらむとすべからず。ただ利を解し、肉欲を解して、毫《ごう》も文芸の美を解せざるは、教育をうけたるものと云ふべからず。語に曰く武士は物のあはれを知ると。今の世の紳士も、この覚悟ありたきもの也。文芸は、必ずしも人を軟化するものに非ずして、人の感情を醇化するもの也。

「文芸」が「紳士の一資格」として位置付けられていることが指摘できる。「武士道」のもとでは青年を「軟化」するものとしてネガティブに位置付けられていた「小説」が「紳士道」のもとでは青年を「醇化」するものとしてポジティブに捉え直されているのである。

「青年と読書」（『青年時代』大倉書店、明治四一年）でも、「世態人情をも知るに便なるもの」として写実主義小説を評価し、「肉感挑発の虞《おそれ》あるもの」（恋愛小説）でも「小説によまれずして、小説を読めば可也」とし、「世の教育家は、学生が小説を読むを禁ぜむとするものもあれど、余は、反対也」のように（四二頁）、〈小説〉を擁護している。

ちなみに、「英国人を感化せしものは。《ママ》一半はバイブルにして、一半はセクスピーアなりと云はるるに、我国の小説家は、社会の外に軽視せられて、自から甘んずべき乎《か》」（「学生風紀根治策」『太陽』七巻一〇号［明治三四年九月五日］）と述べているように、紳士道における文芸の社会的地位についてはイギリスをモデルとしていたようだ。

以上のことから、「紳士道」は「武士道」のもとでは批判せざるを得ない〈小説〉を取り込むことができる理論であり、次節で検討する桂月の修養主義的文学論においては〈小説〉と「修養」を結び付ける役割を果たしていたと考えられるのである。

第三節　修養主義的文学論

第一項　修養論

文芸評論に対する桂月の態度の変化が明治三三年に生じたことは既に指摘したが、明治三三年時点の記事を改めて確認しておくことにしたい（「学生諸子を迎ふ」『中学世界』三巻一三号［明治三三年一〇月五日］）。

> 中学世界の前身、即ち少年文集と名乗りし時、われ時評の筆を執りしこと、全二年、幾《ほと》んど文学に関する事のみを評論したりしが、今や以為《おも》へらく、少年の読物たるべき雑誌に、文学の評論のみを草すべきに非ず、ひろく学問研究に資し、人物修養に資し、また作文に資し、慰藉《いしゃ》を求むに資し、かねてまた文学を解し、優美の感情を養ふにも資せんと欲す、これ余が茲《ここ》に時評の筆を執る所以の微衷《びちゅう》也。

「少年の読物たるべき雑誌」だからこそ、修養論が導入されたことがわかる。

このようなスタンスのもとで提唱されたのが修養主義的文学論であった（前掲『青年時代』）。

元来文学は、一種の高尚なる娯楽也。人の心を和らげ、もしくは励まし、感情を優美にし、もしくは健全にし、品性を陶冶し、人格を修養するもの也。（一一七～一一八頁）

前章で取り上げた「学生風紀根治策」（前掲『太陽』七巻一〇号）にも認められた文学観である。「紳士道」における「文芸」の機能を指摘した「学生の娯楽」（前掲）と同じような内容であることから、「紳士道」のもとで修養主義的文学論が展開されていたのだと考えられる。

ここで注目されるのは、桂月の修養論では「英雄豪傑」や「聖人君子」が目標として設定されていないという点である（「理想の人物」『中学世界』四巻七号［明治三四年六月一〇日］）。

大多数の国民一般が理想とすべき人物は、必ずしも所謂英雄豪傑なるを要せず、又必ずしも所謂聖人君子なるを要せず。英雄や君子を理想とするは、固《もと》より結構なることなれども、よく之に達し得べきものは、少数の天才者のみ。とても国民一般に英雄や君子になり得べきものにあらず。われは国民一般に望む、たしかなる人物とならむことを期せよと。これ何人も達し得べき也。／たしかなる人物とは、何ぞや。ひと通りわけがわかりて、物の用にたち、誠実にして、口先にてごまかすことなく、言行一致し、表裏反覆することなく、約をたがへず、一度引受くれば、死すとも之を成しとげむと勇み、陰険卑劣の手段をとらず、天真爛熳《らんまん》、快活にして職に忠なるもの、即ち是也。

「武士道」を検討した際、桂月が青年に「国家有用の材」となることを期待していた点を指摘したが、ここでいう「国家有用の材」が「たしかなる人物」であったことには注意が要される。

このような見解は桂月の修養論に一貫して認められるものであった。たとえば、「実用の人」では（『中学世界』六巻一六号［明治三六年一二月一〇日］）、教育者について「実用の材」の教育を要求している。

青年事を解せざるの徒、動《やや》もすれば曰く、今の教育は、凡人的教育也、宜《よろ》しく豪傑的教育を施すべしと。豪傑は、もと生るるもの也。全く教育を以て、之を得べきものに非ず。（略）教育するものも、教育せらるるものも、先づ目標を実用の材に定むべし。

以上の検討から、桂月の修養論は「英雄豪傑」や「聖人君子」を目標としたような立身出世熱を「たしかなる人物」としての「実用の材」にソフトランディングさせるものであったといえる。

第二項　文士保護論

桂月の修養主義的文学観を明らかにする上で注目されるのが文士観である。桂月は青年が文士を目指すことについて両義的な見解を示しているからである。

桂月の文士観の根底には、「貴族と文学」（前掲『文学小観』）に認められるような文士保護観が指摘できる。

願くは万金を散して、世の文学者に衣食を足らしめて沈思推敲するの余裕を得せしめ、多作以て麵包《パン》を得るの弊を避けしめ、一時の成功に汲々《きゆうきゆう》たるの必要なくして、知己を千載に待つの概あらしめむ。（略）貴族たるもの、よしや自から文学者たる能はさるも、せめて文学を解して、文学技術のパトロンたれ。（一三七頁）

明治三三年には、無署名「上田氏の作家待遇説」（『読売新聞』五月二四日）や記者筆記「緑雨氏の文壇保護説」（『新小説』五年八巻）などで文士保護論が提唱され、それらに対して批判（無署名「文士保護論」『帝国文学』六巻八号など）が加えられるなど、文士の保護が論争化していた（詳しくは第一部第六章を参照のこと）。後に、文芸の保護を目的とした文芸委員会委員に就任していることからも、「パトロン」を求めるような文士保護論は、桂月にとって重要な課題であったと考えられる。文学を理解できるような「パトロン」こそが「紳士道」が提唱された背景として文士保護観が指摘できよう。

桂月の文士保護論が興味深いのは、「文学志望者を戒む」（『中学世界』五巻六号［明治三五年五月一〇日］）のような主張が認められるからである。

げにや詩を作るよりは田を作れ、一生やくにも立たぬ文筆を揮《ふる》うて不生産的の人となるよりも、実業に従事して、すこしなりとも、国家の富をます方が、はるかに気の利きたるわざ也。（略）文士といふものは、書肆《しょし》に使役せらるる一種の職人也。高尚なるもの、有益なる者をかけば、俗受悪く、売高すくなく、従つて書肆の利益にならず、止むを得ず書肆に容れられむ、節を折りて俗受けのよきものを書かざるべからず。

「国家の富をます方が、はるかに気の利きたるわざ也」のように、「天才」を除けば、文士は「国家有用の材」たりえないとされていたのである。

もちろん、「文士となるの覚悟」（『中学世界』九巻一五号［明治三九年一一月二〇日］）には、清貧に甘んじる文士のあり方を評価した文士神聖観も認められる。

文士として世に立つを得るも、今の世の中にては、報酬は少なく、生活はらくならず、所謂満腹の文章、飢を医せず、ああ、文士には成るべきもので無しと、今さら悟るも、既におそし。名声や物質上の快楽を目的として、文士となるは、大にあやまれり。十分に精神上の快楽を解し、文が好き故に文を作り、斃《たお》れて後止むの決心を有せざるべからず。かくて、其人となりが、文士的也、俗気を帯びず。必ずや、文士として大成せむ。

「文士」は神聖な職業であるが、経済的地位と社会的地位が低く、保護が必要な職業であるという文士観は、文学青年の文学熱を冷ます社会的機能を有していたと考えられるのである。

なお、小説観において桂月とは径庭が認められる島村抱月が「文学志望者に」（『中学世界』一四巻四号［明治四四年三月一二日］）で同様の忠告をしていることから(9)、文士に対する両義的な態度は文学者の間では共有されていたと思われる。

第四節　児童文学論

それでは、桂月はどのような児童文学観を有していたのであろうか。以下、検討を加えることとしたい。

まずは、巌谷小波の〈お伽噺〉を評価した記事を取り上げる（「早稲田文学を弔《とむら》ふの詞」『文芸倶楽部』四巻一四編［明治三一年一一月一〇日］）。

明治の文学にして、伝ふべきものありとせば、紅露の小説以外、漣山人の御伽話を推さん乎《か》。（略）其御伽話は、少年の伴侶たるのみならず、また家々の父兄に向て、御伽話しの材料を供するに足れり。（略）又小理屈、小道徳、教訓に偏する在来の小話の旧窠《きゅうそう》を脱せるは、喜ぶべし。されど、なほ小滑稽ありて、尨大《ぼうだい》玄怪の趣なきに至りては、竟《つい》に島国のメールヘン作家也。

小波の「御伽話」を紅露の「小説」に比肩するものとして評価しつつも、「島国のメールヘン作家」に留まっていることを指摘していた。

次に取り上げるのは、『少年世界』を評価した記事である（「新年の文壇」『文芸倶楽部』五巻三編［明治三二年二月一〇日］）。

近時少年の雑誌多く出づれども、大抵知育を主とし、中学校の課外講義とも云ふべきやうなるもののみにて、一も少年の情育を主とするなきは如何にぞや。情育とは、薄志弱行を吹き込むの謂に非ず。少年の感情を高尚にし、野卑の心を去り、活発にし、壮快にし、而かも狭隘《きょうあい》なる忼慨悲歌《こうがいひか》に陥らず。又必ずしも道徳を説明的に吹き込まずして知らず識らず、啓発せられて、自動的に善に趨《おもむ》かしむるを謂ふ也。この種の雑誌、最も今の中学生徒に必用也。即ち、少年世界の兄たるべき雑誌が必用也。余は少年世界に於ける漣山人の用意を喜ぶ。家庭の間。（ママ）小学生徒に最も適当なる雑誌なりと信ず。之と同じくこのやうなものが中学生徒にも必用なり。

「知らず識らず、啓発せられて、自動的に善に趨かしむる」ような「情育」の観点から『少年世界』を評価している。当時、児童雑誌が有害であるという見解は少なくなく（次章を参照されたい）、児童雑誌を肯定的に評価している点が注目される。ちなみに、桂月が『中学世界』を担当するのはこの記事の翌年からである。担当以前から中学生向けの雑誌に関心があったことがわかる。

これまでの見解は、「少年文学に就いて」（『太陽』九巻六号〔明治三六年六月一日〕）で敷衍されている。前章で取り上げた記事であるが、桂月の児童文学論としては最もまとまった記事であるので、少し長いが、引用しておきたい。

余は少年文学に就いて望む所多けれども、先づ日本の児童の読物としては、伝記の最も急なることを感ず。伝記はもと事実を伝ふるものにて、所謂《いわゆる》文学には非ず。これ普通の伝記の事也。少年の読むべき伝記とても、虚偽を伝ふべきにあらざれども、事実よりは、むしろ趣味に重きを置かざるべからず。（略）この意味に於て、伝記は修養上有効なること、却《かえ》つて宗教にまさる。殊に児童は好んで真似をしたがるものなれば、伝記は児童に向つて最も有効也。

（中略）

われ一方には、所謂お伽噺を歓迎す。日本在来のお伽噺と独逸のメールヘンとを比較するに、日本のは、浅薄なる寓意多く、独逸のは、幾《ほと》んど寓意なし。日本のは、人事に近く、想像乏しく、独逸のは、神怪にして、想像、人の意表に出づ。どちらが好きかと云ふに、お伽噺は、メールヘン風にありたきもの也。人事をとびはなれて、空想を逞《たくま》しうし、変幻奇怪なるを以て、お伽噺の本色とせざるべからず。かくて、児童の趣味を啓発し、想像力を養ふべき也。／また一方には、理科談の如き、少年の趣味と、科学上の智識とを融和せるものあるを要す。人事上の知識を与へむとするものもこの類也。

「少年文学」に必要なジャンルとして、「伝記」と「お伽噺」と「理科談」を挙げている。「伝記」については、「修養上有効なること、却《かえ》つて宗教にまさる」のように、「修養」を期待し、「お伽噺」については、「早稲田文学を吊ふの詞」(前掲) と同じような批判を加えながら「児童の趣味を啓発し、想像力を養ふ」という文学趣味の養成を挙げ、「理科談」については、「少年の趣味と、科学上の智識とを融和せるもの」を要求している。「修養」・「趣味」・「科学」など、それぞれのジャンルでウエイトは異なるものの、「知らず識らず、啓発せられ」るような「情育」を児童文学に期待している点では一致している。

さらに注目されるのは、桂月の「情育」においては「武士道」の養成が強調されていた点である。たとえば、「日本少年の特質」(『中学世界』七巻三号［明治三七年三月一〇日］) では、次のような見解を示している。

武士道発達して以来、殊に家庭の教育にも、尚武の気象を鼓舞すべき風習起り来りて、今日に於ても、なほ衰《おとろ》へざるを見る。見よ、日本の児童は、漸《ようや》く口をきき出す頃より、既に遠征の気象を鼓舞する桃太郎の話をきかさるる也。

(中略)

願くは、平生成るべく多く武勇の士の伝を読め。尚武の気象は、自から養はるべき也。十五六歳にもならば、請ふ三国志を読め。(略) もし漢文を読みならはば、請ふ、日本外史を読め、(略) 要するに、武勇を尚ぶは、日本国民の気風なると共に、また日本少年の特質也。

『桃太郎』や『三国志』などによる「尚武の気象」(武士道) の養成が期待されていたのである。

ただし、このような桂月の主張に対して批判が寄せられていたことには注意したい (「再び日本少年の特質に就いて」『中学世界』七巻五号［明治三七年四月一〇日］)。

此言（「日本少年の特質」での桂月の主張、引用者注）に対して、疑を挾むものあり。曰く、／中学生は、ただ学課のみを勉強すれば可也。尚武の気象を鼓舞するにも、修身倫理科あり、歴史科あり。もし少年が三国志の如きものを耽読せば、乾燥無味なる学課がいやになりて、怠惰生となるべし。またかかる戦争小説より小説の味を覚えそめて、終には猥褻《わいせつ》なる小説をも愛読するやうになり、益《ますます》堕落するに至るべし。

「学課」の「補助」として位置づけた上で、「尚武の気象」を養成するという目的を据えたとしても、「中学生」が「小説」のような読み物を読むべきではないという風潮が根強く残っていたことがわかる。〈お伽噺〉は国家主義的武士道を鼓吹するイデオロギー装置として、その「伝統」も含めて「発明」されたのであって（ホブズボウムほか編、一九九二）、その機能は自明ではなかったのである。[10]

最後に、桂月が小波の〈お伽小説〉である「新八犬伝」（『少年世界』四巻［明治三一年］）について、「新八犬伝の如き、大仕掛のもの出でたれど、評壇の注目する所とならずして止みしは口惜し」と述べていたことにも言及しておきたい（「過去一年間の文壇」『文芸倶楽部』五巻一編［明治三二年一月一日］）。第一部第五章で取り上げるが、小波のお伽噺は「海国少年」の「気象」を養成するには不十分であると批判されていたからだ。

桂月が小波の〈お伽噺〉および〈お伽小説〉を高く評価したのは、文学趣味ひいては「武士道」の養成が期待できるからであったといえよう。

第五節　考察と課題

それでは、これまでの検討結果について考察を加える。

まずは、桂月の支持層であるが、中等教員資格検定試験受験者が桂月の影響を受けていたという芳賀の指摘に着目しながら考察を加えたい。

小田・土屋（一九九九）によれば、中等教員資格検定試験の社会的機能には、①在野からの優れた教育家の中等教員へのルートの提供、②初等教員の自己研修の機会、③教員養成の「傍系」から「正系」へのバイパス機能、が指摘できるという[11]。③について補足しておくと、「正系」とは高等師範学校および女子高等師範学校を経て中等教員となるルート、「傍系」とは初等教員が中等教員資格検定試験を経て中等教員となるルートを指す。

なかでも注目されるのは、初等教員の自己研修の機会として機能していたという指摘である。文検は合格率が低いことで知られており、受験そのものが自己目的化していたという。文検の受験は、単なる知識技能の習得機会というよりは、自己修養の機会であった。このようなエートスは、桂月の修養主義的文学観と合致するものである。

次に、国民文学論についてであるが、「武士道」で〈小説〉を排除する一方で、「紳士道」で〈小説〉を包摂するような二律背反的態度が認められた。このような矛盾する態度は、〈小説〉が有害であるとされた明治期にあっては、有害な〈小説〉を排除しながら、有用な〈小説〉を包摂するという戦略を取らざるを得なかったからこそ生じたのだと考えられる。

つづいて、修養主義的文学論についてであるが、立身出世熱を「縮小」し、文学熱を「冷却」するような主張が認められた。

ここでいう「縮小」および「冷却」とは、竹内（一九八八）が立身出世主義の修復過程モデルで用いた分析概念である（「縮小」・「代替」・「冷却」）。竹内（二〇〇五）によれば、社会システムを維持するために立身出世を達成できない人々の失意を修復する必要が生じるのは、高等小学校卒業者の多くが上級学校に進学できなくなる明治三十年代以降であるという。

「縮小（cooling-down）」とは「既成の文化目標の枠内に留まるが、アスピレーションを縮小する」こと、「代替（substitution）」とは「アスピレーションそのものは維持するが、地位から金銭というようにアスピレーションの対象を変更すること」、「冷却（cooling-out）」とは「既成の文化目標を変換し、アスピレーションそのものを低下させること」を指す（竹内、一九八八、一六六頁）。

桂月の修養主義的文学論においては、立身出世の目標が「英雄豪傑」・「聖人君子」から「たしかなる人物」へと「縮小」されていた。たとえば、明治三四年度における小学校高等科卒業者数（男子）に占める中学校進学者の比率は三三・六%であるが、この数値は同時期に小学校に入学した男子の一%に満たない[12]。進学したくても進学できない多くの青少年のガス抜きをする必要があったのである。

一方、文学青年の文学熱については、「詩を作るよりは田を作れ」のように、「冷却」されていた。第一部第六章で取り上げるが、そもそも、明治期は文士の社会的地位が低く、文士は立身出世の代替的目標になりうるものではなかった。だからこそ、文学熱については、「代替」ではなく、「冷却」されたのだと考えられる。

桂月の支持層が準エリート青年であったことを踏まえるならば、彼らの立身出世熱を「縮小」したり、文学熱を「冷却」したりする桂月の修養主義的文学論は、時代的要請と合致したものであったといえる。筒井（一九九五）は「エリート文化の中核となる教養主義と大衆文化の中核となる修養主義とが、明治後期に「修養主義」として同時に同一物として成立した」ところに（三二一～三二三頁）、日本型教養主義の特徴を指摘しているが、桂月の修養主義的文学論にも該当しよう。

最後に、児童文学論について考察を加えたい。〈児童文学〉を通して文学趣味と「武士道」を養成できるという主張は、お伽噺有害論が認められた明治期にあっては（第一部第五章を参照されたい）、〈お伽噺〉を正統化する思想的基盤として機能したと考えられる。

しかしながら、桂月の修養主義的文学論のもとでは、〈児童文学〉を通して「加熱」された立身出世熱と文学熱は、先述した通り、「縮小」ないしは「冷却」されることになる。つまり、社会に出るまでの間に、少年期を通して「加熱」された立身出世熱を「縮小」し、文学熱を「冷却」するマッチポンプとしての役割を果たしたのが大町桂月であったのである。

擱筆するにあたって、主な課題を二点挙げておく。一つ目は、桂月の記事の収集が不十分であったことに加え、初出の確認ができなかったものが少なからずあったことが挙げられる。二つ目は、桂月の〈伝記〉の検討が挙げられる。本章では〈お伽噺〉のみにフォーカスを当てて結論を導き出したが、桂月は〈伝記〉を重要視しており、自らも〈伝記〉をものしている。立身出世主義の修復過程モデルにおいて桂月の〈伝記〉が果たした役割については今後の課題である。

第三章　課外読み物としての〈児童文学〉の発見

―『教育時論』を事例として―

第一章で取り上げた『太陽』においても年少読者向けの課外読み物観が垣間見えたが、『太陽』が総合雑誌であったこともあり、年少読者向けの課外読み物観を十分に明らかにできたとは言い難い。そこで、教育雑誌を取り上げ、教育界における課外読み物観を検討したい。

取り上げる教育雑誌は、『教育時論』（開発社、明治一八年創刊）とした。その理由は、同誌が明治期を代表する教育雑誌であることに加え（榑松・菅原、一九八八）、児童雑誌が刊行され始めた時期に創刊され、以降の動向を明治末年まで追うことができる史料であることによる。

『教育時論』における〈小説〉の社会的地位に関する研究としては、高橋（一九九二）が挙げられる。その概要は次の通りである。文学界では儒教的伝統に支えられた稗史小説観から坪内逍遥に代表される近代小説観への転換が認められたが、教育界では学生風紀問題のもとで〈小説〉が及ぼす青少年への悪影響が懸念されており、稗史小説観が支配的であった。このような小説有害論に対して、近代小説推進派は前近代的であると切り捨てた文学の道徳的効用を近代小説においても主張することで近代小説の社会的地位の確立を試みた。以上のような〈小説〉の社会的地位の変化が読書教育の端緒を開いたのだという。

しかしながら、高橋（一九九二）は、児童文学研究ではないため(1)、学生風紀問題では焦点化されることが少ない年少読者を対象とした課外読み物観については検討していない。そこで本章では、教育界において〈児童文学〉が課外読み物として発見される過程を中心に検討する。

第一節　小説有害論

本節では、『教育時論』における小説有害論を簡単に確認しておく。

高橋（一九九二）が取り上げている記事で最も古いものは、無署名「かきよせ（四）」（一六六号〔明治二二年一一月二五日〕）で、「小新聞の小説」を「猥褻《わいせつ》極るもの」として批判した記事である。

この記事以前では、村尾憶太郎「小説稗史ノ濫出及改良ノ議」（六〇号〔明治一九年一二月一五日〕）や塵外散士「小説ト学生」（一五三号〔明治二二年七月一五日〕）などが確認できた。前者は稗史小説観に基づきながら「色情」を誘発するような「小説」の改良を主張した記事で、後者は「小説ノ流行」が「学生ヲ毒スル」ことを嘆いた記事である。

「かきよせ（四）」以降、明治二十年代には、「小説」を「卑猥《ひわい》にして厭忌《えんき》すべきもの」と批判した佐藤定介「今日の文学社会」（二〇〇号〔明治二三年一一月五日〕）や「文学者」を「黴菌《ばいきん》」とまで断じた無署名「現今の文学者」（二九六号〔明治二六年七月五日〕）、「文学の嗜好」が「国家の衰亡」をもたらすことを危惧した無署名「現時書生の嗜好」（三一七号〔明治二七年二月五日〕）などが掲載されていた。

明治三十年代では、「小説新体詩」が「社会の風教を紊乱《びんらん》するの罪大なり」とする無署名「文学者の猛省を望む」（五九七号〔明治三四年一一月一五日〕）や「男女学生」の「風儀」を乱すとして「恋愛小説」を糾弾した無署名「恋愛小説作者の責任」（六二三号〔明治三五年八月五日〕）などが掲載されている。明治三六年に藤村操が華厳の滝で投身自殺を図り、煩悶青年による群発自殺を誘発したが、「人生宇宙問題」を「学生」に説く点で、文学が「情死」

や「投身」などを誘発していると批判した無署名「青年の読物」（六八一号［明治三七年三月一五日］）のような記事も確認できた。

澁谷（二〇一三）によれば、『教育時論』における学生風紀問題報道は明治三十年代にピークを迎えるというが、このような動向と軌を一にしながら、青少年に及ぼす悪影響を中心とした小説有害論が誌上を賑わしていたことがわかる。

ところが、明治四十年代に入ると、小説有害記事に変化が認められるようになる。典型的なのは、「社説」に掲載された無署名「学生風紀と読物」（八五六号［明治四二年一月二五日］）という記事である。小松原英太郎文部大臣の言を借りて「我が邦現時の小説は、其の描写する所、多くは恋愛肉欲に対する煩悶の類に過ぎず」と断じ、「不健全なる少年雑誌類」にも言及した上で、次のような提案をしている。

吾等の卑見を以てすれば、斯かる弊風（学生風紀の乱れ、引用者注）の流行は、又確かに印刷出版の進歩発達に伴ふ弊の致す所なり。是の故に之を防止し、之を挽回するの道も、亦《また》印刷出版物によるの所謂《いわゆる》血精《（ママ）》治療法に出でざるべからず。而して其の着手の第一歩は、先づ青年子女の接すべき、雑誌読物の改良にあり。（略）即ち内務省は此の類の出版物に対しては、一層其の取締りを厳にし、文部省は其の良出版物の奨励を図るべきなり。

内務省による「取締」とセットにして、文部省による「良出版物」の「奨励」が提言されているのである。このようなまなざしが「青年子女」に向けられたことは〈児童文学〉の成立過程を明らかにする上で看過できないと考えるが、文部省による課外読み物規制については、高橋（一九九二）では言及するに留まっているため、第四節で検討を加えることとする。

第二節　児童雑誌有害論

本節では、学生風紀問題でクローズアップされることが少ない年少読者を対象とした課外読み物関連記事として、児童雑誌を批判した記事を検討する。今回、確認できた記事は次の五件である。[(2)]

まずは、嘯風子「少年雑誌の弊」（三三三号［明治二七年七月一五日］）であるが、「幼年雑誌小国民等、小学生徒を目的とせる、雑誌の発刊も亦《また》極めて多し」という現状認識を示した後、「雑誌購読の目的は、詩文の研究にあるが如く心得、遂に浮華無益の学問に是れ耽り、天下有要の実学を廃するに至る」と述べ、投稿が少年の文学趣味を助長し、勉学に悪影響を及ぼすことを懸念している。

次に、無署名「少年と雑誌」（四三七号［明治三〇年六月五日］）であるが、『少年世界』や『少国民』を取り上げ、「学科勉励の輔佐」としての役割を期待しながら、[(3)]「唯徒《いたずら》に表紙を華やかにし、挿画を美にし、記事を面白からしめんことをのみ勉め、毫《ごう》も少年思想の修養、連絡、活動、及精神、気象の陶冶を顧みずんば、少年雑誌は、唯害を少年に与ふるのみ、豈《あ》に歎ずべきにあらずや」と批判している。

つづいて、無署名「少年諸雑誌記者へ」（四四八号［明治三〇年九月二五日］）であるが、『少国民』が入選読者の写真を口絵に掲載していたことを取り上げ、口絵に掲載されたいという虚栄心に駆られ盗作にまで発展する危険性を指摘し、「少年の虚飾心を増長し、之を詐欺にまで陥らしむる者、アアこれ実に現今少年雑誌記者也」と批判している。

無署名「少年雑誌記者の徳義」（四五五号［明治三〇年一二月五日］）は、「少年雑誌」の記事の多くが「滑稽的、卑《ひ》猥《わい》的、若《も》しくは、少年に不恰好の文学的にして、教育的と看做す可きの部分は、僅《わず》かに、一小部分に過ぎず」との認識を示し、このような雑誌を耽読する少年読者の人格形成に及ぼす影響を危惧するとともに、投稿が教育上好ましくないことを指摘している。

最後に、無署名「少年雑誌に注意すべし」（六〇九号［明治三五年三月一五日］）であるが、「思想幼稚なる少年にして之（少年雑誌を指す、引用者注）を読まんか、徒《いたずら》に其頭脳を混乱せしめ、其の思想を浮動せしめ、更に統一的思想、整理的智識を修養せしむること能《あた》はず、却《かえっ》て偶々新奇を喜び、軽佻《けいちょう》に流れ、誠実に学事を勉励するの精神を滅却せしむるに至るの恐れあるもの少からず」という立場から、場合によっては「少年雑誌」の読書を禁止することを提案している。

以上の記事から、児童雑誌有害論とでも呼ぶべき問題意識が当時の教育界で共有されていたことがわかる。勉学と人格形成に悪影響を及ぼす点で、「少年雑誌」が立身出世にとって有害であるという稗史小説観は、『西国立志編』に認められた伝統的な読書観であった。

さらに、これらの記事が明治三〇年前後に集中している点が注目される。『少年世界』が博文館から創刊されたのが明治二八年であり、児童雑誌が発展を遂げる時期であるからだ。明治中期に陸続と刊行された児童雑誌が教育雑誌において有害メディアとして位置付けられていたことは、第二部第一章で明らかにするように、児童雑誌に〈小説〉を掲載することや掲載される〈小説〉の内容に影響を及ぼしたと考えられる。

なお、無署名「探偵小説の流行」（二八九号［明治二六年四月二五日］）のように、「児童」が「探偵小説」に影響され、「強盗」などを模倣することを懸念し、「児童教育」の観点から注意を喚起した記事なども散見されたが、生徒・学生を対象とした学生風紀問題に比べれば〈小説〉の読書を禁止するような提案は顕在化していなかった。このことは、年少読者が〈小説〉を読むことを等閑視していたからではなく、学生ですら禁止されているのだから年少者については取り立てて言及する必要がなかったことを意味していよう。

第三節　読書教育論

しかしながら、『教育時論』で〈小説〉を中心とした文学が否定されてばかりいたのかといえば、そうではない。文学と教育との関係をポジティブに論じた記事も散見されたことから(4)、ここで検討を加えることにしたい。

まずは、明治二十年代に発表された記事をみていく。

郡司篤則「小説の採択」（一四四号［明治二二年四月一五日］）は、「稗史小説を愛読する時期」を「十一二歳以上」とした上で、次のような主張をしている。

余《わ》れは稗史小説悉《ことごと》く不可なると云ふにあらず、中には道徳的のものもあれは理科的のものもあらむ［。］余れは此等のものまでも擯斥して、児童に読ましむ可らずと云ふにあらすして、唯彼の悪《にく》むべき兇漢の事を記せるもの、或は忌まはしき姦婦淫娘の伝記に係るものは、最も児童の心情を害するの恐あるを以て、之を排斥して読ましむ可らずとは云ふなり。

結論としては、「願くは児童が稗史小説を読まむとするときには、宜《よろ》しく其書の採択取捨に注意し、彼をして方向に迷はしめざることを、彼をして邪僻暴姦の人物とならしめんことを」のように、選書の必要性を説いている。「道徳的若《も》しくは理科的に渉る稗史小説」の読書については「奨励」しており、教育的観点から「稗史小説」の選書を主張した記事として注目される(5)。

一方、久津見蕨村「教育と文学」（二九九号［明治二六年八月五日］）は、「科学教育」に対して、「中等教育の或る部分に於て、文学的教育を施設し、以て少年に温雅優美の精神を修養せしめ」る必要性を説いたものだ。ただし、「近時文学を歓迎するの声は、都鄙《とひ》に充満したりと雖《いえ》とも、新に出つる所のものは、概ね軽文学のみ、繊巧、膚浅、婦女子の感を引くには相当なる可《べ》しと雖とも、教育に応用すべきものに至りては、幾《ほと》んとあることなきに似たり」と嘆いている。

無署名「教育と物語小説との関係」（四〇三号［明治二九年六月二五日］）は、「文学とし云《ママ》へば、直ちに物語小説の類を指すものなりとなすもの、十中の八九なり」と断った上で、「文学を生徒に授くるより起るの利を収めて、而して其弊に陥らざらんことを勉むべきなり」と結論している。

そもそも、教員が〈小説〉を読むことを禁じる記事（隠酉生「教員ノ読書」一七四号［明治二三年二月一五日］）が掲載されている時代であり、教育界において文学と教育との関係について合意が形成されていたとは考えられないが、これらの記事からは、萌芽的ではあるが、〈小説〉を選書した上で教育的利用を試みるという発想がうかがえる。

それでは、明治三十年代はどうであろうか。

中島半次郎「ルーソーの「エミール」を評す（下）」（五七四号［明治三四年三月二五日］）では『エミール』（一七六二）と『ロビンソン・クルーソー』（一七一九）を取り上げ、「小説体に、人の感情に訴へて教育を説かむと試みたるものなり」と「小説」ならではの教育的効果が指摘されたり、津田信雄「教育家の一読すべき一小説」（六三〇号［明治三五年一〇月一五日］）では「教育小説」というジャンルの教育的効果が指摘されたりしていたが[6]、課外読み物観の成立過程を明らかにするにあたっては、以下に取り上げる児童文学論が注目される[7]。

まずは、山本良吉「家庭の読み物」（七一〇号［明治三八年一月五日］）であるが、冨山房の「家庭のたのしみ」を検討し、「学校教育の欠を補ひ、古の家庭教育の効果を実在にすること決して困難ならざるべし」という見解を示している。

次に、無署名「お伽倶楽部」（七五四号［明治三九年三月二五日］）であるが、久留島武彦による「お伽倶楽部」を「小供の趣味教育上に一新天地を開きたりし」ものとして評価し、さらなる発展に期待を寄せている。

最後に、井上迷羊〔訳〕「少年文学に就て」（七七四号［明治三九年一〇月一五日］）であるが、「ゼームス、イー、ロヂヤース」の「少年文学」という記事を訳出し、「児童期の文学は、人の読書に品位風格」を与える故に、「善良なる読書の習慣を獲得する事は、児童教育の緊急なる要素」であるという考え方を紹介している。

木下遂吉「童話につきて」（六八一号［明治三七年三月一五日］）のように、「童話」における擬人化を批判した記事も認められるが、先の記事では一般向けの文学ではなく、「家庭読み物」・「お伽噺」・「少年文学」といった〈児童文学〉の教育的効果が期待されており、明治三十年代も後半になって文学と教育との関係が新たな局面に移行したことを示唆している。

さらに、「趣味教育」[8]や「読書の習慣」などの語句からもうかがえるように、これらの記事には〈児童文学〉による読書教育という発想を指摘できる。明治三〇年前後に認められた児童雑誌有害論のように、有害な文学を排除するというよりは、「文学趣味」の教育を通して年少読者自らが有害な文学から遠ざかるように仕向けているのである。

このような戦略は、規律＝訓練型権力の典型であり、「抑圧戦略」から「訓育戦略」への転換を示していると考えられる[9]。規律＝訓練型権力とは、フーコー（一九七七）によって指摘された近代社会における統治方法のことで、権力者が国民を一方的に抑圧するのではなく、学校等における規律＝訓練を通して規範を国民に内面化させることで、国民自らが主体的に規範に従うような社会システムに支えられた権力の在り方を指す。

なお、明治四十年代には課外読み物規制が浮上してくるが[10]、このイシューについては次節で検討する。ここでは、坪内逍遥「文学の効用」(七一〇号［明治三八年一月五日］)をはじめとした、文学者自らが文学の教育的効果を主張した記事を検討したい。

「文学の効用」は、高橋（一九九二）が文学者による小説観の戦略的転換を示した事例として取り上げていた記事である。明治三八年の記事であるが、以下の記事に先立って取り上げることとする。

逍遥は同記事で、「今日の作者の心持は決して戯作者的でない」と小説家の戯作者的イメージに釘を刺した上で、「人情教育」としての「効用」と「博愛同情の福音を宣伝する」という「国際上」の「効用」を指摘している。「近代文学理論の啓蒙によってではなくして、むしろ、近代小説を古い道徳の文学観に適合的に解釈することによって、保守的な教育者の理解を得ようとする戦略をとった」(高橋、一九九二)と考えられる。

明治四十年代に入ると、「教育と文芸との関係」が論じられるようになる。

巌谷小波「教育と文芸との関係」(八二六号［明治四一年三月二五日］)は、「小説」を「世態を写し人情を描いたものである」とした上で、教育の目的は「人を知る」ことにあるのだから「其一材料として小説を読ませるといふことは、実に捨つべからざる方法である」と「小説」の教育的効果を主張している。

島村抱月「教育と文芸との関係」(八二七号［明治四一年四月五日］)は、「文芸より生ずる教育上の危険は、趣味教育の不完全に由来する」とし、「文芸に対し正当な味ひ方を教育すべし」と提案している。自然主義の文学運動を牽引していた抱月は「文芸上の自然主義」(八三〇号［明治四一年五月五日］)で自然主義文学を解説したり、「文学の二大効用」(九二六号［明治四四年一月五日］)で「文学」の効用を説いたりするなど、教育者の理解を得ようと試みていた。

ちなみに、抱月の記事は小波の記事の次号に掲載されたもので、この号には抱月以外に末松謙澄と建部遯吾が「教育と文芸との関係」に談話を寄せていた。『源氏物語』の英訳で知られる末松は「間接に導いて文芸的趣味を与へ」ることには理解を示しつつも、「一般国民の子弟を教育する学校に於て、直接に文芸に重きを置き、之を其目的とすることは善くないと思ふ」と述べているように、文芸と教育との関係に慎重な態度を取っている。社会学者の建部は「近時の我が教育社会が、文芸上よりして偉大の助力を借らんとするの傾向あるを観て、我教育主義の一進歩たるを認むる者なり」と述べているように、「文芸」による教育上の効果を積極的に認めている。

それぞれの論調に違いはあるものの、これらの記事の存在は、この時期に「教育と文芸との関係」が文学者にとっても議論されるべき問題として立ち現われてきたことを示唆している。

そこで次節では、以上の動向に影響を及ぼしたと考えられる課外読み物規制がどのように論じられていたのかについて検討を加えることとする。

第四節　課外読み物規制論

『教育時論』において課外読み物が主要なテーマとして論じられるようになるのは明治三九年以降である。文部大臣の牧野伸顕による文部省訓令第一号「学生生徒ノ風紀振粛ニ関スル件」（明治三九年六月九日）の発令が契機となったようだ。

同訓令では、図書類が次のように問題視されていた。

就中《なかんずく》近時発刊ノ文書図画ヲ見ルニ或ハ危激ノ言論ヲ掲ケ或ハ厭世ノ思想ヲ説キ或ハ陋劣《ろうれつ》ノ情態ヲ描キ教育上有害ニシテ断シテ取ルヘカラサルモノ尠《すくな》シトセス〔。〕故ニ学生生徒ノ閲読スル図書ハ其ノ内容ヲ精査シ有益ト認ムルモノハ之ヲ勧奨スルト共ニ苟《いやしく》モ不良ノ結果ヲ生スヘキ虞《おそれ》アルモノハ学校ノ内外ヲ問ハス厳ニ之ヲ禁遏《きんあつ》ス

ルノ方法ヲ取ラサルヘカラス〔。〕

序論でも指摘したように、有害図書の規制と良書の推奨が訓令として制度化されたのである。たとえば、無署名「文部省通俗教育調査会の風紀案」（七六八号［明治三九年八月一五日］）が訓令第一号の「実施方法」として「学校、教育会、図書館等に於て男女青年の読むべき善良なる図書を時々調査し選択して其参考に供する事」という案を紹介している。一方、無署名「女学生と芸術」（七七一号［明治三九年九月一五日］）では、「当局」が「大に之（芸術、引用者注）を厳束する」ことを批判している。[11]

もちろん、前節で取り上げた「小説の採択」のように、牧野訓令より前にも課外読み物の選書の必要性を訴えた記事は認められるが、牧野訓令より前と以降とでは課外読み物をめぐる政治的状況が一変しているため、社会に対する訴求力は小さかったと考えられる。

そこで、牧野の文部大臣在任期間（明治三九年三月二七日〜四一年七月一四日）[12]における課外読み物関連記事について、典型的なものを中心に検討を加えることとしたい。

まずは、無署名「物語の審査」（七九〇号［明治四〇年三月二五日］）をはじめ、「懸賞物語」についての記事が散見された。ここにいう「懸賞物語」とは、当選作品が高等小学校の読本に採用されるという触れ込みで文部省が募集したものである。実際のところ、当選作は読本には採用されず、文部省が委員の一人でもあった巌谷小波に委託して、『教訓仮作物語』（国定教科書共同販売所）として翌年に刊行された。記事自体は当選者の発表だけなので特筆すべき点は見当たらないが、文部省が率先して「物語」を募集し良書の開発を試みているという点で、牧野訓令後の動向として注目される。

次に、無署名「教科書以外の読物」（八〇四号［明治四〇年八月一五日］）であるが、牧野訓令に言及し、「学生の閲読する図書に制限を加へんとする」政策について、「此（図書、引用者注）の選択は殊更に学生のもてはやす書物を排斥し、只管《ひたすら》当局者の意を迎へんとしたる気味あるが如し」と述べ、「無難」な図書ばかりが選書される弊害を指摘している。

最後に、光藤泰次郎「中等学生と課外の読み物（上）」（八二五号［明治四一年三月一五日］）・同「中等学生課外の読物（下）」（八二九号［明治四一年四月二五日］）であるが、「小説」の弊害を防ぐ方法として「学校乃至《ないし》担任教師が適当なる課外の読物を指定すること」を提案し、実際に中学生の課外読物調査を実施した上で「教育家の立場から、《ママ》見て有益でしかも非常に面白いと保証して、指定すべきものが少い」ことを嘆いている。

課外読み物を規制することについては、同調的立場から警戒的立場までの振幅が認められるものの、これらの記事からは課外読み物に対する関心の高まりがうかがえる。

このような課外読み物に対する関心は、牧野の後任として文部大臣となった小松原英太郎の教育政策によって引き続き惹起されることになる。そこで次に、小松原の在任期間（明治四一年七月一四日～四四年八月三〇日）の記事を中心に検討を加えることにしたい。

小松原は、通俗教育調査委員会官制と文芸委員会官制を制定した文部大臣である。両委員会は大正二年に廃止された短命の委員会であったが、通俗教育調査委員会は明治四四年一〇月一〇日に「通俗図書審査規程」および「幻灯映画及活動写真フイルム審査規程」を定め、文芸委員会は文芸の奨励を試みるなど、課外読み物規制を考える上で画期をなすものであった。また、巌谷小波が両委員会の委員であったことからも(13)、両委員会の設立は〈児童文学〉と課外読み物規制の関係を考える上で注目される（第一部第六章を参照されたい）。

無署名「危険思想と当局」（九三七号［明治四四年四月二五日］）は、「文部次官」の談話として、文芸委員会の目的が「文学技芸を積極的に助長せしむるにありて、内務省の図書出版物取締等の消極的政策と対立し思想界を廓清《かくせい》する」ことであり、通俗教育調査委員会の目的が「各地既設の教育会を利用し趣味と実益とを与へ、以て学校教育以外の通俗的教育を改良発達せしむる」ことであると伝えている。

両委員会が設立される以前から、小松原文相の教育政策は課外読み物規制に影響を及ぼしていたようだ。第一節で取り上げた記事である無署名「学生風紀と読物」（八五六号［明治四二年一月二五日］）をはじめ、無署名「悪小説取締」（八八四号［明治四二年一一月五日］）、無署名「科外読物取締談」（九〇五号［明治四三年六月五日］）、無署名「暑中休暇と読物」（九〇九号［明治四三年七月一五日］）、無署名「図書取締励行」（九一三号［明治四三年八月二五日］）、無署名「醜文学取締」（九一六号［明治四三年九月二五日］）などから、課外読み物が「取締」の対象として位置付けられていたことがうかがえる。

たとえば、「悪小説取締」は、次のような文部省の方針を伝えている。

文部省にては内務省の取締を以つて甘んずる能《あた》はず、今後は各地方の教育会及び篤志家に対して、通俗講談会等の開催を奨励し、以てその害毒を説かしめ、また教育図書館文庫等に対しても通牒を発して、購買図書選択の方法を採らしめ、学校等にもこれが取締りを励行する方針にて、固《もと》より法律を以て禁止するが如き、積極的のものにはあらざれども、文部省としてはこれ以上の方法を採る能はざるべしと。

「暑中休暇と読物」では、夏季休業中の小学校児童に関する文部省通牒で「課外読物に対する注意」が出されたことを踏まえ、「課外の読物標準」を示している。

ちなみに、小松原は地方長官に向けた訓令「図書館設立ニ関スル注意事項」（明治四三年二月三日）で「通俗図書館」において青少年に提供する図書の「取捨選択」に注意するよう呼びかけていた。通俗教育調査委員会および文芸委員会設立以前から、課外読み物規制が画策されていたことがわかる。

文部省が課外読み物規制に着手するに至った経緯については、無署名「文芸奨励の真意」（九四二号［明治四四年六月一五日］）からうかがい知ることができる。同記事によれば、「文芸奨励」の真意を文相に訊いたところ、「学生風紀の堕落と大逆事件の発生」が「動機」であったという。実際、両委員会設置の目的については当時のほとんどの新聞が「大逆事件を契機とする社会主義の抑圧の強化であり、もうひとつは、文学における自然主義の流行への対策である」と認識していた（倉内、一九六一、五五頁）。

つまり、学生風紀問題のもとで醸成されていた課外読み物の規制という懸案が明治四三年五月に発生した大逆事件を契機に、思想統制を含意しながら「文芸奨励」という形で実現したのである。

以上の経緯から、良書の「認定」は青少年向けに実施されていたと考えられる。実際、無署名「文部認定通俗図書」（九七八号［明治四五年六月一五日］）には「認定通俗図書は、多くは青年幼者の閲読に供する目的を以て出版せるもの」と記されている。

両委員会設立後は、無署名「認定図書百二部」（九六二号［明治四五年一月五日］）で通俗教育調査委員会による認定図書の審査結果が報じられたり[14]、無署名「文芸委員会現況」（九六七号［明治四五年二月一五日］）で委員が推薦する〈小説〉が教育上有害であるなどの混迷ぶりが報じられたりする程度で、小説有害論は下火となる。その代りに、活動写真が規制の対象として取り沙汰されていた[15]。活動写真という機能的等価物の登場によって、〈小説〉はメディア有害論の舞台における主役の座から退くとともに、読書教育に活躍の場を求めることになるのである。

牧野訓令から両委員会の設立に至る一連の教育政策は、教育と文学との関係が排他的な在り方から協調的な在り方へと移行したことを示唆している。教育界は文学者を取り込むことで文学の規制を試み、文学界は教育的効果に訴えることで文学の正統化を試みたのだといえる。高橋（一九九二）は両者の関係を「共謀関係」と呼んでいたが、その成否はともかく、文部省による課外読み物規制は教育界と文学界の利害関係が調整される契機として機能したと考えられるのである。

第五節　考察と課題

以上の検討から、『教育時論』において〈児童文学〉が課外読み物として位置付けられるようになったのは、明治三十年代後半から四十年代にかけてであることが明らかとなった。

児童雑誌有害論が明治三〇年前後に認められたことは、児童雑誌が発展を遂げつつある時期にあっても、〈児童文学〉が自らの正統性の根拠を教育的効果に求める必要性があったことを示唆している。

明治三十年代後半には、萌芽的ではあるが、〈児童文学〉の教育的利用に関する記事が認められた。この時期に、児童雑誌有害論から〈児童文学〉による読書教育への転換が生じたことが示唆された。

このような転換に影響力を行使したのが牧野訓令の発令と通俗教育調査委員会および文芸委員会の設置であった。これらの教育政策が〈児童文学〉に正統性を与え、それまで不安定であった〈児童文学〉の社会的地位を向上させたと考えられるからである。

このような正統化戦略は、一般文芸に比べ、教育と親和性が高い〈児童文学〉には有効であったと考えられるが、〈児童文学〉が文学として自立する契機を奪う危険性もまた、一般文芸に比して高かったと考えられる。課外読み物として「認定」されることは、その正統化の程度に比例するかのように、「良書」から逸脱した「悪書」を発表しないような自主規制を児童文学者に強いることになるからだ。教育界における年少読者に対する「抑圧」から「訓育」へというまなざしの転換は、年少者を読者対象とする〈児童文学〉の在り方そのものにも影響を及ぼしていたのである。

もちろん、上述したような側面は教育雑誌の検討から導き出された結論に過ぎず、〈児童文学〉の成立過程が重層的であることはいうまでもない。文芸雑誌における年少読者と文学との関係は教育雑誌とは異なるであろうし、当時の児童文学作品には課外読み物から逸脱するケースも散見される。このように〈児童文学〉の成立過程を明らかにする上で検討すべき課題は山積しているが、教育界において〈児童文学〉が課外読み物として発見される過程を素描することができたと考える。

第四章　〈冒険小説〉の排除と包摂

―教育雑誌を事例として―

本章では、前章に引き続き、課外読み物として〈児童文学〉が発見されるポリティクスを検証する。そこで着目したのは、〈冒険小説〉というジャンルである。(1)課外読み物として推奨されたり、警戒されたりするという二律背反的な評価が〈冒険小説〉というジャンルには指摘できるからである。

さて、〈冒険小説〉の定義であるが、本書では客観的な定義を与えていない。「冒険小説」という用語が使われているケースはもちろんのこと、「政治小説」などの関連性の高いジャンルについても、当時の文脈に照らし合わせた上で、広義の〈冒険小説〉として検討を加えている。手続き上の恣意性は免れないが、後述する文学極衰論争などのように、〈冒険小説〉をめぐって論争が生じていた当時の文脈を優先し、記事を収集することとした。

冒険小説関連記事については、課外読み物観の主題化が期待できる教育雑誌から収集した。榑松・菅原（一九八八）を参考に、明治期を代表する教育雑誌として、『教育時論』（開発社、明治一八年創刊）と『教育報知』（教育報知社、明治一八年創刊）と『教育学術界』（同文館、明治三二年創刊）の三誌を選定した。なお、『教育報知』は明治三七年に廃刊している。

第一節　文学極衰論争における〈冒険小説〉の位相

本節では、冒険小説関連記事の検討に先立って、〈冒険小説〉をめぐる文学的評価の争点がうかがえる文学極衰論争を検討する。

文学極衰論争は、『女学雑誌』一九一号（明治二二年一二月一四日）に掲載された無署名記事「文学極衰」に端を発した論争である。文学極衰派は、次のような小説観を有していた（無署名「文学世界の近況」『朝野新聞』明治二三年二月二七日）。

思ふに、深く人情を穿《うが》ち、其心思感想の発動を模写曲尽するも、亦《また》小説の一体なり。之を写して精妙を極むるも、遂に一体たるにすぎず。

（中略）

然るに今の小説家は、只だ小愛を描て、大愛を描かず。痴情を描て、正情を描かず。小人を描て、君子を描かず。匹夫匹婦の肉欲を描て、英雄豪傑の肝胆を描かず。(2)

文学極衰派は、写実小説の台頭に伴い、政治小説が描かれなくなった局面を「文学」の「衰退」と捉え、「英雄豪傑の肝胆」を描いたような作品を期待していた。写実小説（ノベル）との差異化を通して、稗史小説の卓越化を試みたのだといえる。

前章で明らかにした通り、小説有害論が教育界で議論されていたこともあり、写実小説を批判した文学極衰派の主張は訴求力を有していたと考えられる。(3)

一方、文学極衰派に対して、近代小説観に基づき、反論を繰り広げたのが内田魯庵であった。内田貢『文学一斑』（博文館、明治二五年）では、文学極衰派の理念を体現したとされる矢野竜渓（文雄）の『報知異聞 浮城物語』

（報知社、明治二三年）を取り上げている。

近来公衆の前に現はれたる矢野竜渓氏の浮城物語は実に此種（冒険物語、引用者注）の模範といふべし。然れども冒険物語に於て重んずべきは実際有るべき如き質実なる事柄と簡約なる文字にして、誇大に流れす浮麗に陥らさるを専一とす。デフオーが英国の文学史に一種の燦爛《さんらん》たる光輝を放つは是が為めにあらざるか〔。〕（一〇五～一〇六頁）

『浮城物語』は、世界に雄飛することを目的に組織されたプライベート・アーミーの活躍を描いた政治小説で、英雄豪傑たちの冒険的側面に加え、世界各地の風俗などの博物学的側面や軍事関連の科学的側面を描き、押川春浪などの〈冒険小説〉に及ぼした影響が指摘されている(4)（上、一九六一）。

さて、魯庵によれば、『浮城物語』は「冒険物語」としては「模範」的であるが、「実際有るべき如き質実なる事柄と簡約なる文字にして、誇大に流れず浮麗に陥らさるを専一とす」という点で、『ロビンソン・クルーソー』（一七一九）には及ばず、「ノベル」ではないとされていた。

このような冒険物語観は、『小説神髄』（松月堂、明治一八～一九年）にも認められる。

航海小説は仮空の人物、仮空の事蹟を仮作りいだして、航海の情況をのぶるものなり。我が国の巡島《しまめぐり》記類のものとその質相似て異なるものなり。蓋《けだ》し我が国の巡島記類は総じて奇異譚の部類なれども、航海小説は之れに反して主に航海中の情況をのべたる尋常の小説に異ならざればなり。（六八頁）(5)

ヨーロッパの「航海小説」（ネイバル・ノベル）が「尋常の小説」（ノベル）とされる一方、日本の「巡島記類」は「奇異譚」（ローマンス）として位置付けられていたのである。

近代小説派の逍遥と魯庵にとって、『浮城物語』は「ローマンス」であり、「ノベル」ではなかった。そもそも、逍遥が「ローマンス」との差異化を通して「ノベル」の卓越化を試みなければならなかったのは、序論でも指摘したように、稗史小説観が支配的であったからだ。

しかしながら、「ノベル」の感化力を有害視する小説観に対して、「ローマンス」を排除し芸術性を訴えるという近代小説派の主張は、「ノベル」の効用を主張できていない点で、文学極衰派の主張に比べて説得力に乏しかったと考えられる(6)。

以上の検討から、『ロビンソン・クルーソー』のような例外はあるものの、〈冒険小説〉が「ローマンス」として位置付けられていたこと、「ローマンス」と「ノベル」の文学的評価が二極化していたことが明らかとなった。そこで次節では、文学者によって位置付けられた〈冒険小説〉が教育的文脈のもとで、どのように位置付けられていたのかを明らかにしたい。

第二節　〈冒険小説〉の排除

本節では、〈冒険小説〉について否定的な見解を示していた記事を検討する。

まずは、稗史小説観が認められる無署名「何を読んで我品格を高めん」（『教育時論』四〇五号［明治二九年七月一五日］）を取り上げることにしたい。

小説稗史を繙《ひもと》きて之を読まんか、其結構概男女恋愛の状《さま》を描くにあらざれば、怪譚奇説を述ぶるに過ぎず、毫《ごう》も我品格を高むるに足らず。

「ノベル」（「男女恋愛の状を描く」）と「ローマンス」（「怪譚奇説」）の双方が無益であるとされており、〈小説〉そのものに価値を見出していない稗史小説観の典型であるといえる。

稗史小説観のもとでは、影響力すらも認められないことが少なくない〈小説〉であったが、〈冒険小説〉については、その感化力が警戒されていたようである。

加藤彦三郎「小学校生徒ニ小説ヲ読マシムルノ可否」（『教育報知』八七号［明治二〇年一〇月八日］）では、次のように「政治小説」が論じられている。

政治小説ナル者ハ多ク言外ニ意ヲ寓シテ政治ノ得失ヲ譏《そし》リ。然ラザレバ妄誕奇怪ノ空想ヲ以テ未来ニ政治ノ変遷ヲ論シ以テ一新政治社会ヲ写シ出シ或ハ政党ノ主義ヲ小説的ニ記述セシ者ナルヲ以テ之ヲ児童ニ読マシムルトキハ其思想タル政治ノ得失ヲ談シ以テ未来ノ空想ニ迷ハサレ過激ナル政党ヲ結バントスルニ至リ。

「妄誕奇怪ノ空想」のような文句からもうかがえるように、「児童」の「空想」を助長する点が教育的観点から批判されていたのである。

逍遥もまた、教育者としての立場から「政治小説」を批判している（「中学年齢の男女に小説を読ましむるの可否に関して教員某に答ふる書（接前号）」『教育学術界』一巻四号［明治三三年一月三日］）。

而して後者（東海散士『佳人之奇遇』を指す、引用者注）に至りては、動《やや》もすれば空想を煽動《せんどう》し、実感を挑発す、加ふるに文の華に過ぎて虚飾に流れたる、厭《いと》ふべし、読ましめざるを可とす〔。〕

このような批判が前節で確認した「ローマンス」批判の一環であったことは、次の記事からもうかがえよう（「中学年齢の男女に小説を読ましむるの可否に関して教員某に答ふる書」『教育学術界』一巻三号［明治三三年一月三日］）。

例へば、彼の探偵小説(7)、冒険小説の如き、人情の奥秘、世態の隠微などいふことには、殆《ほとん》ど何等の重きをも置かで、只事柄の珍らしきをば専一に写しいだせる作物は、此の眼目（「少年者流に読ましめても可なりとせらるる小説」、引用者注）の条件に不適当なるべく（以下、略）

ここにも、「ノベル」（「人情の奥秘、世態の隠微」）と「ローマンス」（「事柄の珍らしきをば専一に写しいだせる作物」）の対立図式が指摘できるのである。

なかでも注目されるのは、光藤泰次郎「中等学生課外の読物（下）」である（『教育時論』八二九号［明治四一年四月二五日］）。附属中学校で課外読み物調査を実施し、「（附属中の、引用者注）二年以下では、冒険譚探検談などが非常に勢力を占めて居る。随つて押川春浪の冒険小説、桜井桜（「鷗」の誤りか、引用者注）村の探検小説等はなかなか勢力を持つて居る」ことを踏まえ、「実感を挑発するやうなかき方」を問題視し、「春情の発動を成るべく抑制して行くやうにすることが必要である」と結論している。争点は他の論者とほぼ同じだが、東京高等師範の教員による調査報告であり、課外読み物としての教育的観点から〈冒険小説〉を排除している点が興味深い。

第三節　〈冒険小説〉の包摂

本節では、〈冒険小説〉について肯定的な見解を示していた記事を検討する。まずは、稗史小説の教育的利用を主張した久津見蕨村「教育と文学」(『教育時論』二九九号［明治二六年八月五日］)を取り上げる。

余は文学教育の智力を開発するに適して、科学教授の之に適せざるを信ずるものなり〔。〕
(中略)
近代の軽文学と雖《いえど》も、八犬伝の如きは、文章思想二つなから中々に貴し、(略)八犬伝も亦《また》教科書となすことを得べしと思考す〔。〕

稗史小説とほぼ同義である「軽文学」として「八犬伝」を位置付けながらも、「文学教育」の観点から「教科書」になりうると述べている。渡邊嘉重「教育上小説の価値」(『教育報知』三〇一号［明治二五年二月六日］)でも「勧懲小説なるものは仁義道徳を基本」とする点で「其教育に裨益あること大なるものなり」という見解が示されるなど、稗史小説に道徳という教育的価値を認める小説観が指摘できる。

次に、郡司篤則「小説の採択」(『教育時論』一四四号［明治二二年四月一五日］)であるが、「稗史小説」であっても、「道徳的のもの」や「理科的のもの」であれば、「児童」にとって有益であるとされていた。内容からして〈冒険小説〉を容認していると思われる記事である(詳しくは、前章を参照されたい)。

文学極衰論争で取り上げられていた『浮城物語』については、無署名「小説の流行一変すべし」（『教育時論』三三七号［明治二七年八月二五日］）で、文学極衰派のような主張が認められた。

> 淫猥《いんわい》極まる写実小説、陰険恐るべき探偵小説の流行は、世の有識者が児童教育の為めに、多望なる青年子弟の為めに、只管《ひたすら》顰蹙《ひんしゆく》せる所なりき。（略）此好機を利用して、彼等の嗜好に適すべき、相応の小説、即曽て矢野竜渓居士のものせられたる浮城物語類似のものを著訳出版せば、其益蓋《けだ》し尠少ならざるべし、其責小説家に在り。

「写実小説」や「探偵小説」を槍玉に挙げながら、「矢野竜渓居士のものせられたる浮城物語類似のものを著訳出版せば、其益蓋し尠少ならざるべし」のように、「児童教育」の観点から『浮城物語』の教育的効用が指摘されているのである。

さらに注目されるのは、海国思想を養成する手段として〈冒険小説〉が評価されていた点である。菊地熊太郎「人ノ愛情ヲ論ジテ教育上小説ノ価値ニ及ブ」（『教育報知』一八三号［明治二二年九月一四日］）では、次のような主張が展開されていた。

> 譬《たと》へバ英吉利《イギリス》ノ海軍ヲ引起スニ大層力ノアツタロビンソン、クールソーハ種々ノ危険ニ出遇ツテ種々ノ事業ヲナシタ事ノ話シヲ聞クトキハ其ノ了見ヲ以テ遂ニサウ云フ人ヲ好ミ愛スル様ニナルカラ、此等ノ小説ヲ読セルト詰リロビンソンノ様ナ人ガ出来ルト思ヒマス。

『ロビンソン・クルーソー』が「英吉利ノ海軍ヲ引起スニ大層力ノアツタ」ことを範例としながら、〈冒険小説〉がイデオロギー装置として発見されているのである。

同一人物であると思われる菊池《ママ》熊太郎は「教育上小説ノ価値ヲ論ス」（『大日本教育会雑誌』九〇号〔明治二三年九月一〇日〕）でも、「でふおー著ス所ノろびんそん、くるそー漂流記ノ如キハ、能《よ》ク英国年少男子ノ心中ニ、冒険敢為ノ勇気ヲ浸染セシメ、為ニ大ニ同国ノ海軍ヲ興起シタリト云ハルルニアラズヤ」と述べている。さらに、この記事は『日本之少年』一巻二〇号（明治二二年一二月一日）にも転載されている。以上のことから、『ロビンソン・クルーソー』が〈冒険小説〉を正統化する際に利用されていたことがうかがえるとともに、このような記事が訴求力を有していたことが指摘できる。

岡村直吉「児童の課外読物につきて（五）」（『教育学術界』二三巻六号〔明治四四年九月一〇日〕）では、「実業思想を鼓舞し、工夫発明の思想養成に資するもの」として〈冒険小説〉が推奨されている。

> 世には探検譚や冒険譚類を採る事を否定する人もあるが、古来の成功者は多くは探検（探検小説か、引用者注）の賜ではあるまいか、此等の読物によりて、彼等児童は不抜《ふばつ》なる探検者や、剛毅なる発見者と相接し、航海者、殖民者、貿易者と相語り、地球上至る所に於て彼等の光栄を見るが故に、之がやがて児童の心中に浸潤し、彼等を興奮し激励し、遂に海外に雄飛する気象を含芽せしめる事が出来る。

「世には探検譚や冒険譚類を採る事を否定する人もあるが」と冒頭で断っていることから、「工夫発明の思想」を通して「海外に雄飛する気象を含芽せしめる事」、すなわち殖民思想の養成が〈冒険小説〉を社会的に承認させるためのポイントであったことがうかがえる。

実際、この時期には、文部大臣の小松原英太郎が「少年及青年の読物に就て」（『教育学術界』二〇巻二号［明治四二年一〇月二〇日］）で「学術技芸に関する著述。（博物其他理科等の応用に関し小説的に記述したる物の類）」と「探検談（ママ）及紀行文」などを推奨しているように、博物学は殖民思想を通して〈冒険小説〉に組み込まれていた。[8]〈冒険小説〉というジャンルは、海国思想および殖民思想と結び付いたことにより教育的効用が相乗され、イデオロギー装置として正統化されたのである。

第四節　課外読み物調査にみる〈冒険小説〉の排除と包摂

それでは最後に、明治後半期において課外読み物の規制が徐々に進んでいくなかで、〈冒険小説〉がどのように位置付けられていたのかについて検討を加えることとしたい。

ここでは、課外読み物調査を報告した記事を検討する。今回、確認できた記事は次の通りである。

・高田宇太郎「中学生徒 科外の読物」（『教育学術界』一四巻一号［明治三九年一〇月五日］）
・光藤泰治（次）郎「中等学生と課外の読み物（上）」（『教育時論』八二五号［明治四一年三月一五日］）、同「中等学生課外の読物（下）」（『教育時論』八二九号［明治四一年四月二五日］）
・無署名「児童読物の注意」（『教育学術界』二二巻五号［明治四四年二月一〇日］）
・三澤糾「読書に対する興味発達の研究」（『教育学術界』二二巻六号［明治四四年三月一〇日］）
・岡村直吉「児童課外読物につきて」（全六回）（『教育学術界』二三巻二号～六号［明治四四年五月一〇日～九月一〇日］、二四巻三号［明治四四年一一月一〇日］）

・藪重臣「課外読物の調査及び指導」（『教育学術界』二五巻四号［明治四五年七月一〇日］）

まずは、各記事の発表時期であるが、明治三九年一〇月から明治四五年七月までであった。牧野訓令（明治三九年六月九日）と通俗教育調査委員会の設置（明治四四年五月一七日）を契機に、課外読み物調査が着手されたことが示唆される結果となった。

次に、調査報告者の属性であるが、「中学生徒 科外の読物」が「鳥取県立第二中学校教諭」、「中等学生と課外の読物」が「東京高等師範学校助教諭」、「児童課外読物につきて」が「富山県師範学校訓導」、「課外読物の調査及び指導」が「三重県第一中学校教諭」であった。教育現場における課外読み物調査の気運の高まりがうかがえる。

最後に、各記事の内容であるが、「児童課外読物につきて（五）」にも認められたように、「探検談」が推奨されたり（「中学生徒 科外の読物」）、諸外国の読み物調査において「冒険談」が男子に好まれる傾向にあることを紹介したり（「読書に対する興味発達の研究」）、〈冒険小説〉が児童・生徒に及ぼす影響に関心が寄せられていた。

以上の結果は、課外読み物を通して児童・生徒を如何にして管理していくのかという問題意識が全国各地の教員に芽生えたことを意味するとともに、このような調査を通して課外読み物として一部の〈冒険小説〉が正統化されたであろうことを示唆している。

ただし、〈冒険小説〉が課外読み物として正統化されるに際しては、次のような排除と包摂の力学が認められた点には注意が要される。

▲小説／▲里見八犬伝▲弓張月▲真書太閤記▲漢楚軍談▲通俗三国志▲浮城物語（矢野文雄著）▲思出の記（徳富健次郎著）▲経国美談（矢野文雄著）▲小公子（若松しづ子著）▲酔人の妻（久保天随著）▲イソップ物語

／以上は単に明治四十年迄の新旧書籍に就き全国の学校長が推薦した読物であつて敢て自分が之を可とした訳ではない〔。〕唯参考迄《まで》に挙げただけである〔。〕

引用したのは、無署名「学生の読物として渡邊図書局長談」（『教育学術界』二四巻一号［明治四四年一〇月一〇日］）である。[9] 学校長を対象とした課外読み物調査の結果を報告した記事なのだが、評価が分かれていた『南総里見八犬伝』・『浮城物語』・『経国美談』が推薦されている点が注目される。

一方、通俗教育調査委員会によって「認定」された「認定図書百二部」（『教育時論』九六二号［明治四五年一月五日］）では、ダニエル・デフヲー・著／学窓余談社・訳『奮闘美談ろびんそんくるそう』（春陽堂、明治四四年）が「認定」されているのに対して、「学生の読物として渡邊図書局長談」で推薦されていた『南総里見八犬伝』・『浮城物語』・『経国美談』は「認定」されていない。

このように〈冒険小説〉というトポスにおいて排除と包摂の力学が働いたのは、〈冒険小説〉の感化力が両義的であったからであると考える。〈冒険小説〉のうち、反社会的な方向で感化すると考えられる作品は排除され、向社会的な方向で感化すると考えられる作品は包摂されたのではないだろうか。

第五節　考察と課題

以上の検討から、「ノベル」の反社会的な感化力が有害視された明治期にあって、「ローマンス」としての〈冒険小説〉については、「ノベル」と同じく有害視されるケースと「ノベル」にはない（とされた）向社会的な感化力が評価されるケースが明らかとなった。

後者については、イデオロギー装置としての道徳的機能が〈冒険小説〉に期待されたことが大きかったと考えられる。序論で取り上げたように、坪内逍遥は『南総里見八犬伝』を排除していた。しかしながら、『南総里見八犬伝』のような稗史小説に道徳的価値を認める教育的立場が前景化していたのである。このような主張は、写実主義を批判し、滝沢馬琴を評価した大町桂月の修養主義的文学論にも認められるものであった（第一部第三章参照）。ただし、〈冒険小説〉が課外読み物に包摂され正統化される際、反社会的な感化力が警戒される〈冒険小説〉は有害図書として排除されていた。

道徳的機能が認められたにもかかわらず、『南総里見八犬伝』のような戯作や『浮城物語』のような政治小説などの稗史小説が「認定」されなかったのは、課外読み物観が稗史小説観から脱却しつつあったことを示唆していよう。〈小説〉に勧善懲悪という道徳的機能を期待すること自体は稗史小説観にも認められるが、そのような道徳的機能を読書国民にまで適用範囲を拡大し、青少年を対象とした課外読み物という新たな制度に組み入れるにあたって、稗史小説の機能的等価物として期待されたのが子ども向けに脱色された「ローマンス」としての〈お伽噺〉であったのではないか。

たとえば、巌谷小波の著作に限っても、『小波お伽百話』（博文館、明治四四年）をはじめ、『改訂袖珍 日本昔噺』（博文館、明治四一年）・『お伽七草』（博文館、明治四三年）・『世界お伽文庫』（博文館、明治四一年〜大正四年）・『世界お伽噺』（博文館、明治三二〜四一年）などの〈お伽噺〉が「認定図書」として正統化されている[10]。そこで次章では、〈お伽噺〉をめぐる排除と包摂の力学を検討することにしたい。

最後に、課題を指摘しておく。一つ目は、『ロビンソン・クルーソー』やジュール・ヴェルヌなどの個別の作品や作家についての記事の検討が挙げられる。今回は十分な資料収集ができずに手をつけることができなかったが、これらを検討することで新たな争点の発見が期待できるからである。二つ目は、少女読者を対象とした冒険小説論についての検討である。今回は結果として少年を主な対象とした記事の検討に終わってしまったからである。

第五章　巌谷小波のお伽噺論

現代日本では、「絵本や物語などに親しみ、興味をもって聞き、想像をする楽しさを味わう」（平成二九年告示『幼稚園教育要領』）のように、子どもが「絵本や物語」を通して「想像をする楽しさを味わう」ことが推奨されている。しかしながら、明治期の課外読み物論では、「空想」が子どもにとって有害であるとされるなど、「空想」の文学的価値は必ずしも認められていなかった。

「想像」の教育的価値については、ヘルバルト学派の童話論が日本に移入される過程で醸成されたと考えられるが、「空想」の文学的価値については、巌谷小波のお伽噺論によって開拓されたと考える。

まずは、ヘルバルト学派であるが、「ヨハン・フリードリヒ・ヘルバート（略）の教育哲学、教育心理学にもとづく教育学の一派」で、「十九世紀後半において、欧米と日本などで隆盛を極めた。（略）メルヒェンを用いた第一学年向けの教育をシステム的に提唱したのはトゥイスコン・ツィラー（略）で、それを継承したのがヴィルヘルム・ライン（略）等」であったという（中山、二〇〇九、一二頁）。

次に、巌谷小波（明治三年〜昭和八年、本名・季雄）であるが、医業を継ぐことを期待されていたが、ドイツに留学していた長兄から贈られたオットーのメルヘン集により文学の道を志すようになり、独逸学協会学校を経て杉浦重剛の称好塾にて学んだ。ちなみに、大町桂月とは同窓同門である。明治二〇年に硯友社に入り、『いもせ貝』（吉岡書籍店、明治二二年）などの小説を発表していたが、博文館の雑誌再編によって明治二八年に創刊された『少年世界』の主筆として迎えられる。(1) その後、博文館から刊行された「日本お伽噺」（明治二九〜三二年）や「世界お伽噺」（明治三二〜四一年）を手がけるなど、〈お伽噺〉というジャンルを開拓した。

小波のお伽噺論に関する研究は、菅（一九八五）をはじめ、少なくない蓄積が認められるものの、藤本（二〇一三）を除けば、ナショナリズムに収斂するような知見が多く、(2)「空想」の文学的価値を主張したことの同時代的意味については看過されてきた。(3)

そこで本章では、「空想」という歴史的概念の検討を通して、〈お伽噺〉が課外読み物として包摂される際に働いた力学を明らかにしたいと考えた。検討期間については、お伽噺批判が優勢であった明治期を中心とした。なお、〈お伽噺〉は「童話」や「少年文学」など、様々に呼称されていたため、総称として用いる際には〈　〉で括っている。

第一節　小波の〈お伽噺〉の位相

小波のお伽噺論の検討に先立ち、小波の〈お伽噺〉の位相について確認しておく。

小波は「諸君！」（『世界之始』博文館、明治三二年）で、〈お伽噺〉を次のように解説している。

一体お伽噺には、種々な種類がありまして、独逸語で云ひますと、メェルヘン（奇異な話を小説的に書いた物）ファーベル（教訓の意を寓した比喩談）ザアゲ（古来の云ひ伝え）エルツェールング（歴史的の物語）の四種に成り、そして其中のザアゲが、フェルクスザアゲ（民間の口碑）ヘルデンザアゲ（勇士の口碑）と、かう二ツに別かれて居ります。（略）彼の少年世界の巻頭に、私の始終書いて居りますのが、まづメェヘルン《ママ》に属するもの。

> 又それに教訓の意味を含ませた、「新伊蘇普物語」の様なのが、即ちファーベル。又「日本昔噺」は、大牴《ママ》ザアゲを集めたので、「舌切雀」、「桃太郎」の類を、所謂フォルクスザアゲと云ひ、「八頭大蛇」、「羅生門」などは、立派なヘルデンザアゲです。[4]（三～五頁）

ここで確認しておきたいのは、『少年世界』で発表していた創作系の〈お伽噺〉が「メェルヘン（奇異な話を小説的に書いた物）」として位置付けられている点である（以下、表記を「メルヘン」に統一する）。『少年世界』で〈お伽噺〉がジャンルの種別として使われるのは三巻一号（明治三〇年一月一日）であるが[5]、創刊号（明治二八年一月一日）の「小説」欄に掲載された「日の丸」なども〈お伽噺〉として括られることが少なくなかった。

実際『少年世界』創刊から五年の間に発表された小波の〈お伽噺〉には、「動植物及び無機物界の万象を主客として取扱へる」という特徴が認められる（木村小舟『少年文学史明治篇』別巻、童話春秋社、昭和一八年、二四九頁）。たとえば、先述した「日の丸」は、「日の丸」の旗が父親の威光を借りて「唐銅《からかね》の大手水鉢《おおちょうずばち》」（清を寓意）から「小《こ》水杓《びしゃく》」（朝鮮を寓意）を救うという筋立ての作品であり、円い器物が擬人化された「メルヘン」となっている。ただし、「日の丸」のような作品が「小説」欄に掲載されたことは、「メルヘン」が「小説」として括られる枠組の存在を示唆している。

その枠組とは「ローマンス」である。序論で取り上げたように、坪内逍遥は『小説神髄』（松月堂、明治一八～一九年）で、「尋常世界に見《あら》はれたる事物の道理に矛盾する」ような「ローマンス」を排除し、写実主義の立場から科学性および芸術性を主張し、「ノベル」を卓越化していた。

『小説神髄』における「ローマンス」の訳語が「奇異譚」であり、「奇異な話を小説的に書いた物」という「メルヘン」のターミノロジーと合致すること、「趣向を荒唐無稽の事物に取りて、奇怪の百出もて篇をなし」などの逍遥の説明が「メルヘン」の特徴と一致することから、[6] 小波の〈お伽噺〉は「ローマンス」として位置付けられていたと考えられる。[7]

なお、稗史小説観のもとでは虚構そのものが蔑視され、自然主義小説観のもとでは「正確なる経験」等に繋留される限りでしか「想像」が許容されていなかった。[8]〈お伽噺〉というジャンルは、「虚構」であることに加え、「写実的」でなく「経験的」でもない点で周縁化されていたのである。

第二節　小波のお伽噺論

第一項　「腕白主義」

それでは次に、小波のお伽噺論を検討したい。

まずは、「メルヘンに就て」（『太陽』四巻一〇号〔明治三一年五月五日〕）を取り上げる。同記事は、無署名「漣山人に与ふ」（『少年文集』四巻三号〔明治三一年三月一〇日〕）と無署名「少年文学」（『帝国文学』四巻四号〔明治三一年四月一〇日〕）に対する反論として執筆されたものである。[9]

「山人の述作は、想像偏小にして、未だ剪裁飣餖《せんさいていとう》の弊あるを免れず」（「漣山人に与ふ」）や「彼は到底園地の漣なり。滄溟《そうめい》の巨浪にあらざるなり」[10]（「少年文学」）のように、小波の〈お伽噺〉は「少年」の「思想」を養成するに足るスケールが欠けていると批判されていた。

なかでも、「忠君愛国の気象を鼓吹せよ」（「漣山人に与ふ」）という批判に対して、小波は次のように反論した。

されば小生は、忠君愛国よりも、寧《むし》ろ重きを尚武、冒険に置き、之に依て、海国少年の気慨を養成せんことは、元より心掛け居る処に御座候。（前掲「メルヘンに就て」）

別の箇所では「そは忠孝仁義等の道徳主義を採らず、寧《むし》ろ尚武冒険等の腕白主義に依らんと欲する者に御座候」とも述べており、「道徳主義」（忠孝仁義）を否定的媒介に「腕白主義」（尚武冒険）を主張している。なお、創刊当初の『少年世界』がそうであったように、「少年」に「少女」が含まれることが少なくなかったが、「海国少年」は文脈からして男子を想定していると思われる。

小波もまたドメスティックな思想を打破し「海国少年」の「気概」の「養成」を目指していたのである。「島人根性的の小才子を作るべし。未だ以て尨大《ぼうだい》なる大国民的の人物を養成する能はず」（無署名「少年文学の真面目」『帝国文学』一巻六号〔明治二八年六月一〇日〕）をはじめとした小波批判とも共振しながら、「腕白主義」は形成され、「開発主義」を基調とした国民教育論である『桃太郎主義の教育』（東亜堂書房、大正四年）へと結実することになる。

『桃太郎主義の教育』のタイトルでも使われている「桃太郎」であるが、「お伽噺を読ませる上の注意」（『婦人と子ども』九巻四号〔明治四二年四月五日〕）では、次のように取り上げられていた。

欧米のお伽噺は鬼を退治《たいぢ》〔す〕ると御賞美《ごほうび》にお姫様を下さるとか、皆進取の気象を養ひ、健剛な気《（ママ）》を養ふやうなもの許《ばか》りである。欧米諸国の人が今日あの様に盛んに手を外国に拡げてゐるのは小さい時から読んだり、きいたりするお伽噺が皆桃太郎のやうなお噺ばかりだから、自づとその感化を受けてゐるのである。（略）かかるお伽噺を作るのも、日本を富国、強国にする一つの手段である。

『桃太郎主義の教育』では「僕は何も桃太郎の様に、何でも外国を征伐しろと、冒険的思想を奨励したいのではない。只《ただ》飽くまでもこの精神の、進取的に遠大な所を取るのだ」（二五九頁）と述べているが、少なくとも「お伽噺を読ませる上の注意」では「冒険的思想」が「奨励」されていたといえる。

このような「腕白主義」の主張の背景には、日清戦争後のナショナリズムの台頭と相俟って、「文弱」批判が強まっていたことが挙げられる。「童話」（お伽噺）の教育的価値を見出した『児童研究』の「論説」欄に、文学亡国論を主張した無署名「危険なる風潮」（四巻七号［明治三四年一一月三日］）や「文弱」批判を展開した無署名「文弱に流れんよりは寧ろ武強たれ」（六巻一〇号［明治三六年一〇月二五日］）、殖民を奨励した無署名「児童教育と移住思想」（七巻七号［明治三七年七月二五日］）などが掲載されているように、〈お伽噺〉でさえも「文弱」批判とは無縁ではなかった。海国思想に通じる「尚武冒険等の腕白主義」は、「文弱」批判を逆手に取って、自らを正統化する戦略的側面を有していたと考えられるのである。

第二項　「空想」と「冒険」

そこで注目したいのは、小波が「腕白主義」を主張する際に好んで用いたレトリックである。「嘘の価値」（『婦人と子ども』六巻八号［明治三九年八月五日］）が典型的だ。

又宍《けつ》の穴の狭い先生方は、子供の空想を助長すると云つて、此種の読物（お伽噺を指す、引用者注）を嫌ふ様だが、此等も一知半解の迂論《うろん》、所謂《いわゆ》る道学先生の鼻元思案で、実に臍茶《へそちや》の至である。／空想！　空想が何故悪いだらう、何ぞ知らんこの空想がやがて理想となり、果は実行を促す基《もとい》となる。（略）お伽噺で龍宮に遊んだ愉快は、他日の海底旅行を企てしめ、或は北極探険を思ひ立たせる、此皆空想の賜物では無いか。

「子供の空想を助長する」という批判に対して、「空想がやがて理想となり、果は実行を促す基となる」と反駁してみせる小波の空想論には、〈お伽噺〉を通した空想体験を「冒険」（「海底旅行」「北極探検」）へと接続するレトリックが指摘できるのである。

このようなレトリックは、黒田湖山（手記）「家庭と児童」（『大日本婦人教育会雑誌』一一一号［明治三二年一月二一日］）に既に認められる。

彼のコロンブスが亜米利加を発見したのも、或は小さな時から、たとへば海の上を歩いて見たいとか、空を遠く飛んで見たいとか、又は自分の居る処より、まだもつと広い処がありさうなものだとかいふ、大きな空想をもつて居るので、それが自然々々発達して行つて、彼様《ああ》いふ事になつたのかも知れないです〔。〕

さらに、「少年文学に就て」（『木馬物語』博文館、明治三九年）では、〈お伽噺〉の「選定の標準」として、「島国民的思想を打破して雄大なる思想を養うべき材料を用ゆる事」に加え、「科学的智識が比較的低く且つ此方面に対する趣味頗《すこぶ》る欠乏せるを以て之をお伽話に仕組む事」を挙げている(11)。

ここでいう「科学的智識」が「空想」と対立するものでなかったことは、同記事の次の一文からもうかがえる。

況《いわ》んや空想わ実想の母で、少年時代に空想として描いて居た、空中飛行の事、海底旅行の事なども、大人になつて智識が発達すれば、遂に風船となり、潜航艇と成り、大いなる利益を与える事に立ち至るのであります。

「空想わ実想の母」と述べているように、「科学的智識」は「空想」として体験されることで、「潜航艇」の発明のような「実想」として実現化するとされているのである。

したがって、「空想」を「冒険」に接続する小波のお伽噺論には、「新八犬伝」（『少年世界』四巻〔明治三一年〕）のような「お伽小説」に加え、「冒険小説」が含まれることになる。(12) ちなみに、「嘘の価値」で例示されていた「北極探検」という語は、『少年世界』三巻（明治三〇年）に連載された「冒険小説」である柳井絅斎の同名の作品を喚起しよう。

なかでも、「新八犬伝」は、「メルヘンに就て」を発表した年に連載していたこともあって、「腕白主義」を体現した作品であった。タイトルは『南総里見八犬伝』を下敷きとしていることを示しているが、擬人化された狗張子を供に連れた八人の少年が南方にある資源豊かな「狗児嶋《いぬころ》」に遠征し、島に巣くう狂犬を日本のために退治するという筋書きが『桃太郎』を彷彿とさせることに加え、「狗児嶋」が日本の南方に位置しているという設定は南進論を踏まえていると考えられるからだ。(13)

第三項　「教訓」と「娯楽」

「童話」を「教材」として価値付けたヘルバルト学派の童話論においても、「想像」がポジティブに位置付けられていた。なお、ここでいう「童話」は〈お伽噺〉を指す。「同じく昔物語、或は伝説口碑の類も、これを文学的に取扱ふ時は、お伽噺といひ、それが教育的に描かれた場合には、お伽噺といはずして童話」と称す慣習があった（木村小舟『少年文学史明治篇』下巻、童話春秋社、昭和一七年、六三頁）。

幼児教育界に「童話」を導入した松本孝次郎は「幼稚園に於ける童話に就て」（『児童研究』五巻六号〔明治三五年八月五日〕）で、「子供の想像力を養つて往《い》つて大に同情の発達をさせ道徳上の真理といふものを覚え込ませるといふことがこれが童話の直接の目的であります」と述べ、(14)「童話」を通した「想像力」の育成を主張している。

ちなみに、松本は「幼児の想像に付て」（『婦人と子ども』三巻六号［明治三六年六月五日］）で「昔は想像を養へば空想を抱くやうになるとして賤んで居つたけれども今は教育家の考がちがつて来てできるだけ想像力を養ふがよいとなつて来た」と述べている。「想像力」の教育的価値が当時認められていたのか否かについては議論の余地が残るが、「想像」が「空想」の知的作用を抽象した学術的概念として使われていて興味深い。

しかしながら、ヘルバルト学派の童話論と小波のお伽噺論とでは目指している方向が異なっていた。「お伽噺で龍宮に遊んだ愉快」という言い回しからもうかがえるように、小波にとって〈お伽噺〉は第一義的には「娯楽」であり、ヘルバルト学派のように「教訓」を注入する道具ではなかった(15)。たとえば、「お伽噺を読ませる上の注意」（前掲）では、次のように述べている。

　お伽噺と言ふと何故かしら世間の人は、恁《こ》う教訓的の意味をふくむものだ、と解してゐるが、私は決してさうのみに限らないと信ずる。お伽噺の第一の目的は児童に面白く読ませると言ふのにある。

一方、小波を批判した『帝国文学』掲載の「少年文学」（前掲）では、「有益なる教誨《きようかい》を含蓄せしめ健全醇正なる観念を鼓吹せん」のように、「教訓」が〈お伽噺〉に求められていた。

中山（二〇〇九）によれば、この記事の執筆者は久保天随であり、天随はヘルバルト学派に精通していたという。小波の「日本昔噺」を批判した樋口勘次郎もヘルバルト学派であり(16)、「教訓」を第一義としない小波の〈お伽噺〉はヘルバルト学派を刺激したようだ。小波は「ヘルバート学派教育学の「材料」としてのお伽噺に対し、文学としてのお伽噺を目指していた」からである（中山、二〇〇九、一八五頁）。

ただし、小波が文学的な〈お伽噺〉を志向しつつも、教訓的な〈お伽噺〉から離脱できずにいたことには注意が要される（「お伽噺作法」『成功』一〇巻二号［明治三九年一〇月一日］）。

日本でお伽譚《（ママ）》と云へば小供の読物に限られ、従つて教訓の物のみ行はるるに過ぎない、高山林次郎君が嘗《かつ》て余に、同じくお伽噺を書くならば後世に伝る様な高尚な物を書いては何うかと云つたから、日本の今日の程度及び社会の要求が未だそれ迄《まで》に進んでは居ないから為《し》方《かた》がないと斯《か》様《よう》に談《はな》したことがあつた。

以上のことから、「想像」に教育的価値を見出したヘルバルト学派とは異なり、小波は「空想」に文学的価値を見出したといえる。小波にとって、「尚武冒険」とは読者自らが「娯楽」として「空想」する過程で立ち上がってくる文学体験であり、「忠孝仁義」のような「教訓」として注入される教育体験とは一線を画すものであったのである。

そこで次節では、小波の空想論の同時代的意味を明らかにすべく、当時の空想批判を検討することにしたい。

第三節　空想批判

本節では、小波の空想論の典型である「嘘の価値」の行論に沿って、空想批判を検討する。まずは、「子供の空想を助長する」ものとして、小波の〈お伽噺〉の特徴であった擬人化批判を取り上げ、次に、「空想がやがて理想となり、果は実行を促す基となる」という小波の空想論が警戒された時代的文脈を明らかにする。

第一項　擬人化批判

小波の〈お伽噺〉の特徴である擬人化は、〈お伽噺〉が批判される際に槍玉に挙げられることが多かった(17)。たとえば、鈴木治太郎「童話難」（『児童研究』三巻八号［明治三四年二月三日］）は、「童話」が「教材」として使われるようになった背景として「ヘルバルトの学説」を挙げ、「特に二三のグリム童話の如きは、若《も》し之れを我国の児童に課するものとすれば、甚だしき悪影響を残留せざるやの疑、顕然として存す」と批判し、その矛先を「空想」に向けている。

　小児の想像は、野蛮人の想像の如く、猴蟹合戦《さるかに》的想像なり。換言すれば、大に空想を混ずる想像なり。智力の根源となるべき想像作用は、元より空想にあらず、着実なる想像をいふなり。

「猴蟹合戦的想像」は、前段で「宇宙間に存在する無生物や動物に、超自然的魔力を信ずる謬見《びゆうけん》」と述べていることからも、擬人化を指している。この引用の後で「かかる野蛮時代的想像材料を以て奨励するは、或は空想に耽らしむるにはあらざるか」と述べ、「空想」を批判しているのである。

ヘルバルト学派の童話論が掲載されることが少なくなかった『児童研究』に「童話難」が掲載されていたことは、「想像」の教育的価値ですら、必ずしも認められていなかったことを示唆していよう。

典型的な擬人化批判としては、「石川県立第四中学校教諭」の木下遂吉による「童話につきて」（『教育時論』六八一号［明治三七年三月一五日］）が挙げられる。

　然れども童話には又多少の欠点なきこと能《あた》はず、有生物を以て、無生物となし、現実界を以て想像界に混じ、

又人生と自然とに対する関係を無視して、事実を誤解せしむること等其欠点少しとせず〔。〕

このように擬人化を批判した上で、木下は「要するに、荒誕にして変幻奇怪なるものは、童話の資格なしと云ふべし」と結論付けている。「荒誕〔無稽〕」や「変幻奇怪」などの語句から、木下もまた「童話」を「ローマンス」として理解していたことがわかる。

樋口勘治《（ママ）》郎によれば、「童話」をめぐっては、次のような対立が認められたという（「序」蘆谷重常『教育的応用を主としたる童話の研究』勧業書院、大正二年）。

教育者の中に科学派と文学派とあつて、科学派は童話を嫌ひ、文学派は之れを尊重する。之を嫌ふものの意見にては、立臼が物を言たり、桃の中から赤坊が飛び出たり、不自然のことを教へるのは、科学的の研究心を妨害するものである。（五頁）

科学教育の立場から〈お伽噺〉が批判される際には、科学的知識の欠如が指摘されることが少なくなかった。たとえば、高橋立吉は「少年書類に就きて」（『児童研究』七巻九号〔明治三七年九月二五日〕）で、小波の〈お伽噺〉における科学的知識の欠如を次の通り批判している。

明治少年文学に於ける理想的童話は、巌谷小波氏のお伽噺に由《よ》りて開拓せられたり。されど生理、博物、理化学等、自然科学に関するものは殆《ほとんど》皆無にして、日常生活に必須なる智識を附与すること少きは実に目下少年文学の一欠陥にして、新進の士が開拓すべき余地を存せり。

高橋は「海事思想は浦島太郎の龍宮城、桃太郎の鬼ヶ島征伐に能《よ》く遠征的思想を発揮したり」のように、「桃太郎」を取り上げていた。小波もまた、「科学的智識が比較的低く且《か》つ此方面に対する趣味頗《すこぶ》る欠乏せるを以て之をお伽噺に仕組む事」（前掲「少年文学に就て」）を挙げていたが、「智識を附与する」という高橋のスタンスが「空想わ実想の母」という小波のそれとは相容れないものであったことは既に指摘した通りだ。

以上のことから、擬人化を特徴とした小波の〈お伽噺〉は、科学教育の立場から批判されやすいスタイルを有していたといえる。

第二項　理想批判

「空想がやがて理想となり、果は実行を促す基となる」という小波の空想論は、課外読み物を規制する立場からは警戒されるものであった。

課外読み物規制が牧野伸顕文部大臣による訓令第一号「学生生徒ノ風紀振粛ニ関スル件」（明治三九年六月九日）に始まり、小松原英太郎文部大臣が明治四四年に設置した通俗教育調査委員会により制度的成立をみたことは、第一部第三章で明らかにした通りだ。

明治三六年の藤村操の自殺以降[18]、「学生生徒ノ風紀振粛ニ関スル件」をはじめ[19]、「空想」は厭世観と結び付けられて語られることが少なくなかった[20]。たとえば、浮田和民は「青年の陥り易き悲観思想」（『中学世界』一三巻一一号［明治四三年九月五日］）で、次のように述べている。

青年は現実社会に対する経験を欠くが故に、兎角《とかく》空想的に流れ、非常の大望を抱くを常とする。（略）即ち世に大望を抱く者は多いが、大望を遂げる者は極めて僅少の人士に止まることを覚《さと》る。此に於てか自ら失望し、悲観するに至るのである。

課外読み物規制を推進していた小松原英太郎もまた、「空想」を批判していた（『小松原文相　教育論』二松堂書店、明治四四年）。

猶一言前に附加へて置きたきは現代の青年が動《やや》もすれば、理想の影を追ふて趨《はし》るの嫌ある事である。元来理想を追ふことは向上進歩する所以の道て《ママ》あるから素より一概に悪いことではないが、唯青年が之に熱中して漫然空想を逞《たくま》しふし、幼稚な不完全な理想を描いて之に執着するに至ては、其弊ありて益なきことを警告せねばならぬのである。（二五七頁）

「空想」が「理想」を空転させるものとして警戒されていた時代的文脈が指摘できるのである。このような世論は、「童話」の教育的利用を推進していた高島平三郎に、次のような注意を喚起させることになる（「童話ニ就テ（承前）」『児童研究』一三巻三号［明治四二年九月二五日］）。

反対論者ノ主トシテ論ズル点ハ、（一）童話ハ児童ノ空想ヲ刺戟スルコト過度ニシテ児童ヲシテ現実ヲ軽視セシムル虞《おそれ》アリトスルナリ。此ノ虞ハ決シテ杞憂ニアラズ。若《も》シ事実実物ニ由《よ》ル直観的教授ヲ怠リテ唯童話ヲ語リ聞カシムルコトニノミ偏セバ生長ノ後ハ小説戯曲ノ如キ空想的仮作談ヲ喜ビ社会ノ現実的方面ヲ厭《いと》フニ至ルベシ。

「童話ハ児童ノ空想ヲ刺戟スルコト過度ニシテ児童ヲシテ現実ヲ軽視セシムル虞アリ」という反対論者の主張に対して「杞憂ニアラズ」と述べ、「小説戯曲ノ如キ空想的仮作談」の感化による厭世思想に対する懸念を表明しているのである。課外読み物を規制する世論を踏まえながら、高島が「童話」の教育的利用を主張していたことがわかる。

また、「現実」と「空想」の区別がつかなくなるという空想批判は、女子教育者の下田歌子による「女学生と読書」（『婦人世界』六巻一三号〔明治四四年一一月一日〕）のように、女性に向けられることが少なくなかった。

女の殊に妙齢の頃は、一層物に感じ易く、悲しみ易くある処へ、小説を読み耽るために、更に一種の空想に捕はれ、実世間とはますます遠ざかり、ひたすら小説伝記中の人物を憧憬する風を生じてまゐります。若き婦人が、この弊に捕はれて、身を過まるものは幾らだか知れませぬ。

女性は感傷的であるとされ、「空想」に感化されやすく、「現実」との区別がつかなくなると考えられていたのである。

「空想」を助長する〈お伽噺〉は、課外読み物として警戒されるジャンルであり、とりわけ、少女に対する悪影響が懸念されていたジャンルであったといえる。

第四節　考察と課題

小波の〈お伽噺〉は「ローマンス」として周縁化され、「ローマンス」に由来する「空想」は小説作法を越えて科学的立場からの批判や課外読み物を規制する立場からの警戒を呼び込むものであった。

ゆえに、「童話」の教育的利用を目的としたヘルバルト学派は、「事実」を伴わせることにより、「空想」の制御を試みることになる。

まずは、松本孝次郎「幼稚園に於ける童話に就て」（前掲）であるが、「想像的」な「童話」である「仮作談」に加え、「実際的」な「童話」として「事実談」・「科学談」・「歴史談」を設けている。「仮作談」そのものの扱い方ではなく、事実に基づく「童話」を加えることで「童話」批判に対処したのだと考えられる。

次に、後藤ちとせ「子供と談話」（『婦人と子ども』九巻五号〔明治四二年五月五日〕）であるが、擬人化批判を踏まえて、「動植物を中心とした童話訓話御伽噺等には之等に関する庶物話を伴はしむること」のように取り扱いに注意を呼びかけていた。高島平三郎もまた、「事実実物ニ由ル直観的教授」を重視していた（前掲「童話ニ就テ（承前）」）。擬人化されたキャラクターが登場する「童話」等については実物を伴わせることが奨励されていたのである。ペスタロッチの実物教授を踏まえているのだろうが、「童話」が喚起する〈空想〉を抑制することによって、「反対論者」の批判を回避する意図がうかがえる。

一方、巌谷小波は「空想」の「実想」化を主張していた。「事実」と「空想」を対置させるのではなく、「事実」の原基としての事実性を「空想」に取り込み、その実現可能性を指摘したのである。創作を手がけた作家ならではのアプローチだといえる。

ただし、「空想」の「実想」化は、「空想」の空転を警戒する課外読み物規制派とは対立関係にあった。

そこで注目されるのが、小波の空想論では「空想」が常に「冒険」に接続されていた点である。「冒険」に接続されることにより、「空想」は健全化されるとともに男性化され、不健全な「煩悶」や女性的な「感傷」への転落を免れることができるからである。

なお、「空想」が「実想」化され「発明」に至るというレトリックは、科学教育が期待する科学的知識の教授とはアプローチが異なるものの、〈お伽噺〉に科学性を胚胎させるものであったといえる。

さらに注目すべきは、「海国少年」という用語からもうかがえるように、小波のお伽噺論では少女が排除されていた点である。

小波は「愛の光」(『少女世界』一巻三号［明治三九年一一月五日］)で、男女の平等を指摘しながらも、「同情」という婦徳を忘れないよう釘を刺しており、女性を感傷的な存在として捉えていた。小波の空想論では、「感傷」のようなネガティブな性質は女性領域に、「発明」のようなポジティブな性質は男性領域に割り当てられ[21]、「空想」の健全化が試みられていたと考えられる。

しかしながら、小波の〈お伽噺〉は、「空想」の健全化を脱臼させるモーメントを孕んでいた。ここで注目したいのは、谷崎潤一郎の「新八犬伝」体験である。明治一九年に生まれた谷崎は子どもの頃に『少年世界』で読んだ同作品について、「空想の世界を仮定して、それに浸りそれに遊ぶことの喜び」を教えてくれたとし(谷崎、一九九八、三一九頁)、次のように回想している。

私は犬張子が八匹の犬張子の仔を生み、それらが生きて活動するという物語を、あり得ないことと思いながら少しも不自然に感じなかったばかりか、そういうことが実際にあってくれればよいと願った。そして、犬張子が走ったり歩いたりしている武内桂舟の挿絵を見ると、一層その願いを強くした。少年の私は、思春期の青年が恋愛生活に憧れるが如くに「新八犬伝」の世界に憧れた。(同右)

「大団円は日本の南方洋上の狗子島《ママ》を占領して大日本帝国のために大てがらを立てるという、帝国主義的侵略思想をあからさまに主題とした作品」（菅、一九六五、七九頁）として批判されることが少なくない「新八犬伝」であるが、[22]「空想の世界を仮定」した創作が少なかった時代にあって、擬人化された狗張子が活躍するという奇想を凝らした「新八犬伝」は、桂舟の挿絵と相俟って、谷崎少年を「空想」へと誘ったようだ。

下総の国は銚子口の、犬吠が崎の灯台の下から、海へ乗り出した八犬士の面々、各自に狗張子に乗りまして、真先へは日の丸の国旗に、犬に縁のある金の鈴の付いたのを押し立て、山の様に打つて来る浪の上を、サッサッと水煙を立てて、進んで行くその勇ましさ、何の事は無い、あの支那征伐の大海戦の時に、わが帝国の連合艦隊が、黄海を押し渡つて行く様です。（「新八犬伝」『少年世界』四巻二四号［明治三一年一一月一日］）

引用したのは、少年たちが「狗児嶋」に向けて海を渡る場面である。日清戦争の記憶を喚起しながらナショナリズムを語っているが、少年たちが狗張子に乗って海を渡る様子などに、谷崎は「空想」を刺激されたのではないか。耽美主義的な作家として活躍することになる谷崎をして「創作意欲の萌芽のようなもの」（谷崎、一九九八、三三一頁）を得たと言わしめた「新八犬伝」の「空想」はイデオロギーに還元できるものではないと考える。

以上の知見は、「空想」が本来的に制御不可能なものであり、その健全化が脱臼される可能性を示唆している。「空想」の制御不可能性こそが課外読み物規制派を警戒させたのである。

小波のお伽噺論の同時代的意味は、「空想」に文学的価値を見出し、「空想」が立ち現れてくるモーメントを胚胎させることで、ナショナリズムのようなイデオロギーから相対的に自律した文学体験を担保した点にあるといえよう。

ただし、本章では、小波の作品のうち「新八犬伝」のみしか扱えていない。『少年世界』に加え、『少女世界』においても、小波は〈お伽小説〉を手がけていることから、小波のお伽噺論と創作の関係については、さらなる検証が要されよう（この課題については、第二部第二章および第三章で取り組んでいる）。

第六章　巖谷小波の文士優遇論

明治三十年代から四十年代にかけて、文士保護論争や文芸院設立論争などを通して、文士の社会的地位が議論されていた。[1] 第一部第二章で大町桂月が文学熱を「冷却」していたように、小説家は経済的にも職業的威信の上でも社会的地位が低かった。折しも、「学生生徒ノ風紀振粛ニ関スル件」（明治三九年）により〈小説〉が風紀頽廃の原因として位置付けられ、文芸の統制が試みられるようになったことに伴い、小説家は自らのポジションを社会的に定位する必要に迫られていたのである。

以上の論争に継続的に参加していた文士の一人が巖谷小波であった。小波は文士優遇論を提唱し、明治四四年には文芸委員会の委員にまで就任している。

しかしながら、小波の文士優遇論については、菅（一九六五）が文芸委員会委員就任に注目しているものの、検討にまでは及んでおらず、小波研究ではほとんど注目されてこなかった。[2] そこで本章では、明治三十年代から四十年代にかけての小波の文士優遇論の検討を通して、文芸委員会委員就任に至る軌跡に内在しているポリティクスを明らかにしたい。

なお、牧野伸顕（在任期間は明治三九年三月二七日～四一年七月一四日）と小松原英太郎（在任期間は明治四一年七月一四日～四四年八月三〇日）が文部大臣在任期間中に文芸院構想が具体化したことを踏まえ、[3] 牧野文相より前と牧野文相期と小松原文相期に区分して検討を進めることとした。

第一節　牧野文相より前の文士優遇論

本節では、巌谷小波の「文学会に就て」（『太陽』三巻一五号［明治三〇年七月二〇日］）と「文学会に就て（承前）」（『太陽』三巻一六号［明治三〇年八月五日］）を取り上げ、明治三三年の文士保護論争と比較しながら、その特徴を明らかにしたい。

まずは、「文学会に就て」であるが、小波は「文学者」の社会的地位の低さ（「継児《ままこ》視」・「厄介息子視」など）と経済的貧窮を指摘している。

試みに所謂《いわゆ》る文学者なる者の、社会に於ける位置を見よ、彼等の多くは継児視せられ、隠居視せられ、甚しきに至ては、殆《ほと》んど厄介息子視せられつつあるに非ずや。／更に見よ、今日の文学界の、一見多士済々たるが如しと雖《いえど》も、彼等の中に公民権を有する者、果して幾何《いくばく》かある？（略）彼等の中には、好い年齢をして未だ妻を養ふの資力無きものあり。

このような現状認識のもと、「文学会」の結成を提案しているのだが[4]、「文学会に就て（承前）」によれば、「文学的文学会」ではなく、「文学の真価を社会に紹介して、以て其の地位を鞏固《きょうこ》且つ高尚ならしむる」ことを目的とした「社交的文学会」を構想していた[5]。

一其目的　内、文学、美術、歌舞、音楽等の研究に従事し。外、社会に対しての運動、及び更に進んでは、海外諸邦の文学者との交通をも開かんことを期す。

（中略）

一其会員　詩人も来れ、歌人も来れ、小説家も来れ、批評家も来れ、和学者、漢学者、新聞記者、雑誌記者、俳諧師、新体詩人、来れ来れ、来る者は抗《こば》まず。所謂《いわゆる》文学に忠して、此会に同情を表する限りは。

「社交的文学会」は、以上の通り、雑多で開かれたアソシエーションとして構想されていたのである。さらに、「講談会を公開して、社会に文学の何物たるを紹介する」ことを掲げており、社会に向けてアピールすることに重きを置いている点が後の通俗教育調査委員会委員就任につながる問題意識として注目される。

それでは、明治三三年の文士保護論争では、どのような争点が認められたのだろうか。

無署名「上田氏の作家待遇説」（『読売新聞』明治三三年五月二四日）と記者筆記「緑雨氏の文壇保護説」（『新小説』五年八巻［明治三三年六月二五日］）では、文士の優遇や保護の必要が指摘されていた。(6)

まずは、「上田氏の作家待遇説」であるが、文部省専門学務局長であった上田万年の談話である。「公の集会ある毎に必ず文士を度外視せず天長節の夜会の如き先づ小説家を招待して其席に列せしむる」ような、文士の優遇策を例示している。

次に、「緑雨氏の文壇保護説」であるが、経済的困窮に加え、「小説家」が蔑視されている現状を憂い、「帝室」の名のもとに「競争製作」を実施するような、文士の保護策を提案している。

実のところ、両者の提言の前提として、小説家の社会的地位の低さが指摘できる。この点については、次のような小説家観が「障礙《しょうがい》」であったようだ（齋藤緑雨氏談話／時文記者筆記「帝室と文学」『中央公論』一五年七号［明治三三年七月二五日］）。

今でも小説といへば草双紙、小説家といへば幇間《ほうかん》、それを読んだり、披《ひろ》げたりすると、何だか賤《いや》しいやうに思つて居る人があつて、これが存外今の文壇に障礙を与へて居る。

このような小説家観が儒教的文学観に基づく稗史小説観に由来し、当時の日本社会では広く認められるものであったことは、これまで指摘してきた通りである。

「作家待遇説」や「文壇保護説」については、無署名「文士保護論」（『帝国文学』六巻八号［明治三三年八月一〇日］）をはじめ、文士神聖論の立場から批判が加えられた。

内田魯庵は「時文小言」（『文芸倶楽部』六巻一一編［明治三三年八月一〇日］）で、文士保護論に一定の理解を示しながらも、「恰《あたか》も文士をして保護なくんば到底成立し能はざるものの如く号呼するは之れ文士を以て老衰若《も》しくは幼弱或は瘋癲白癡《ふうてんはくち》の無能力者に比し社会の食客たらしめんとするものにあらずや」のように、文士の自立という観点から批判している。(7)

小波もまた、「文学会に就て（承前）」で魯庵と通底するような見解を示していた。

吾人も初めは文学保護論者の一人なりき。然れども、保護とは或者に依頼せしむべき意なり。（略）左無きだに薄志弱行、自然独立の念に乏しき今日の文学者輩をして、更に依頼心を起さしめん乎《か》。（略）如《し》かず自ら奮起して、他に自助、自立の道を講ぜしめんには。

「文学の真価を社会に紹介して、以て其の地位を鞏固且つ高尚ならしむる」という一文（前掲「文学会に就て（承前）」）を踏まえるならば、小波は「文学者」の「自立」の手段として、「社会」に開かれた「社交的文学会」を構

想していたといえる。(8)

さらに、翌年に発表された「メルヘンに就て」(『太陽』四巻一〇号〔明治三一年五月五日〕)では、次のような発言が認められる。

元来メルヘン即ち御伽噺少年文学の類は、本邦文壇の別架に置かれ、批評の風は一切此辺を吹かず、所謂《いわゆる》治外法権の有様にて、申さば甚《はなはだ》気楽なる地位には立ち居り候ものの、斯くては又、何とやら継児扱ひを受くる様にも覚え、聊《いささ》か心細き感有之候〔。〕

「文学」一般の社会的地位のみならず、「メルヘン」の文学的地位の低さ(「治外法権」・「継児扱ひ」)が指摘されている点が注目される。

少し時代は降るが、牧野文相期以降においても、〈児童文学〉の文学的地位が劣位にあることが懸念されていた。「少年文学身上話」(『文章世界』一巻五号〔明治三九年七月一五日〕)では、「その十年程前は、殆《ほと》んど文壇の一隅に、治外法権の有様であつた少年文学も、大分評壇に上る様に成つて、漸《よう》や く文学扱ひをされるに至つたのは、実に僕の愉快に感じた所だ」と「お伽噺」の文学的地位の上昇を指摘しながらも、自らが主筆をつとめる『少年世界』が「文学的評壇に上り得ぬ」現状については不満を述べている。(9)「少年文学の将来」(『東京毎日新聞』明治四二年二月二七日)でも、「お伽噺を文学として取扱ひ、其の作家を文壇一方の創作家とするやうでなければ立派な少年文学は現はれやう筈《はず》もない」のように、児童文学作家を文壇作家と同列に扱うことを求めていた。

小波は、文士ひいては児童文学作家のプレゼンスの向上を目指していたのである。

第二節　牧野文相期における文士優遇論

牧野文相期の文士優遇論については、牧野のもとで次官をしていた沢柳政太郎が次のような談話を残している（無署名「教育界談片（沢柳次官の談）」『東京朝日新聞』明治四〇年一一月二九日）。

而して之れ（美術院を指す、引用者注）と相俟つて余は文部省内に文芸院とも称すべきものを設け第一流の文芸家を網羅して或は詩歌小説、脚本其他の作品を公表せしめ或は社会に現はれたる作品を批評せしめて優等なるものには賞を与ふるが如き事を為さしむるの必要を認む、特に今日の日本に於ては下らぬ恋愛小説の持囃《もてはや》さるる折柄此の如き組織に依りて国家の風教を促進し国民の品位を崇高ならしめ延いては文芸家保護の一助ともなさんと欲す、余は此種の設置は近き将来に於て実現せしむべく希望す〔。〕

実際、明治四〇年六月一七日から一九日にかけて、当時の首相である西園寺公望が政府高官としては初めて文士を招待している。巌谷小波も名を連ねており[10]、この時点で小波が政府側の文芸院設立メンバーに含まれていたことは注目に値する。

文部省との関係でいえば、この頃、小波は文部省編『教訓 仮作物語』（国定教科書共同販売所、明治四一年）の編纂に関わっていた[11]。『仮作物語』は、以下の経緯で編まれたものである（「緒言」『仮作物語』一頁）。

此物語ハ素ト高等小学読本ノ材料トシテ懸賞募集シ巌谷季雄、文学博士芳賀矢一、渡部董之介、吉岡郷甫、文学博士上田万年、幸田成行、及ビ森岡常蔵ヲシテ審査選定セシメタルモノナリ。而シテ此中ノ数篇ハ読本ニ収ムル見込ナレドモ、尚大イニ節略修正ヲ加ヘザルベカラズ。依テ此際別ニ巌谷季雄ニ託シテ些少ノ修正ヲ加ヘシメ、一冊ニ取纏《とりまと》メテ刊行スルコトトナセリ。

『仮作物語』は牧野訓令がいうところの「有益ト認ムルモノハ之ヲ勧奨スル」政策の産物であったと考えられるが、小波にとっては「お伽噺」の「奨励」に通じるものであった（「文部省の懸賞」『少年世界』一三巻四号［明治四〇年三月一日］）。

仮作譚とわ、読んで字の如く、仮に作られた譚《ものがたり》である。即ち歴史や、逸事以外、作者の創意に依つて、或る教訓を含ませた話を云うのだ。之を我が少年世界で募集して居る、お伽噺に比べても、元より大差のあるものでわ無い。只後者わ、主として文学的なるを要すること、前者わ、専ら教育的なるを要することに、其の径庭を見るのみである。

（中略）

有形の美術作品に対してわ、既に諸般の保護法ある今日、無形の文学作品に対しても、亦《また》奨励の法の無くて済もうか。(12)

『仮作物語』の編纂は、「小説」の社会的地位を改めて考える機会となったようだ（「官人の文芸観」『文章世界』三巻四号［明治四一年三月一五日］）。

（略）去年も教科書材料として、短篇小説を募集した位だが、それすらお役所の仕事としては、どうも小説とは云ひ兼るので、仮作物語などと云ふ、苦しい新語を用ひた位。以て当局の見識の程も、正に覗《うかが》ひ知れるのであらう。／要するに文芸作物の類は、猶卑《いやし》むべき物として、官人側に重を置かれぬこと、恰《あたか》も三味線は俗楽として、宮中に容れられぬと同じ観がある。是果して文芸その物の、甘じで（ママ）受くべき待遇であらう乎《か》。

小波は「小説」が蔑視され、「仮作物語」という「新語」をタイトルとして使わなくてはならないような現状を目の当たりにして、児童文学の「奨励」ひいては文士の「待遇」改善の必要を痛感したのだと考えられる。しかしながら、牧野文相のもとでの文芸奨励策は、訓令第一号「学生生徒ノ風紀振粛ニ関スル件」（明治三九年六月九日）に集約されているように、文芸の取締を含意していた（第一部第三章参照）。牧野訓令によって、文芸、とりわけ〈小説〉が教育行政の上からも統制（「勧奨」と「禁遏」）の対象となったのである。

ここで注意すべきは、文士の側からも、文芸院の設立を望む声が挙げられていた点だ。たとえば、長谷川天渓は「文芸院の設立を望む」（『太陽』一二巻八号〔明治三九年六月一日〕）で、文士が「警視庁検閲掛の監督者」として「出版物」の「理不尽の発売禁止」をコントロールすることを期待していた。

今井（一九七〇）によれば、安寧秩序妨害と風俗壊乱を理由に発禁処分された件数は、明治三九年では二〇件であったのが、明治四一年に四八件となり、明治四三年には一六二件に上っているという。この時期の小説家にとって、政府の政策は死活問題であり、現実的な対応が模索されていたのである。

折しも、小波の門弟である生田葵山の「都会」を掲載した『文芸倶楽部』が風俗壊乱の廉で明治四一年二月に発禁に処され(13)、世間の耳目を集めていた。小波は「都会」事件に言及しながら、次のような見解を述べている（前掲「官人の文芸観」）。

文芸元より独立すべきものである。政府若《も》しくは官人などは、敢《あえ》て眼中に置くべきでないと、一派の論者は云ふかも知れぬ。それも天晴《あっぱれ》な見識には相違無い。が、我等文士や芸術家と謂《いえど》も、已《すで》に日本に生まれ、日本に国籍を置く限りは、勢ひ日本政府の定めた、法令に依て律せられねばならぬとすれば、その政府者の、如何に我等を観察し、如何に我等を取扱ふかを、決して度外視する事は出来まい。

政府による文芸の統制を前提に対応を考えていたのは、小波のみではなかった。たとえば、島村抱月は小栗風葉『風葉集』（新潮社、明治四一年）に寄せた序文で、「此の道徳判断（発禁処分、引用者注）に文芸上の判断を附加する別の機関を設ける」ことで、「文芸上高級の地位を有する」作品は保護し、そうでない作品は「禁圧せられても異存は無い」とまで述べている。「明治四一年六月四日稿」とあること、新潮社の刊行物であることなどから、小栗風葉『恋ざめ』（新潮社）が明治四一年四月に発禁処分されたことを受けて、風葉の作品を「高級文芸」として擁護しようとしたのだと考えられる。文士が司法判断にコミットするという点では、天渓と同じような提案であるといえよう。

小波の場合、政府に対して、次のような関与を求めていた（巌谷小波君談「教育と文芸との関係」『教育時論』八二六号［明治四一年三月二五日］）。

一体私は、文芸的出版物の検閲をば、内務省警視庁の手から取つて、之を文部省に移すが至当と思ふものであつて、此間も彼有名なる小説『都会』事件に関して、或所で一席の演説をしたことが有つた［。］

（中略）

同じ芸術でありながら、文芸の方面に関しては何等の保護も奨励も与へられないのみならず、却《かえ》つてその取り締まるものをさへ内務省警視庁の方面に委《まか》せて、一向顧みやうとはしないのである。

「文芸的出版物の検閲をば、内務省警視庁の手から取つて、之を文部省に移すが至当と思ふ」と述べている通り、小波にとっての懸念は、「検閲」の存廃にはなく、そのエージェントにあったのである。

第三節　小松原文相期における文士優遇論

小松原英太郎もまた、西園寺首相と同じく、明治四二年一月一九日に文士を招待している。[14]ここでも、小波は招かれているのだが、文芸院の設立については、以前から相談されていたようだ[15]（巖谷季雄『我が五十年』東亜堂、大正九年）。

四十四年には再び文部省との関係が出来て、文芸委員会と通俗教育調査会との委員を嘱托された。その前に当時の内務省警保局長であつた有松英義君は、私の同窓であつた関係から、[16]文学上の作物の取締に就いて、何とか可《い》い方法はあるまいかと云ふやうな、打解けた相談もうけ、次いで文部次官の岡田良平氏からも、亦《また》同様の相談があつたが、やがて他の諸君と共に、小松原文相の招待をうけて、各意見を徴されたから、私は平常考へてゐた通り、「それには文士の待遇を良くするに限る。」と云ふやうな意味で答へて置いた。（二六五頁）

文芸委員会委員[17]の創設につながる小松原の文芸院構想に対して「それには文士の待遇を良くするに限る」と述べていることから、小波が文芸委員会委員を引き受けたのは文士の社会的地位の向上に資すると判断したからだと考えられる。

小波と同じく、小松原に招待され、文芸委員会委員に就任することになる上田万年もまた、「文芸院の設立に就て」で（『帝国文学』一五巻三号［明治四二年三月一日］）、「文部内務警視庁なども自由に意思の交換も出来るし意思の疎通も出来る。従つて文芸の発展上幾多の利益を収め得られるであらう」と述べている。他にも、長谷川天渓が「為政者と文学者とが接近して互に意見の交換を為すことが自由であらう」（「文芸の取締に就いて（文芸院の設立を望む）」『太陽』一四巻一四号［明治四一年一一月一日］）と持論を述べていることから、「文芸院」には政府と文士間の調整機能が期待されていたことがうかがえる。

実際、文芸委員会では、森鷗外や島村抱月らが中心となって、内務省の発禁処分に対する介入を議論していたようだ（無署名「文芸奨励の方法」『東京朝日新聞』明治四四年六月七日）。その結果、「文芸上の作品に対する内務省の発売禁止処分にして《ママ》、文芸奨励上当を失せる嫌ある場合には、文芸委員会より其旨文部大臣に具申し、文部大臣より内務大臣に交渉すること」などが「文部当局、文芸委員との間に内密に協定せられたり」という（無署名「禁売文芸品問題」『教育時論』九四五号［明治四四年七月一五日］）。

ただし、小波に関していえば、有松が内務省警保局長であった点が注目される。[18]「文芸的出版物の検閲をば、内務省警視庁の手から取つて、之を文部省に移すが至当と思ふ」（前掲「教育と文芸との関係」）という見解と齟齬を来しているからである。

同窓の誼みで相談に応じたのかも知れないが、戊申詔書（明治四一年）を経て大逆事件（明治四三年）を契機に徳育成策に傾斜していく小松原の教育政策のもとでは[19]、小波が考えていたような文芸の奨励は難しかったと思われる。そもそも、小松原は自然主義小説の排除と稗史小説の奨励を考えていたからだ。[20]

まずは、自然主義小説についてだが、小松原は牧野と同様の見解を有していた（無署名「小松原文相訓示」『読売新聞』明治四二年五月一三日）。

雑誌其の他劣情を誘発する種類の読物（「不健全なる小説」を指す、引用者注）が青年の志気を腐敗せしむるの害は教育上最も恐るべき事に属す〔。〕

一方、牧野文相期の発言であるが、小波は次のような自然主義小説観を開陳していた(21)（無署名「巌谷小波氏談」『太陽』一四巻一号［明治四一年一月一日］）。

寧《むし》ろ善悪利害の念を離れて、世態人情を白地《あからさま》に写し、若《も》しくは世の欠陥、人の弱点を赤裸々に描き去つた所に、より大なる教訓が含まれ居る。／例へば此頃流行しつつある、彼の自然派の小説の如きも、単に社会の暗面をのみ暴露し、人類の弱点をのみ指摘したものとして、之に眉を顰《ひそ》め、鼻を掩《おお》ふのは、抑《そ》も一を知つて二を悟らざる、近眼者流のする事だ。

小波からすれば、小松原は「近眼者」であり、相容れない小説観の持ち主であったといえる。

次に、稗史小説についてであるが、小松原は通俗教育の手段として「小説」（稗史小説）を奨励していた（無署名「文相の演説」『東京日日新聞』明治四四年五月二四日）。

維新以前に於て学校教育の制度は甚だ不完全なりしと雖《いえど》も社会教育の方法に至りては却《かえ》て稍々《やや》見るべきものあり〔。〕即ち彼の忠孝節義又は勧善懲悪の趣旨に基ける小説若《も》くは講談の如き通俗教育の意義を有するもの少からず〔。〕就中《なかんずく》講談の如きは我邦特有のものにして尤《もっと》も広く民間に行はれ之れに依りて或は忠勇義烈の事蹟を伝へ或は孝子節婦の美談を述べ以て我邦古有の道徳教育に資し国家の風教を稗補するに於て頗《すこぶ》る効果ありしは世人の斉《ひと》しく認むる所也〔。〕

小波は前掲「文学会に就て（承前）」で「講談会を公開して、社会に文学の何物たるを紹介する」と述べており、「通俗教育」（社会教育）の点では両者の見解は親和的であったと思われる。通俗教育の点では通底する文芸観が認められたものの、小松原に〈小説〉を芸術として奨励することを期待できるはずもなく、文芸委員会の活動は小波にとっても不本意な結果に終わったようだ（前掲『我が五十年』）。

然るに文部省の発表した結果は、私の理想とは遠ざかつて、云はば事務的―官僚的の施設で、教育と文学とを無理にくつつけようとして、新作物の懸賞募集とか、作品の審査とか云ふ事に許《ばか》り腐心したものだから、委員間にも異議者が出て来て、一向事業が挙らなかつた。（二六五～二六六頁）

とりわけ、著作物の選奨については、「森鷗外、島村抱月等の新派文学家」が推薦した小説に対して、「大町桂月、塚原渋柿等の旧派文学家」が「風教」上の理由から論難し、当局側も「旧派」に肩入れするなど、紛糾したという(22)（無署名「文芸委員会紛擾」『東京朝日新聞』明治四五年二月二〇日）。紆余曲折の末、文芸委員会は、作品を選定する代わりに、坪内逍遥を顕彰することになる(23)。

文芸功労者として顕彰された逍遥は賞金二千二百円のうちの半額を文芸協会に寄付し、残りの大半を二葉亭四迷と山田美妙と国木田独歩の遺族に寄付したという（無署名「逍遥氏の賞金分配」『東京朝日新聞』明治四五年三月二一日）。この逸話は、明治末年になっても、明治三十年代に指摘された文士保護問題が解消されていないことを示唆していよう。

果たして、迷走した文芸委員会は大正二年に廃止されるに至った。

文芸委員会廃止に対する平出氏の意見には私も賛成であるが、私は更にこれに依て従来さへ継子《ままこ》扱ひにされてゐた傾のあつた文壇が、再び日陰者のやうな身になりはせぬかと恐れる。

引用したのは文芸委員会廃止の動きについての小波の談話であるが（無署名「通俗教育と巌谷小波氏」『教育時論』九九四号〔大正一年一一月二五日〕）、大正一年の時点でさえも、文士の社会的地位の低下について懸念している点が注目される。

最後に、小波とは対照的に、文部省からその身を遠ざけていた文士として、夏目漱石を取り上げたい（ただし、小松原の文士招待には応じていた）。

漱石は「文芸委員は何をするか（中）」（『大阪朝日新聞』明治四四年五月二〇日）で、文芸委員会について次のような見解を示していた。

政府は又文芸委員を文芸に関する最終の審判者の如く見立てて、此の機関を通して、尤《もつと》も不愉快なる方法によつて、健全なる文芸の発達を計るとの漠然たる美名の下に、行政上に都合よき作物のみを奨励して其の他を圧迫するは見易き道理である。

文芸委員会の性格を的確に指摘しているが、ここで注目したいのは「現代の文士」が要求しているのは「金である。比較的容易なる生活である」と同記事で述べている点である。さらに、「文芸委員は何をするか（下）」（『大阪朝日新聞』明治四四年五月二一日）では、文芸委員会の奨励金の平等な「分配」を提案していた。立場は異なるものの、文士の社会的地位の捉え方については、小波との径庭は大きくなかったと思われる。

第四節　考察と課題

巌谷小波の文士優遇論は、牧野文相期を転機に、「自立」路線から「奨励」路線へとシフトしながらも、社会的地位が劣位にあった文士ひいては児童文学者の地位の向上を目指していた。[24] その方法とは、通俗教育や文芸の奨励を通して、文士の価値を社会にアピールし、そのプレゼンスを高めるというものであった。小波が通俗教育調査委員会委員を兼任したことは、上述したアプローチの帰結といえる。

ブルデュー（一九九五、一九九六）によれば、正統化された象徴的資本が経済資本に転換される循環システムの確立により、文学場[25]は相対的自律を遂げるとされるが、芸術家が職業的威信を獲得するためには経済的に自立する必要がある。経済的に自立して初めて、経済的利益の否定が他の職業から自らを神聖化＝卓越化することにつながり、象徴的価値を産出することになるからだ。

近代日本において小説家が職業として自立し、職業的威信を獲得したのは大正九年頃であるという（山本、二〇〇〇）。文芸委員会を批判していた漱石でさえ文士の待遇改善を訴えていたことからもうかがえるように、明治後半期の日本社会においては、多くの文士は経済資本と象徴的資本のどちらも持ち合わせてはいなかった。文学場が形成途上にあり、経済資本と象徴的資本のいずれもが調達できない当時にあって、文士の社会的地位を短期間で向上させるには、政府による正統化に頼らざるを得なかったのである。

文芸委員会委員のなかで、西園寺首相と小松原文相のいずれにも招待されていたのは森鷗外と幸田露伴と小波の三名であり、そのなかで文芸委員会委員と通俗教育調査委員会委員を兼任していたのは小波のみであった。明治の文士のなかでも、小波は政府の要人と繰り返し接触を重ねた人物であったのである。

ただし、ここで注意しなければならないのは、西園寺首相の文士招待が政府高官による文士招待の嚆矢であったことからもうかがえるように、両者の関係は一連の接触を通して「創出」されたものであり、政府による文士の保護＝支配を必ずしも意味しなかったという点である。両者の関係は、双方にとって予測できない流動的なモーメントを孕んだものであったと考えられるからだ。

文士による政府のコントロールとまでは至らなかったようだが、文芸委員会は内務省の発禁処分に介入する「協定」を文部省と結ぼうと試みていた。小波もまた、内務省ではなく、文部省と手を組むことで取締を内部からコントロールしながら、文芸を奨励する方途を模索していたのではないだろうか。

もちろん、児童文学者のプレゼンスを向上させる方法と文芸の統制に対する抵抗の強度については、時代的制約に伴う限界が認められる訳だが、その限界に直面し得たという点において、小波の文士優遇論は等閑に付されてよいものではないと考える。

最後に、主な課題を挙げておく。小波の文士優遇論は通俗教育調査委員会委員就任につながる思想を胚胎していたが、本章では小波の通俗教育観を部分的にしか検討できなかった。小波は〈お伽噺〉を芸術的なものと教訓的なものとに大別しており[(26)]、前者の実現が主に文芸委員会委員を通して目指されていたのだとすれば、後者の実現は主に通俗教育調査委員会委員を通して目指されていたといえる。〈お伽芝居〉や〈お伽口演〉などとともに、横断的に検討する必要が認められよう。

第二部　児童雑誌のジレンマ

第一章　児童雑誌と〈小説〉

第一節　『少年園』と『日本之少年』における〈小説〉の位相

第一部で明らかにしたように、明治期は〈小説〉が青少年に悪影響を及ぼすという考え方が訴求力を有していた時代であった。本節では、このような時代に創刊された児童雑誌が直面した、〈小説〉を掲載することの困難をみていくことにしたい。

取り上げる児童雑誌は、『少年園』と『日本之少年』の二誌とした。『少年園』は、作文投稿雑誌から総合雑誌への転換を促したとされる児童雑誌で、少年園社から明治二一年に創刊された。(1)『少年園』以降、『小国民』（学齢館、明治二二年創刊）をはじめ、総合的な児童雑誌が創刊ラッシュを迎えるのだが、この創刊ラッシュの最中に刊行されたのが『日本之少年』（明治二二年創刊）である。同誌は、博文館が初めて手がけた児童雑誌で、明治二七年には博文館による雑誌の整理に伴い廃刊となり、『幼年雑誌』(2)（明治二四年創刊）などとともに、『少年世界』（明治二八年創刊）に統合された。『少年園』と『日本之少年』を検討することで、最初期の児童雑誌における〈小説〉の位相とともに、『少年世界』創刊に至る前史を明らかにしたい。

日」)。

第一項　『少年園』における〈小説〉の位相

『少年園』における小説観は、次の巻頭論説からうかがえる(無署名「少年書類に就て。」九号［明治二二年三月三日］)。

殊にある種類の小説の如きは絶えて高尚なる精神なく、清潔なる感情なく、野卑淫猥《いやしくみだら》の媒介たらずば(「たれば」の誤り？　引用者注)、少年の教育に蛇蝎《だかつ》視すべき軽薄と狡猾の誘導たるものにて、実に是れ少年の為めに罌粟子液《けしのしる》に勝るの毒たり、思はざる可《べ》からず撰まざる可からず。

この後、最も必要な「少年書類」として「自助論、品行論、賢人名士英雄豪傑の伝記、歴史(以下、略)」などを挙げている。「自助論」などのタイトルを挙げたり、「伝記」や「歴史」を重視したりするスタンスからは、この巻頭論説の執筆者が儒教的文学観の持ち主であったことがうかがえる。続橋(一九七二)によれば、『少年園』は「稗史小説類に対する否定的批判を繰返し述べ、経史伝記類の読書を奨めている」雑誌であったという(3)(二三二頁)。〈小説〉が排除された理由としては、論者の稗史小説観のみならず、学校教育の補完(「間接の教育」)を児童雑誌の存在意義としていた点も挙げられるだろう(4)(「発刊の主旨を述べ先づ少年の師父に告ぐ。」一号［明治二一年一一月三日］)。

実際、『少年園』には「小説」欄は存在せず、「小説」というラベルが冠された作品も、管見の限り、ほとんど見当たらなかった(5)。もちろん、「文園」欄や「譚園」欄に「小説」という語を冠してもおかしくない作品は掲載されているのだが、漢詩などの文学や史伝、伝記などが主流を占めていた。

『少年園』における〈小説〉の位相を明らかにする上で示唆的なのが「紅葉。」の連載打ち切りである。「紅葉。」

は饗庭篁村の作品で、「文園」欄に創刊号（明治二一年一一月三日）から七回にわたって掲載され、第八号（明治二二年二月一八日）で連載が打ち切られた。「小説」という角書は冠されていないが、連載を打ち切られた理由は、作者本人が述べているように、「紅葉。」が有害な「小説」として認知されたからであった（饗庭篁村「紅葉。（第七回）」八号［明治二二年二月一八日］）。

可憎《にくむべし》経済雑誌の意地悪記者、曽《かつ》て此の雑誌の第一号を評し、（略）彼《あ》の小説（「紅葉。」を指す、引用者注）も大かた恋愛の情を種にするだらう、何如《どう》して彼等の手際でラブ抜の小説が書けるものカ、其気のない少年に彼《あ》の小説が黴《かび》をつける、よくない事だと先を折《くじ》きたり。腹は立ども、実のところ夫《そ》の通りゆゑ、詮方なく、暗々《やみやみ》名趣向を紙屑の中へ揉み込みて、爰《ここ》で終りと仕《つかまつ》る〔。〕

「蒔絵《まきえ》の文箱で先刻女の文が届いた」（二号［明治二一年一一月一八日］）など、「ラブ」を想起させる要素がない訳ではないが、連載時に「ラブ」は前景化していない。

にもかかわらず、「意地悪記者」の書評が説得力を有していたことは、次の読者投稿からもうかがえる（松酉生「小説紅葉。」一一号［明治二二年四月三日］）。

饗庭篁村先生ガ残念千万遺憾至極ト嘆カルルハ如何ニモ愚痴ナリ（略）恋愛ノ情ハ少年社会ノ黴毒《ばいどく》ナリ、故ニ紅葉テフ小説ハ少年社会ノ黴毒ナリ。

実際、恋愛小説は青少年、とりわけ少女を悪感化するものとして批判されていた（無署名「小説に対する女子教育

の注意。」一八号［明治二二年七月一八日］）。

是《こ》れ一に年少社会の情感を攪乱《かくらん》し、意志の堅実を喪失せしめ、妄想の奴隷、異感《ママ》の犠牲たらしむるの不吉不祥を招けばなり。就中《なかんずく》妙齢女子の如き、若《も》し淫猥《いんわい》なる小説の為め、一たび其潔白純情の情感に、汚穢《おわい》の点染を受けんか、終《つい》に之れを回復し能はざるなり。

さらに注目されるのは、「紅葉。」には「婦女の権利」を主張する女学生が描かれていた点である（「紅葉。（第五回）」五号［明治二二年一月三日］）。

私（杵を指す、引用者注）の学校の菊綴さんが云ひましたよ、今度少年園といふよい雑誌が出来て、其表紙には男女生徒の勉学の図があつたから嬉しい、少年といふ事が男ばかり有るのではない屹度《きつと》女の事も同じやうに出だらうと思つたら、男の事ばかりが多い、彼でさへ彼だもの、余ほど女が奮発しないと、仕舞には男ばかりの世の中のやうにしてしまいますつて、真個《ほんと》に姉さん今は女が威張らなくつてはならない時ですよ、ダカラ私は男を見ると睨《にら》めてやるのよ。

「紅葉。」の主人公は杵の義姉である節で、「学問はあつても表道具に立ず、家を脩《おさめ》ること子を育ること食物のこと裁縫のこと」に重きを置いているように（「紅葉。（第四回）」四号［明治二一年一二月一八日］）、良妻賢母規範を内面化した少女であった。一方、「男を見ると睨めてやる」杵は、当時の良妻賢母規範から逸脱した少女として戯画的に描かれていた。

無署名「現今の日本女子。（第二）」（一九号〔明治二二年八月三日〕）では、女性による「男尊女卑の慷慨《こうがい》」について「最も至極ならざるはなし」と述べながら、「却《かえつ》て社会の排斥を招くの媒《なかだち》となりし」として得策ではないと結論付けている[6]。この論説に従えば、杵の先の主張は「社会の排斥を招く」ものとして斥けられることになる。

一方、福羽美静「童子訓。」（六三号〔明治二四年六月三日〕）では、「女は殊更しとやかに／人にほめられ愛せられ／細かき事に気を配り／それをならひに成長し／夫を助け家をもち／よく子をそだてよき人を／よにつくり出す役目あり」のように、良妻賢母たれと謳い上げている。節のような良妻賢母規範に従う生き方が推奨されていたのである。

以上のことから、『少年園』の言説空間には、良妻賢母規範から逸脱する杵のような女学生を排除する力が働いていたことがわかる。「紅葉。」の居場所は『少年園』にはなかったのである。

「紅葉。」の連載打ち切りは、児童雑誌に〈小説〉を掲載することのリスクを示唆している。想像を逞しくすれば、創刊号から連載された「紅葉。」が連載中止に追い込まれたことによって、『少年園』は「小説」というラベリングに慎重になったのではないかと推測される（先述した「少年書類に就て。」が「紅葉。」の連載中止の次号に掲載されたのは偶然ではないだろう）。『少年園』における〈小説〉の扱いからは、児童雑誌に〈小説〉を掲載することが自明ではなかったことがうかがえるのである。

第二項　『日本之少年』における〈小説〉の位相

『日本之少年』は、当時の「少年雑誌としては異例の「小説」欄が、設けられていた」雑誌であった[7]（藤本、二〇一三、二〇頁）。そこでまずは、同誌における「小説」欄を中心に〈小説〉掲載の試みを概観することとしたい。

最初に「小説」の掲載が予告されたのは、一巻一号（明治二二年二月二三日）の巻末に載せられた無署名「小説」

という記事である。「本誌には少年の為めに有益にして且つ面白き修身教育上の小説を掲載する筈なりしが生憎《あいにく》小説記者病気にて執筆相適はさる為め残念なから第一号に登録する能はさりし」と休載理由を述べ、次号からの掲載を予告していた。

しかしながら、「小説」が実際に掲載されるのは、二巻三号（明治二三年二月一日）のことである。(8)「附録」として、文廼家主人（須永金三郎）の「当世三代目」が掲載された（目次のタイトルに「小説」という角書が冠されている）。元禄ブームにあやかった戯作調の読み物で、商売で失敗した三代目の主人を描いた作品である。二巻五号（明治二三年三月一日）では「小説」欄が設置され、文廼家主人の「うきよからくり　書生の心」とAB居士訳「名剣」が掲載されている。

二巻になって「小説」が掲載されるようになったのは誌面改良の一環であったと考えられる。誌面が「十科」（「日本之少年、歴史談、理学談、博物談、譚園、叢話、遊戯園、問答、群芳集萃、入試試験問題集」）から「十六科」（「日本之少年、歴史談、地理談、理化学談、博物談、数学談、英学談、講談、譚園、叢話、問答、遊戯園、小説、就学案内（附入学試験問題集）群芳集萃、時事談」）へと再編される際、「小説」欄が加えられているからである（無署名「本誌改良の趣旨を述へて新年の祝辞に代ふ」二巻一号［明治二三年一月一日］）。ただし、二巻で「小説」欄が設置されたのは二巻五号のみであった。

「小説」欄が常設化されるのは五巻になってからで、五巻一号（明治二六年一月一日）から六巻二四号（明治二七年一二月一五日）の終刊まで設置され、少なからぬ「小説」が掲載されることになるが、四巻二四号（明治二五年一二月一五日）の「改良の方針」で予告されていた「諷刺小説及び学術小説」のうち「諷刺小説」の掲載は確認できなかった。

「学術小説」としては「金星旅行」が五巻一号（明治二六年一月一日）から五巻一二号（明治二六年六月一五日）ま

での間に一二回連載された。[9] 異端視されていた科学者が宇宙船を開発し、金星に辿り着き、金星人と地球人のルーツが同じであることを突き止める作品である。さらに、角書は冠されていないが、五巻一二号で「学術小説」として予告されていた思軒居士〔訳〕「入雲異譚」が五巻一三号（明治二六年七月一日）から六巻二四号（明治二七年一二月一五日）までの間に三〇回連載されている。ジュール・ヴェルヌの『神秘の島』（一八七四）の翻訳で、南北戦争で南軍の捕虜となっていた北軍の兵士たちが気球で脱出を試みたところ、無人島に不時着してサバイバルを余儀なくされるという作品である。これらの「学術小説」が『日本之少年』における代表的な「小説」であった。[10]

それでは、『日本之少年』における小説観はどのようなものであったのだろうか。

後年、博文館で取締役を務めることになる坪谷善四郎が「文学亡国論」（三巻六号［明治二四年三月一五日］）で、「文学の隆興は漸《よう》やく進んで浮華となり、虚飾となり、奢侈《しゃし》となり、淫奔《いんぽん》となり、遂に当初風俗を改良したるの文学は、一転して風俗を汚下ならしむるの禍源となる」と述べるなど、小説有害論が散見された。[11]

その一方で、主筆の絅斎主人（柳井録太郎）は「少年者と小説」（六巻一六号［明治二七年八月一五日］）で、「少年の性格教育よりして読むに害あるものは、写実派の小説及ひ恋愛的の小説なり」と指摘した上で、次のように述べていた。

吾人が少年諸君に向つて推挙するは、曰くジユールベルヌの理科小説なり、（本誌に掲載中なる思軒先生の入雲異譚は即ち其の一）その理科思想を刺激して極めて趣味多けれはなり、曰くスコツト馬琴等が歴史小説なり、その歴史思想を養成して、且つ尚武勇義の風をも鼓舞するが為めなり、曰くドンキホーテを始めとして、幾多の冒険小説なり、其の少年の好奇心を作興して大胆敢為の気象を養ふへけれはなり〔。〕

当時、非難されていた「写実派の小説及ひ恋愛的の小説」については小説有害論の立場を取り、「理科小説」・「歴史小説」・「冒険小説」については教育的効能を根拠に小説擁護論の立場を取っている。小説有害論に一定の配慮を示しながらも、部分的にではあれ、児童雑誌への掲載が正当化できる〈小説〉を明示した点で画期的な見解であった。

このような小説観は、読者にも共有されていたようだ（松本勝三郎「小説界の腐敗」六巻九号［明治二七年五月一日］）。

夫《そ》れ、読書の人心に及ぼす所の、感動は実に大なるものなり。況《いわ》んや、普通の人に遍読せらるゝ、小説に於てをや。宜《よろ》しく謹慎、其材料の選択に注意せざる可からず。彼のデフオーが健筆に依りて、顕はれたるロビンソン　クルソーが漂流記は、如何に海国男児の志気を発紓《はつじょ》せしよ。

「若《も》し今日淫靡《いんび》の小説をして、猶跳梁《ちょうりょう》跋扈《ばっこ》せしめば、優柔益《ますます》優柔に流れん。果して然らば。其禍害の及ぶ所、豈《あに》少々ならんや」のように、論調は小説有害論に傾斜しているが、「其材料の選択に注意せざる可からず」のように選書の必要性を提起し、『ロビンソン　クルソーが漂流記』を良書として挙げている。ちなみに、この投稿に付された記者による「評」では、「直に当今の小説を抹殺して糊口的著述となし一山百文の小説となす議論過激に失するの嫌なきにあらずと雖《いえ》ども亦《また》当今小説界の弊処を論ずるに於て剴切《がいせつ》痛快なりと謂ふべし」と評価されていた。

以上の検討から、「小説」欄設置の遅延が示唆するように、書き手が確保できなかった可能性も含め、児童雑誌に〈小説〉を掲載することが困難であったこと、掲載を正当化できるのが冒険小説系統の作品であったことが明らかとなった。

第二節　『少年世界』と『少女世界』における〈小説〉の位相

第一項　『少年世界』における〈小説〉の位相

『日本之少年』などを統合し、博文館から明治二八年に創刊されたのが『少年世界』である。昭和八年の終刊までの間に推定で五八七冊が刊行されたという（大阪国際児童文学館編、一九九三b）。浅岡（二〇〇二）によれば、初年度の発行部数は約八万部で、「『警視庁統計書』でみるかぎり少年雑誌のなかでは断然突出した部数であるばかりか、一般諸雑誌と比較しても一、二を争う発行部数」であったという（一六七～一六八頁）。編集主筆については、巌谷小波が二三巻八号（大正六年七月一日）まで担当しているが、渡独期間中の六巻一一号（明治三三年一〇月一五日）から八巻一六号（明治三五年一二月一日）までは江見水蔭が務めている。

本書の問題関心から注目されるのは、『少年世界』には創刊号から「小説」欄が設けられていたという点である。『日本之少年』の試みを継承した可能性を指摘できるが、内容の上からは〈お伽噺〉と考えられる漣山人「日の丸」（一巻一号［明治二八年一月一日］）が同欄に掲載されるなど、「小説」欄の運用については揺らぎが認められる。

興味深いことに、「小説」欄に対する読者の反応は二分していた。次に引用するのは、一巻一二号（明治二八年六月一五日）の「通報」欄に掲載された読者投稿である（野村初三郎・藤田喜三郎「記者閣下に臨む」）。

余輩は満天下青年諸子の為め否貴館の為めに偉大なる策を講せんと欲す〔。〕其の偉大なる策とは如何ん〔。〕唯小説を省廃するにある而已《のみ》〔。〕何となれば小説の紙数毎号十二三頁を費やし而して小説なる者は吾人青年をして柔弱男子たらしむる者なり〔。〕

「小説」が「男子」を「柔弱」にすることを理由に「小説」の廃止を主張したものだ。「有益なる文章を誦読して以て大和魂を涵養せすんば非らさるなり」と後述しており、有益な「文章」（文学）と有害な「小説」とを対比する稗史小説観がうかがえる。

さらに、彼らへの反論が一巻一六号（明治二八年八月一五日）の「通報」欄に寄せられるなど（城南小僧「少年世界の小説」）、〈小説〉の存廃をめぐって読者による論争が繰り広げられることになる。

而して余は断して小説全廃説の不可を論せざるを得す〔。〕如何となれば卑野淫猥《いんわい》仮令《たとえ》風教を害するあるも厚顔恬然《てんぜん》嗜好書の多きに誇る彼の痴情を以て頭尾を満したる小説と此の少年世界の小説とは自ら別あり〔。〕

野村・藤田を名指しで批判し、『少年世界』に掲載されている「小説」は一般の「小説」とは一線を画しており、読者にとって有益であると後述している。「この通報の如きは実に記者の意を忖度《そんたく》したるものといふべし」という記者のコメントが付されていることから、編集部が〈小説〉をポジティブに捉えていることがうかがえる。ただし、城南小僧もまた、有害な「小説」があることを認めた上で、『少年世界』の「小説」は有益であると主張している点には留意したい。

城南小僧の小説擁護論に対しては二件の反論が寄せられた。一つ目は一巻一九号（明治二八年一〇月一日）に掲載された辻一二「本誌第拾七号小説欄に就て鄙意を述ふ」で、二つ目は二巻四号（明治二九年二月一五日）に掲載された藤田喜三郎・野村初三郎「城南小僧君に一言す」である。(12)

論争の発端となった野村と藤田による反論では、「本誌の小説を閲すれば害莫《な》しと雖《いえ》とも亦《また》益する所なきを確信す」と述べているように、「有害」から「無害」へと主張に変化はみられるが、「有益」であるという点についてはは否定している。

ここで注目したいのは、一つ目の辻による投稿である。辻は、一巻一七号（明治二八年九月一日）の「小説」欄に掲載された石童坊（思椀坊・補）「我が母」を取り上げ、「恋愛的の小説」であるとして小説有害論を主張した。『少年園』における「紅葉。」批判と同様のロジックが見受けられるのである。

辻は「我が母」を次のように批判する。

殊に少年は見識未た定まらずして善悪の弁別に惑ひ易きか故に苟《いやしく》も斯かる恋愛的の小説を読ましむるときは容易に書中の行為に誘導せられて痴情を起し人倫の法道を破り遂に軽薄淫蕩《いんとう》に陥り後には頑然無情の人物となるべく其来す所の害毒亦《また》少なからざるなり〔。〕余聊《いささ》か茲《ここ》に該小説掲載の否なるを論し併せて小説欄全廃せられんことを希望す〔。〕

「我が母」の主人公である「我」は、実母ではない女性を「東京の母上」と慕い、その娘の花子を愛らしく思っていた。実家の暮らし向きがよろしくなかったため、「我」は上京し、二人のもとで暮らすことになるのだが、そこで初めて二人が父親の妾とその娘であることを知る。上京した「我」は、二人が裏表のある女性であることに気がつき、後悔に暮れることになる[13]。

それは（思い当たること、引用者注）、母上の表面は優しく、裏面に邪毒のある事、花子の愛らしきも母の性を受けて、心は意地悪き事、生計は贅沢だが、其割に資産のない事、我は表面上可愛がられ——大切かられて居る様なものの、裏面へ廻れば下婢までが馬鹿にして——邪魔にする事、一々我心に面白からぬことばかり

（略）

少年を悪感化する限りにおいて、二人の女性は広い意味での誘惑者と捉えることができる。ここに、辻は「恋愛的の要素」を指摘したものと思われる。読み切りであったことから、「紅葉。」のように連載打ち切りの事態にまで発展しなかったが、リスキーな作品であった(14)。

他にも、中山白峰「乙女物語（少女談）」（四巻七号［明治三一年三月一五日］）について、加藤光太郎が「少年世界の少女談に就て」という投書を寄せ（四巻一四号［明治三一年六月一五日］）、風紀を乱す「猥褻《わいせつ》小説」として非難している。友人の下宿先の女中である少女の古傷を治してやりたくて、学生らしき「僕」がその由来を尋ねるという作品なのだが、「お清の淑《つつま》しく、悪く摺《す》れず、下宿屋の女中にしては得難きを悦ぶにつけ可憫相《かわいそう》だといふ念が起る」などのくだりが風紀を乱すと非難されたのだろう。

このような小説批判は、稗史小説観を有した硬派少年によるものだと考えられる。「少年世界は近頃女々しい小説の様な者ばかりなり〔。〕僕は小説など大嫌ひ勇壮活発なる人の伝記が大好き」という投書のように（北越之少年〔無題〕五巻一八号［明治三二年八月一五日］）、「伝記」と対比させながら「小説」は「女々しい」メディアとしてジェンダー化されていた。彼らが硬派少年であると推測されるのは、五巻から六巻にかけて寄せられた「新案端書便」（お題は「好き嫌ひ（及び目的）」）を検討したところ、「小説」を嫌悪する読者が「美少年」好きであることを表明していたからだ(15)（目黒、二〇一〇）。

以上の検討から、創刊当初から「小説」欄を設置した『少年世界』ではあったが、少なくとも創刊当初は〈小説〉に価値を見出さない読者が少なからず存在していたことが明らかとなった。

関連して注目されるのがお伽噺存廃論争である。『少年世界』は「幼年」から「少年」まで幅広い読者層を有していたため、年齢に応じて異なる要求が寄せられていた[16]。とりわけ、年長読者から〈お伽噺〉の廃止を求める声があった。

たとえば、四巻一〇号（明治三一年五月一日）の「少年演壇」に寄せられた投稿では（鈴木正義「少年世界主筆に望む」）、「少しく高等の学科をさむる少年の世界に候へば、伽話もあまり必要ならざることと存じ候」と述べ、「お伽噺」の廃止が要求されている。記者による「お伽噺存廃に付て」（四巻二二号〔明治三一年一〇月一日〕）によれば、鈴木の投稿に触発され、賛否両論が編集部に寄せられたという。「お伽噺賛成論者」として一三名、「お伽噺廃止論者」として七名の氏名がそれぞれ掲げられている。

このような読者の要望に応えるかのようにして、『少年文集』（明治二九年創刊）とその後継誌『中学世界』（明治三一年創刊）、第一次『幼年世界』（明治三三年創刊）、『女学世界』（明治三四年創刊）、『少女世界』（明治三九年創刊）が『少年世界』から派生して刊行されることになるのである。

第二項　『少女世界』における〈小説〉の位相

『少女世界』は明治三九年に創刊され、昭和六年までの期間に三二九冊[17]が刊行された。主筆については、発刊当初は巌谷小波の監督のもとで海賀変哲が務めたが、二巻からは沼田笠峰が務めることになる。「毎月一日発売という当時の児童向け雑誌の常識を破って、一、二日早めに新刊を店頭に並べるという独特の方針も功を奏し、創刊三年目には早くも「少年世界」に並ぶ販売成績を上げるほどの好評であった」ようだ（大阪国際児童文学館編、一九九三b、五六三頁）。

『少女世界』の源流として、『少年世界』一巻一八号（明治二八年九月一五日）に設置された「少女」欄が挙げられる。その設置目的は、「特に幼年に対して、少女の一欄を新設し、以て家庭教育の一助たらんことを期す」（「少女欄の新設」一巻一七号〔明治二八年九月一日〕）というものであった。同欄は「近代日本の年少者向け雑誌全体においても最初の女子専用欄であり、「少年」のなかから女子を浮上させた画期的企画」として評価されている（久米、二〇一三、七二頁）。フランシス・ホジソン・バーネットの『小公子前篇』（女学雑誌社、明治二四年）の訳者として高く評価されていた若松賤子が創作を発表した場でもあった。(18)

他にも、巌谷小波・口述／木村小舟・筆記「世界少女お伽噺」が九巻一号（明治三六年一月一日）から九号（明治三六年七月五日）までに七回連載され、武田桜桃が「これは少年諸君のお母さんやお姉さまに読んで戴く積りで書いた」という「宝篭笥」（九巻一号）などの婦女向け読み物が併載されるなど、『少年世界』は女性向けの読み物を模索していた。

このような試行錯誤を経て『少女世界』は明治三九年に創刊されるに至るのだが、その背景的要因として女学生数の増加が指摘できる。明治三二年に高等女学校令が公布され、高等女学校在学者数は、明治三六年の二万五七一九名から、明治四一年には四万六五八二名となり倍増している(19)（文部省編、一九七二、四三九頁）。それに伴い、「高等女学校長協議会」で「高等女学校生徒の小説を読むを禁ずるの件」が議案に上るなど（「高等女学校長協議会議案」『読売新聞』明治三二年五月九日）、女学生の課外読み物が社会問題として発見されることになる。(20)

実際、「雑誌は少女世界が大多数」（「女学生は何を読む」『東京朝日新聞』明治四三年九月二九日）や「年少下級の女〔学〕生は重《おも》に少女世界、少女の友の二雑誌を愛読」（「現代の女学生（十一）」『東京朝日新聞』明治四四年四月九日）などの記事から、『少女世界』が明治末期の女学生によく読まれていたことがうかがえる。

『少年世界』とは対照的なことに、『少女世界』の読者投稿欄には〈小説〉を掲載すること自体を批判する投稿はあまり見受けられなかった。むしろ、押川春浪の〈冒険小説〉や沼田笠峰の〈少女小説〉などが好評を博していた。課外読み物規制の観点からは雑誌への投稿を禁止されたという投書が散見された点が注目される。

私ネ今度学校から交際とめられましたのよ、御なごりおしうございますが、此後手紙やはがき堅く御ことわりいたします。〔野波幸子〔無題〕四巻五号〔明治四二年四月一日〕〕

引用したのは、学校で禁止されたため、読者投稿欄の「談話室」での交流を止めることを宣言した投書だ。実際、笠峰は「談話室」で「この頃、学校では雑誌の投書を禁ぜられた所もある、と伝へ聞きました。学校の主義として禁止された以上は、その生徒として、これに背《そむ》くことは出来ますまい、お察し申します」（同右）と複雑な心境を吐露している。

ただし、次の投稿記事のように、学校で禁止されても、したたかに投書を試みる少女読者もいたようだ。

記者様、私はこの少女世界を読むため、いくら学問の助けとなるか知れませんの、文章でも筆跡でも、みな練習のためですもの、ああその投書を反対する魔神がございます、それがため私は匿名で投書しようと思ひますが如何でせう。〔嵯峨野〔無題〕六巻一五号〔明治四四年一一月一日〕〕

ちなみに、雑誌の読書については、「女子美術学校教務主任」の谷紀三郎が「雑誌を読む少女」〔七巻一三号〔大正一年一〇月一日〕〕で、雑誌を読む少女を好きであると述べながら、次のような問題を指摘していた。

そうして又雑誌を読む少女は、妙に沈み勝ちになる、空想をのみ夢みて、実際じみたことを嫌ふ。感情が鋭敏になつて、直きにむつとしたり、直きに泣いたりする。裁縫なぞは嫌ひになつて本を読みたがる。何か頻《しき》りに書く。どうかすると暗い庭に一人で立つて居たりする。

続けて、谷は「今の雑誌は、概して文学的に傾いて居ります」という雑誌観を示した上で、「程よく飲めば薬ともなるが、飲み過ぎると害になることが大きい」ことに注意を促している。「裁縫なぞは嫌ひになつて本を読みたがる」と指摘されているように、雑誌は良妻賢母規範からの逸脱を促すメディアとして警戒されていたのである。

しかしながら、このような注意を喚起しながらも、『少女世界』は選定を基本とした読書観を有していたようだ。たとえば、「淑徳高等女学校主幹」の井原法従による「読書の趣味」（四巻一五号〔明治四二年一一月一日〕）では生徒の読み物を選定したことが報告され、「東京女子高等師範学校教授」の篠田利英による「休暇中の心得」（五巻一〇号〔明治四三年七月一五日〕）では「教科書以外の読みものについては、よほどその選択に注意しなければなりません」と指摘している。

最後に注目したいのは、「少女小説」の募集である。「少女と文芸」（三巻六号〔明治四一年四月一五日〕）で、少女が習得すべき文章の種類として「小説」が排除されていることからも、編集部がいうように、「少女小説」の募集は「空前の企て」であった（「少女小説募集」六巻二号〔明治四四年一月一五日〕）。実際、一三五八編の応募があったという（「応募少女小説の選評」六巻六号〔明治四四年四月一〇日〕）。募集期間の短さを勘案するならば、この応募点数は読者の支持の高さを示していよう。(21)

以上のことから、『少女世界』は投書の扱いに苦慮しながらも、読者の要望にしたがって〈小説〉に力を入れていた雑誌であったといえる。

第三節　分析方法

以上の検討から、『少年世界』と『少女世界』の特徴としては、児童雑誌でありながら〈小説〉を本格的に掲載した点が挙げられる。そこで、次章から両誌に掲載された〈小説〉を分析していく訳だが、『少年世界』については〈お伽小説〉と〈冒険小説〉と〈少年小説〉、『少女世界』については〈お伽小説〉と〈冒険小説〉と〈少女小説〉を分析対象とした。これらのジャンルに着目したのは、次章以降で具体的に述べる通り、特徴的な少年少女像が期待できるからである。検討期間については、課外読み物規制が制度的完成をみるのが明治末期であることから、それぞれの創刊年から一九一二（明治四五／大正一）年までとした。

分析は、原則、次のような手続きで進めた[22]。欄名・目次の題名・本文の題名のいずれかで当該ジャンルを示す語が使われている作品を抽出した。連載で複数のジャンル名が使われている場合は、最も多く使われているジャンル名を採用した（同数を含む）。目次と本文で題名が異なる場合は、本文の題名を採用し、連載において本文の題名が異なる場合は最も多く使われているものを採った（同数を含む）。なお、「少女お伽小説」のようなケースもあることから、総称としてジャンル名を表記する場合は〈お伽小説〉のように〈　〉で括っている。

角書等に着目したのは、読者が作品を理解したり、作品が社会に流通したりする際のコードとして機能していると考えたからである。もちろん、以上の抽出方法では、角書が冠されていなかったり、異なる角書が冠されていたりする作品を検討できないというデメリットが指摘できる。しかしながら、作品の抽出手続きが明示されることが少ない児童雑誌研究にあっては、角書等に着目する方法は、抽出手続きの恣意性を少なくできることに加え、当時のラベリングを損なわない点で優れていると考える。

ただし、『少年世界』については、七巻・八巻・一〇巻から当該作品を抽出できなかった。したがって、この期間については、適宜、関連作品に言及するようにした。なお、この期間は巌谷小波の渡独期間（六巻一二号〜八巻一六号）と重なっているが、帰朝後の一〇巻も含んでおり、江見水蔭が編集を代行したことのみが原因ではないと思われる。

なお、一次史料であるが、『少年世界』九巻までは名著普及会の復刻版（一九九〇～一九九一）を参照し、それ以外については大阪国際児童文学館と三康文化研究所附属三康図書館を中心に収集した記事を使用している。

第二章　『少年世界』における冒険思想
―〈お伽小説〉と〈冒険小説〉を事例として―

第一部で明らかにしたように、当時の〈児童文学〉には冒険思想の養成が期待されていた。そこで本章では、『少年世界』に掲載されていた〈お伽小説〉と〈冒険小説〉を検討し、冒険思想の語られ方を明らかにする。後述するように、〈お伽小説〉は〈冒険小説〉に隣接するジャンルとして位置付けられており、両ジャンルには冒険思想が顕在化することが予想される。さらには、ジャンルによる冒険思想の語られ方の相違についても明らかにできればと思う。

第一節　〈お伽小説〉における冒険思想

第一項　〈お伽小説〉の掲載状況

検討期間において『少年世界』に掲載されていた〈お伽小説〉は【表2‐1】の通りの結果となった。

表の記載方法は次の通りである（【表2‐2】以降についても同様）。作者名および題名については、本文中の表記に則るものとし、連載で異表記がある場合は多いものを採った。掲載回数は［　］内に記入している。なお、表中の題名に角書が記載されていない作品は、目次もしくは欄名のみにジャンル名が認められたケースである。

【表2-1】『少年世界』における〈お伽小説〉作品一覧（明治二八～四五／大正一年）

○漣「新八犬伝（お伽小説）」四巻一号（明治三一年一月一日）～二四号（一二月一日）（二、四、一一、一六号を除く）［全二〇回］
○猪波暁花「赤淵珍々齋（お伽小説）」四巻一三号（明治三一年六月一日）［全一回］
○呑海坊（長谷川天渓）〔訳〕「人魚（お伽小説）」四巻一五号（明治三一年七月一日）～二五号（一二月一五日）（一六、一七、二〇号を除く）［全八回］
○桃栗散人「鮎鯛喧嘩（お伽小説）」四巻一六号（明治三一年七月七日）［全一回］
○春葉山人「木霊の鼓（お伽小説）」四巻一六号（明治三一年七月七日）［全一回］
○桃栗散人「後日の犬（お伽小説）」四巻二〇号（明治三一年九月一日）～二一号（九月一五日）［全二回］
○桃栗散人「後日の雉子（お伽小説）」四巻二三号（明治三一年一〇月一五日）～二四号（一一月一日）［全二回］
○桃栗散人「後日の猿（お伽小説）」四巻二六号（明治三一年一二月一日）～二七号（一二月一五日）［全二回］
○漣山人「猪熊入道（お伽小説）」五巻一号（明治三二年一月一日）～七号（三月一五日）（二号を除く）［全六回］
○某氏訳（幸堂編）「妖怪城（お伽小説）」五巻一号（明治三二年一月一日）～三号（二月一五日）（二号を除く）［全二回］
○渚山人「魔法鳥（お伽小説）」五巻四号（明治三二年二月一日）～五号（二月一五日）［全二回］
○漣山人「金鵄太郎（お伽小説）」五巻八号（明治三二年四月一日）～一三号（六月一五日）［全六回］
○漣山人「栄螺三郎（お伽小説）」五巻一四号（明治三二年七月一日）～二〇号（九月一五日）（一六号を除く）［全六回］

○春曙・湖山共訳「狼少年（お伽小説）」五巻一五号（明治三二年七月一五日）～二六号（一二月一五日）（一六、二三、二五号を除く）［全九回］
○春葉山人「紅白合戦（お伽小説）」五巻一六号（明治三二年七月二五日）［全一回］
○琴風女史「母さまの狸（お伽小説）」五巻一八号（明治三二年八月一五日）［全一回］
○琴月生「光明倶楽部（お伽小説）」五巻一九号（明治三二年九月一日）～二五号（一二月一日）（二〇、二二、二四号を除く）［全四回］
○漣山人「木菌太夫（お伽小説）」五巻二一号（明治三二年一〇月一日）～二六号（一二月一五日）［全六回］
○木村ささ舟「蛻膝栗毛（お伽小説）」五巻二二号（明治三二年一〇月一五日）［全一回］
○巌谷小波・武田桜桃・木村小舟合作「お伽小説　海陸大王」九巻七号（明治三六年五月一五日）［全一回］
○小波「松の実太郎」一五巻一号（明治四二年一月一日）［全一回］
○小波「龍乃梅」一五巻二号（明治四二年二月一日）～四号（三月一日）（三号を除く）［全二回］
○小波「竹子祭」一五巻五号（明治四二年四月一日）［全一回］
○小波「大蛇橋」一五巻六号（明治四二年五月一日）～九号（七月一日）（七号を除く）［全三回］
○久留島武彦「お伽小説　布衣貞吉」一五巻九号（明治四二年七月一日）～一二号（九月一日）（一〇号を除く）［全三回］
○小波「お伽小説　天遊記」一五巻一一号（明治四二年八月一日）～一六号（一一月二四日）（一五号を除く）［全五回］
○小波「お伽小説　雪の童子」一六巻一号（明治四三年一月一日）～五号（四月一日）（二号を除く）［全四回］
○小波「お伽小説　飛右衛門」一六巻七号（明治四三年五月一日）～一六号（一二月一日）（一〇、一四号を除く）

〔全八回〕
○さざれ「お伽小説　開南丸の行方」一七巻二号（明治四四年一月一五日）〔全一回〕
○小野小峡「お伽小説　善人と悪人」一七巻八号（明治四四年六月一日）〔全一回〕
○小波「鵜袋」一七巻一二号（明治四四年九月一日）〜一六号（一二月一日）（一四号を除く）〔全四回〕
○小波「催眠太郎」一八巻一〇号（明治四五年七月一日）〜一六号（大正一年一二月一日）（一三号を除く）〔全六回〕
○鹿島鳴秋「お伽小説　岩根の花」一八巻一二号（大正一年八月二〇日）〔全一回〕
○小波「お伽小説　菊童子」一八巻一三号（大正一年九月五日）〔全一回〕
○山内秋生「お伽小説　秋海棠におく露」一八巻一四号（大正一年一〇月一日）〔全一回〕
○内藤晨露「お伽小説　山の小兎」一八巻一五号（大正一年一一月一日）〔全一回〕

検討期間において『少年世界』に掲載されていた〈お伽小説〉の作品数は三六作品、件数は一一五件であった。(1)一八巻が刊行されていたので、一巻当たりの平均掲載件数は約六・九件となる。ちなみに、女性を主人公とした作品は「人魚」と「母さまの狸」のみであった。

掲載作品が最も多い作家は一五作品の巌谷小波で、(2)小波以外は特に多い作家は認められなかった。総作品数である三六作品のうち、小波の作品が約四割を占めていることから、『少年世界』における〈お伽小説〉は小波によって牽引されていたといえる。

小波のプロフィールについては第一部第五章で紹介していることから割愛することとし、ここでは小波の創作における〈お伽小説〉の位置付けについて確認することとしたい。

木村小舟(3)『少年文学史明治篇』別巻（童話春秋社、昭和一八年）によれば、『少年世界』の三巻（明治三〇年）頃、少年読者の要望に応えるようにして〈お伽噺〉から〈お伽小説〉が派生したという。

その理由は（略）更に一方当時少年読書界の趣味が、単に無稽なる草木の言動、若《も》しくは禽獣《きんじゆう》の活躍のみを以て甘んぜず、更に奥深く、而も何等かの示唆を与へらるる如きものを要求したる結果なるべく、随《したが》つて真の意味の「お伽噺」は、漸次後退して、やや「童話」若しくは「少年お伽小説」に近づかんとする傾向の認められしは事実である。（二五七頁）

ここで注目されるのは、「真の意味の「お伽噺」」が「無稽なる草木の言動、若しくは禽獣の活躍」を描いたものであると説明されている点である。別の箇所では、「「少年世界」の創刊以来五ヶ年間に於けるが如き、動植物及び無機物界の万象を主客として取扱へる無邪気軽妙のお伽噺」（二四九頁）とも述べている。小波の〈お伽噺〉では、キャラクターが擬人化されていたのである。

そこで、〈お伽噺〉の特徴が〈お伽小説〉に継承されているのかを検討してみたところ、小波が手がけた作品の全てに擬人化されたキャラクターが登場していた(4)。擬人化されたキャラクターが登場している点では、〈お伽小説〉は〈お伽噺〉の特徴を継承していたといえる。

しかしながら、主人公が擬人化されている作品は「金鶏太郎(5)」と「雪の童子(6)」の二作品のみであり、それ以外の作品では、人間の少年が主人公となっていた。小波の〈お伽噺〉では主人公が擬人化されたキャラクターであることが少なくないことから、人間の主人公が設定されている点が〈お伽小説〉と〈お伽噺〉の相違点として指摘できる。さらに、「竹子祭」(7)・「天遊記」(8)・「鵜袋」(9)を除く一〇作品では、擬人化されたキャラクターが人間の少年主人公を援助する役割を担っており、擬人化されたキャラクターの役割が〈お伽噺〉とは異なっていた。

ところで、『少年世界』において「お伽小説」という角書が冠された作品は四巻（明治三一年）に掲載された「新八犬伝」を嚆矢とするのだが、木村小舟によれば、「新八犬伝」に先立つ作品として三巻（明治三〇年）に発表された「お伽噺」である「附木《つけき》船紀《ぶねき》行《こう》」と「入道雲」が注目されるという（「明治のお伽噺に就いて」木村小舟編『明治のお伽噺』上巻、小学館、昭和一九年）。

> 曩《さき》に示されたる「附木船紀行」といひ、更に今次の「入道雲」といひ、創刊以来の読切短篇お伽噺の域を超脱して、漸次連続の長篇お伽小説に向かつて移行せんとする作者の用意を示せるものの如く正に小波の創作お伽噺に於ける過程に、一新紀元を画するものと見るべきであらう。（五二頁）

「附木船紀行」は三巻一二号から一六号（明治三〇年六月一日〜八月一日）にかけて五回連載され、「入道雲」は三巻一九号から二五号（明治三〇年九月一日〜一二月一日）にかけて七回連載された作品である。「読切短篇お伽噺の域を超脱して、漸次連続の長篇お伽小説に向かつて移行せん」とあるように、これらの「お伽噺」は「お伽小説」への移行期の作品として位置付けられている。実際、この二作品は、先に指摘した〈お伽小説〉の特徴を満たしており、スタイルの上からも〈お伽小説〉といえるものであった。

さて、「新八犬伝」であるが、第一部第五章で検討した通り、お伽噺論争の只中で発表された経緯を踏まえるならば、この作品で「お伽小説」という角書が初めて使用されたことの意味は小さくないと思われる。「お伽小説」というジャンル名は、〈お伽噺〉をベースにしつつも、〈お伽噺〉を超えた内容を示唆するものであったと考えられるからである。

その内容については、小舟の次の指摘が参考になる（前掲「明治のお伽噺に就いて」）。

> 而して此の四篇のお伽小説（「猪熊《いのくま》入道《にゅうどう》」「金鵄《きんし》太郎《たろう》」「栄螺《さざえ》三郎《さぶろう》」「木菌《きのこ》太夫《だいふ》」を指す、引用者注）を通じて、明かに認識し得られる一事は、作者の思想が、漸次勇壮なる冒険お伽小説の領域に進みつつあることにて、正しく時代の風尚を茲《ここ》に看取せられる。（五七～五八頁）

五巻（明治三一年）で発表された四本の「冒険お伽小説」においても、「新八犬伝」で達成された冒険思想のモチーフが継承されているというのである。[10] 先に指摘されていた長篇化は、冒険思想を物語として表現するために生じたのだと考えられる。

以上の検討から、小波の〈お伽小説〉は、擬人化されたキャラクターを登場させる点では〈お伽噺〉を継承しつつも、人間の少年主人公が冒険を繰り広げる長篇を志向していた点では〈お伽噺〉から離脱していたジャンルであったといえよう。

第二項　冒険思想の分析

（一）分析対象

本項では、『少年世界』に掲載されていた〈お伽小説〉において冒険思想がどのように語られていたのかについて検討を加える。[11]

冒険思想に着目したのは、当時の〈児童文学〉に期待されていたイデオロギーであったことに加え、巌谷小波が

〈お伽小説〉というジャンルで表現を試みた思想だからである。

そこで、小波の作品と小波以外の作品とに分けて、〈お伽小説〉における冒険思想を検討することとした。小波作品については、前項の検討から、「附木船紀行」と「入道雲」を加え、「金鵄太郎」・「雪の童子」・「竹子祭」・「天遊記」・「鵜袋」を除外した一二作品、小波以外の作品については、小波作品と比較検討する都合、少年主人公が冒険を繰り広げる八作品を検討対象とした[12]（「人魚」・「妖怪城」・「狼少年」・「紅白合戦」・「海陸大王」・「開南丸の行方」・「岩根の花」・「秋海棠におく露」）。

（二）巌谷小波の〈お伽小説〉

ここでは、一二本の巌谷小波作品のうち、時代物である以外には特記すべき点がない四作品（「松の実太郎[13]」・「龍の梅[14]」・「大蛇橋[15]」・「菊童子[16]」）を除いた八作品について検討を加える。

検討に際しては、冒険思想のなかでも、海国思想の養成が期待されていたことから、海国思想が主題化された作品（「附木舟紀行」・「新八犬伝」・「栄螺三郎」）とそれ以外の作品（「入道雲」・「猪熊入道」・「木菌太夫」・「飛右衛門」・「催眠太郎」）とに分けて検討を進めることとした。

①海国思想が描かれた〈お伽小説〉

まずは、「附木舟紀行」であるが、「海軍士官」を夢見ている「僕」が小さくなって、人の姿をしたトンボの「飛ン坊」に連れられて、附木舟で庭の池を冒険するという作品である。

「僕は船が好きさ！　大きく成つたら海軍士官に成るんだ」（三巻一二号〔明治三〇年六月一日〕）と述べているように、主人公は「海軍士官」を夢見ている少年である。「池」の中の冒険を通して海国思想の養成を企図した作品だといえる。

ただし、池の中を冒険している途中で附木舟が壊れた場面では、「さアもう帰る事が出来ない。／さう思ふと僕は、何だか悲しくなつて来て、仕方が無いからシクシク泣き初《ママ》めた」（三巻一六号［明治三〇年八月一日］）のように、海国少年らしくない少年である点が特徴的である。

内田（二〇一〇）によれば、『少年世界』創刊から日露戦後期にかけて、男らしさのジェンダー形成において「ウィークネス・フォビア」[17]が認められたという。このような時代にあって、久米（一九九三a）も指摘しているように、「附木舟紀行」の軟弱な少年像は注目に値しよう。

さらに、「池」の中で冒険を繰り広げるという設定は、第一部第五章で取り上げた「彼は到底園地の漣なり。滄《そう》溟《めい》の巨浪にあらざるなり」（無署名「少年文学」『帝国文学』四巻四号［明治三一年四月一〇日］）のような小波批判が当てはまるものであった。

しかしながら、「附木舟紀行」に描かれた冒険には、イデオロギーに還元できないイメージの豊饒さが指摘できる（次頁【図2-1】）。

> （鯉が、引用者注）今度は仲間を大勢連れて来て、縄を舟へ結はひ付けて、そいつを一同で引張つて、ドンドン游ぎ初《ママ》めると、飛ン坊はもう漕ぐのを止めて、舟の中央に、羽を広げて突立つた。するとその羽が、丁度《ちょうど》帆を掛けた様に成るから、その速い事と云つたら！　僕は汽車にも乗つた事があるけども、まだこんなに速い事は無かつた。――見てると、四辺の景色が、ドンドンドンドン、翼が生へて飛んでくやうだ。（三巻一六号［明治三〇年八月一日］）

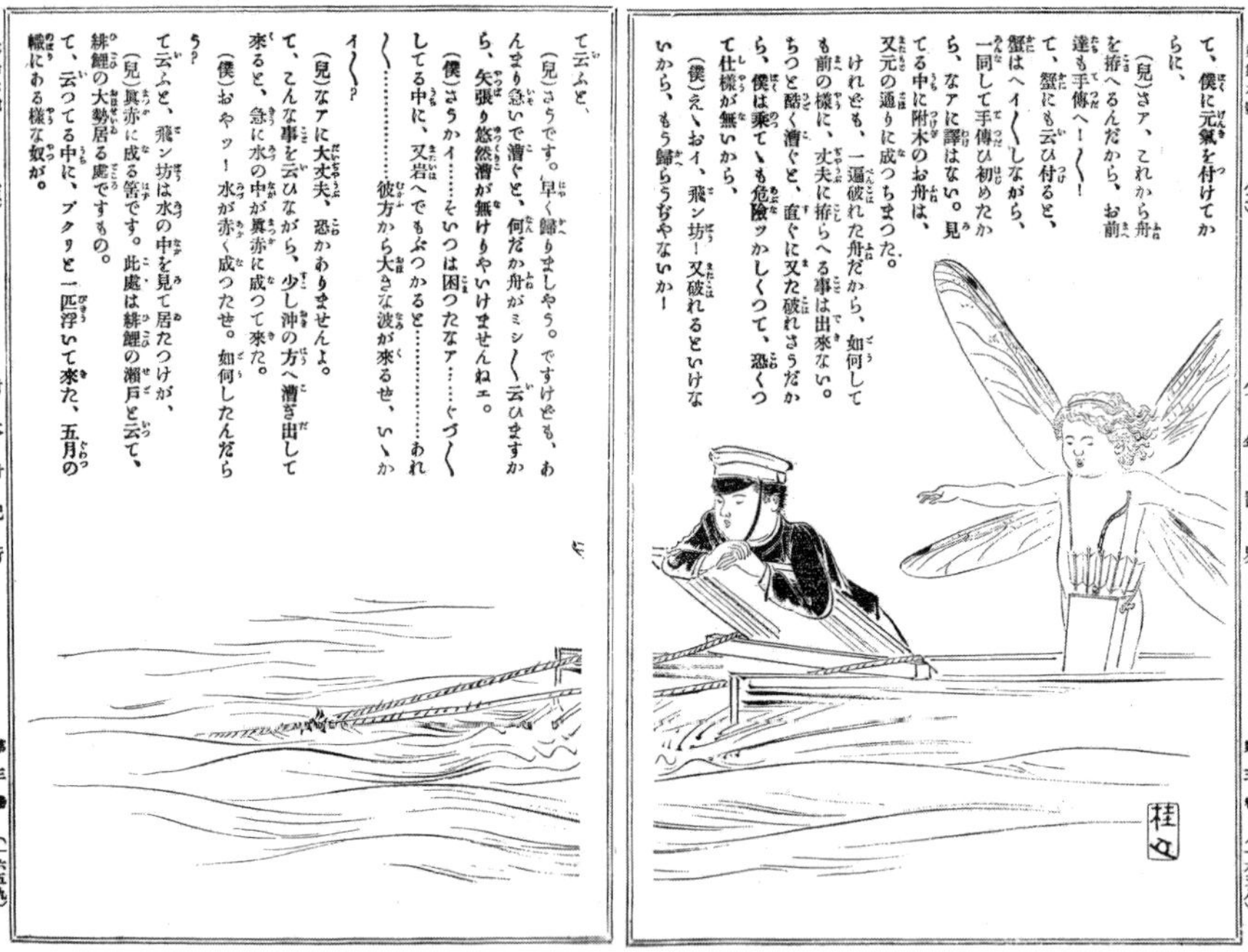

【図2-1】
附木舟に乗る「僕」（武内桂舟・画「附木舟紀行」『少年世界』三巻一六号）

小波が「空想」を通して「冒険」を描こうとしたことは第一部第五章で確認した通りだが、トンボが羽を広げて帆となるような伝奇的展開は、小波作品の魅力であると同時に、荒唐無稽であるとして批判されるような両義性を孕んでいた。

なお、三巻一七号（明治三〇年八月一〇日）には後日談として「お池懇親会通信」という「お伽噺」が掲載されている。例のトンボに誘われて懇親会に出席するのだが、ハンモックで見ていた夢であったという落ちとなっている（ただし、前号までの体験が夢であったのか否かについては不明）。

次に、「新八犬伝」であるが、第一部第五章で紹介したように、「神通力」のある狗張子を供に連れた八人の少年が南方にある資源豊かな「狗児嶋《いぬころじま》」に遠征し、島に巣くう狂犬を日本のために退治するという作品である。八犬士のリーダーである犬宮初麿は一二歳の少年で、[18]「そりやア智慧（ママ）も智慧（ママ）だが、私やアそれよりはあの方の、気の強いのと、心の広いのには、ほんとに感心してるんです。強い者にやア向つて行き、弱い者には慈悲をかけると云ふ、ほんとに豪《えら》い坊ちやんですぜ」（四巻二二号［明治三一年一〇月一日］）のように、弱きを助け強きを挫く人格者として敬われている。

「神通力」を有した狗張子を奇縁に八人の少年が集い、「この日本の国の為めに、前代未聞の大功労を、立てる時節が来た」という「雪の精」の預言の通り（四巻一二号［明治三一年五月一五日］）、資源豊かな「狗児嶋」に渡り、統治するに至るという筋書きは、〈海洋冒険小説〉の典型である。

お伽噺論争の渦中に発表されていたこともあり、南洋に浮かぶ「狗児嶋」にまで八犬士を遠征させるなど、「池」の中で冒険が展開されていた「附木舟紀行」とはスケールの点で対照的な作品となっている。「真個《ほんと》の総理大臣を初め、天皇陛下までが（十年後の「狗児嶋」に、引用者注）御臨幸に成つて、世界全国を、驚かす程な、大した賑ひで御座ましたとさ」（四巻二四号［明治三一年一一月一日］）という後日談が語られているように、八犬士の冒険がナショナリズムに還元されている点も「附木舟紀行」には認められなかった点である。

しかしながら、「附木舟紀行」に認められた「空想」は、第一部第五章で指摘した通り、「新八犬伝」にも遺憾なく発揮されている。

（略）八匹の狗張子は、其儘《まま》一匹の大犬張子に成つて、雲の様に群がつて来る、狂犬の中へ飛び込むで、当るを幸ひ片端から、牙に掛けては咬《か》み倒し、足に掛けては踏み蹂《にじ》り、縦横無尽に働きましたから、流石《さすが》の狂犬も見る見る中に、一匹残らず殺されてしまつて、瞬く中に眼の前には、狂犬の山を築いてしまひました。（四巻二四号［明治三一年一一月一日］）

第四巻第貳拾四號　少年世界

方《はう》に、雲《くも》か山《やま》かと思《おも》はれる、黒《くろ》いものが見《み》えて來《き》ました。

眞先《まつさき》に進《すゝ》んだ速吉《はやきち》は、それを見《み》ると手《て》を揚《あ》げて、

（速）來《き》た〳〵、狗兒嶋《いぬころじま》へ來《き》たぞ。

と、大《おほ》きな聲《こゑ》で云《い》ひますから、他《ほか》の七人《にん》も、みんな小手《こて》をかざしまして、彼方《かなた》をキッと見渡《みわた》しますと、成《な》る程嶋《ほどしま》らしいものが見《み》えます。其中《そのうち》に段々近《だん〳〵ちか》く成《な》つて來《き》ましたが、何思《なにおも》つたか八匹《ひき》の狗張子《いぬはりこ》が、八匹共聲《ひきともこゑ》を揃《そろ》へて、ワツオー〳〵と、恐《おそ》ろしく吠《ほ》え出《だ》しました。すると又嶋《またしま》の方《はう》でも、同《おな》じ様《やう》にワツオー〳〵……

一體軍艦《いつたいぐんかん》でも汽車《きしや》でも、港《みなと》や停車場《ていしやぢやう》に近《ちか》く成《な》りますと、もう今《いま》に着《つ》くと云《い》ふ合圖《あひづ》に、ボー〳〵とか、ピユー〳〵とか、汽笛《きてき》を吹《ふ》いて知《し》らせるものです。

ですからこの狗張子《いぬはりこ》も、狗兒嶋《いぬころじま》に來《き》た合圖《あひづ》に、一時《いつとき》に吠《ほ》え出《だ》して、それが又嶋《またしま》に響《ひゞ》いて、谺《こだま》の様《やう》に聞《きこ》えるのかと思《おも》ひましたが、それにしては吠《ほ》え方《かた》が、例《いつも》に無《な》く劇《はげ》しう御在《ござい》ますから、どうもこれには理由《わけ》があるだらうと、又目《またの》を見張《みは》つて嶋《しま》の方《はう》を見《み》ますと、案《あん》の定《ぢやう》その嶋《しま》の、丁度此方《ちやうどこち》へ出《で》て居《ゐ》る岩《いは》の上《うへ》に、眞黒《まつくろ》に成《な》つて動《うご》いて居《ゐ》るもの、――それはみんな狂犬《やまいぬ》です！

（初）やい、居《ゐ》るぞ〳〵。狂犬《やまいぬ》が居《ゐ》るぞ。

第四巻第貳拾四號　新八犬傳

桂舟

【図２‐２】
大犬張子（武内桂舟・画「新八犬伝」『少年世界』四巻二四号）

引用したのは「狗児嶋」で狗張子が狂犬を倒す場面であるが、八匹の狗張子が合体して一匹の大犬張子になって戦うという展開は小波らしい奇想であるといえる（【図２‐２】）。

最後に、「栄螺三郎」であるが、あらすじは次の通り。我が子の子守りを探していた大栄螺に唆されて、大栄螺の中に捕らわれた三郎が兄と力を合わせて大栄螺を懲らしめ「家来」とするのだが、この大栄螺が龍宮の門番であったことから三郎は龍宮に行くという夢をかなえる。

三郎もまた、海国少年として造形されていた。

茲《ここ》に大江の太郎の弟に、三郎と云ふ児《こ》が在りました。兄さんにも負けない様な、大の腕白者でしたが、流石《さすが》海国の出生《うまれ》だけに、三度の御飯より水泳が好きで、閑《ひ》暇《ま》さへあれば海や川へ行つて、一生懸命

に泳いで居りました。／三郎の水泳が好きなのは、全く其性来《うまれつき》でしたが、又他にも理由もあつたので。――それは幼稚《ちいさ》い時分から、浦島や俵藤太の話を聞いて、羨くて羨くてたまらず、如何《どう》かして自分も一度、その龍宮へ押し渡つて行つて、間が好かつたら龍宮の王様を、自分の臣下にしてやらうなどと、こんな志願《のぞみ》を起しまして、それには海の底へ平気で行ける様に、身体をこしらへて置かなければ成らないと、さてこそ一生懸命に、水泳を稽古して居るのでした。（五巻一四号［明治三二年七月一日］）

三郎は、「海国の出生だけに、三度の御飯より水泳が好き」な海国少年として造形されている。注目されるのは、「浦島や俵藤太の話」を聞いて「龍宮」に憧れている点である。小波のお伽噺論には、「お伽噺で龍宮に遊んだ愉快は、他日の海底旅行を企てしめ」（「嘘の価値」『婦人と子ども』六巻八号［明治三九年八月五日］）のように、〈お伽噺〉による空想体験が冒険を促すというレトリックが認められたからだ。三郎は、〈お伽噺〉を聞いて憧れていた「龍宮」にまで冒険している点で、小波にとって理想的な少年像であったと考えられるのである。

ちなみに、「お伽小説」という角書は冠されていないが、小波は一〇巻一号（明治三七年一月一日）と三号（二月五日）に「龍宮土産」という作品を発表している。父親から先祖代々伝わる龍王の鱗をもらい受けた三兄弟が龍の鱗を帆にした船で龍宮城に行って帰って来るという冒険を描いた物語である。「龍宮」は、小波が海国少年を造形する格好の題材であったといえそうだ。

②冒険思想が描かれた〈お伽小説〉

まずは、「入道雲」であるが、風船好きの太郎が入道雲を退治しに風船で雲上にまで冒険に行くという作品である。

太郎は、「さてはお前が雷公か。乃公《おれ》は大日本の太郎様だぞ」（三巻二二号［明治三〇年一〇月一五日］）のように、威勢のよい少年として造形されている。名乗りの場面にも認められるように、殊更に「日本」に帰属させられている少年だ。

（略）玉一と玉二は、太陽様とお月様から、御褒美に頂いた玉を、各自一個宛手《ずつ》に捧げて、真先に立つて参り、太郎は又雨龍に乗つて、中央に搆へ込み、浦島太郎の龍宮帰りか、桃太郎の鬼ヶ嶋凱旋と云ふ風で、悠々として帰つて参りますと、残つて居た朋友は云ふに及ばず、風の便に聞き込んだ、日本中の少年達は、残らず出迎へにやつて来て、雲の上から降りて来る、此の一行の姿を見ると、異口同音に、玉太郎君万ざアい!!!（三巻二五号［明治三〇年一二月一日］）

引用したのは、玉一（風船の名前、引用者注）を取り返し、道中で家来にした面々を引き連れて凱旋する場面である。引用文中にはないが、この場面では「大日本の大豪傑」と讃えられており、万歳斉唱と相俟って、日本国民の一体感が演出されている。凱旋が『浦島太郎』や『桃太郎』になぞらえられている点が小波らしい。なお、作中では活かされていないが、「此間だ兄様に教はつて、ゴムの袋の中へ、水素瓦斯《ガス》を入れさへすれば、直ぐに風船玉が出来ると云ふのを覚えて、それでやつと十個こしらへたのに、其中の一個が無くなつたのですから、何うも残念でたまりません」（三巻一九号［明治三〇年九月一日］）のように、科学的知識が挿入されていた。〈お伽噺〉に科学的知識の養成が期待されていたからなのかも知れない。

次に、「猪熊入道」であるが、紙鳶《たこ》好きの亥太郎が榎の頂に引っかかった紙鳶を助ける。正月の衣服をボロボロにしてしまった罰として、継母から物置に閉じ込められるのだが、紙鳶に描かれた入道が実体化して「家来」となり、亥太郎を月の世界に連れて行ってくれる。

「紙鳶」を通した冒険思想の養成については、「紙鳶」と冒険の結び付きが伝わりにくいと考えたのか、作中で説明されていた。

> 糸目が正しく、糸さへ確乎《しつかり》して居れば、何様《どんな》に高くでも、何様に遠くでも飛ばす事が出来る。これは丁度人間の、行が正しく、志が確乎して居れば、如何《どう》云ふ貴い位にでも、如何云ふ豪《えら》い者にでも成れるのと、少しも相違はありません。ですからこの紙鳶揚は、自然と小児《こども》の気を広くし、志を大きくする遊戯で、これ位好い遊はありません。（五巻一号〔明治三一年一月一日〕）

ただし、主人公の亥太郎は、志が確かな少年であるとは必ずしもいえない。継母に物置に閉じ込められた亥太郎は「こんな厭《いや》な阿母さん〔の〕所に居て、こんな酷い目に会ふよりやァア、僕ア月の世界へ行つちまふ方がいいや」（五巻四号〔明治三一年二月一日〕）と口にしているからである。亥太郎が月の世界に冒険するのは、継母に虐待されているという現実からの逃避であった。「寒いのと、ひだるいのとで、我慢の強い亥太郎も、今は辛抱が出来なく成つて、シクシクシクシクシク泣き出しました」（五巻三号〔明治三一年一月一五日〕）のような弱々しさも、現実逃避する少年像と親和的である。「附木舟紀行」と同じく、「猪熊入道」において現実逃避するような軟弱な少年が描かれていたことは注目に値しよう[19]。

続いて、「木菌太夫」であるが、木が好きな木之助という少年が木菌《きのこ》の精に頼まれて木菌山の地下で暴れている大鯰《おおなまず》を退治し、草木の種が入っている千粒箱という宝を得るという作品である。

この作品では、「何でも自分は一生の中に、世界一の植物学者に成つて、世界中の人を驚かしてやらうと、こんな希望を起しました」（五巻二二号［明治三二年一〇月一日］）のように、学者を目指している点が他作品と異なっている。

たとえば、木之助が冒険に赴くのも、知的好奇心からであった。

（略）元より学校へ行つてる位の児《こ》ですから、そんな事（木菌山に魔物が棲むという噂、引用者注）は信用にしま《ママ》せん。「馬鹿な事を云つたものだ。この開けた世の中に、天狗だの魔物だのと、そんな奴が真個《ほんと》に居てたまるものか。だがさう云う事を云つて、誰も人間が行かない所なら、草や木が生え放題で、屹度《きつと》珍らしい物があるに相違無い。（略）」（同右）

実際には、木菌の精や大鯰に出会っており、科学によって迷信の蒙を啓くことにはならないのだが、大鯰を退治した褒美として「千粒箱」を貰い、植物学を究めるという結末を用意することで、物語として整合させている。ちなみに、「お伽小説」という角書は冠されていないが、九巻一四号（明治三六年一一月五日）と一六号（明治三六年一二月五日）に連載された「化銀杏」でも、学問好きな少年が擬人化された植物（銀杏の木）の依頼を解決する冒険譚を夢落ちのスタイルで語っている。

飛行というモチーフは少年読者の関心を惹いたようで、「入道雲」や「猪熊入道」にも認められたが、[20]「飛右衛門」は飛行機を製作するという現実的な結末となっている点が他の作品と異なっている。

自慢ばかりする七〇歳の飛右衛門を言い負かしたくて、太郎作という学童がどんなに身が軽くても空を飛ぶことは出来ないだろうと焚き付けたところ、飛右衛門が空を飛ぼうとして崖から落ちて大怪我を負う。責任を感じた太郎作が飛右衛門を助けるために右往左往していたところに、「エンゼル」が現れる。その羽根を拝借して空を飛んだ太郎作は、その経験を活かして、元気になった飛右衛門が空を飛べるよう、協力し合いながら飛行機を作る。太郎作が冒険するのは、自分のせいで怪我した飛右衛門を助けるためであり、冒険思想が主題となっている訳ではない。

この作品で主題化されているのは、人が空を飛ぶ方法である。

「お爺さん！　もう案じる事わ無い。私が今度わ飛べる様にしてあげるよ。少しの間でも羽根を着けて、空を自在に飛んで見たら、すつかり飛ぶ勝手が解つた。」／と、これから太郎作わ飛右衛門を助けて、羽根の働きを応用した、立派な飛行機を拵《こしら》えはじめたが、それにわ鷲《わし》も時々来て、自分の羽根の働きを見せて、大きに《（ママ）》仕事を助けたと云う。（一六巻一六号［明治四三年一二月一日］）

「エンゼル」の羽を借りて飛ぶコツをつかんだ太郎作は、鷲をモデルとしながら、飛行機を作るようになる。「風船」や「紙鳶」で空を飛ぶ〈お伽小説〉を描いていた小波にしては珍しく、製作過程は描かれていないものの、「飛行機」によって空を飛ぶという科学的な結末となっている。

最後に、「催眠太郎」であるが[21]、孝心から勉強が苦手なことを母親に知られたくない太郎という少年が催眠術を操る仙人に弟子入りする。催眠術の修行を通して、いじめっ子と仲良くなり、教師との関係も改善する。

この作品では冒険思想はほとんど語られず、催眠術による冒険そのものがクローズアップされている。

（バッタを、引用者注）捉へて見ると、また思ひ出した事がある。それは日外《いつぞや》のお伽噺の本に、可愛らしい子供が、飛蝗《バッタ》の背に跨《またが》つて、空中旅行をする画のあつた事だ。／その時から太郎は、それを非常に面白がつて、ア

【図2‐3】
飛蝗に乗る太郎
（杉浦非水・画「催眠太郎」
『少年世界』一八巻一四号）

アこんな事が出来たらばと、幾度繰り返して見たか知れない。／その画が今又目の前に浮ぶと、／「さうだ、一番物は試し、これに術をかけてやらう。」／と、太郎はその飛蝗に向ひ、「之に大鷲の力を与へ度《た》い。」「この飛蝗が大鷲になる。」「この飛蝗が大鷲になつた。」と、希望から信頼になり、信頼から遂に確信に移ると、不思議や今までの小飛蝗は、太郎の掌からヒラリと降りたが、忽《たちま》ち五六尺の大飛蝗になつて、太郎の前に背を向けた。（一八巻一四号［大正一年一〇月一日］）

「お伽噺」の「画」に触発されて「空想」が実想化するような虚実が綯い交ぜになっているところに（【図2‐3】）、小波のお伽噺論の具現化を指摘できるが、ナショナリズムのようなイデオロギーは認められず、娯楽色が強い作品となっている。

(三) その他の〈お伽小説〉

ここでは、巌谷小波以外の作家が手がけた〈お伽小説〉を検討する。該当作品は八作品であるが（「人魚」・「妖怪城」・「狼少年」・「紅白合戦」・「海陸大王」・「開南丸の行方」・「岩根の花」・「秋海棠におく露」）、特筆すべきことがない四作品（「妖怪城」[22]・「狼少年」[23]・「岩根の花」[24]・「秋海棠におく露」[25]）を除いた四作品について検討を加える。

まずは、「人魚」であるが、あらすじは次の通り。岩次郎という少年が真珠姫という名の人魚からアザラシの皮を借りて海中へと冒険に行ったところ、地上に帰ることができなくなる。兄の帰りが遅いことを心配したお濱は真珠姫とともに兄を探すために人魚の国に向かう。真珠姫によって人魚の国の王子であることが明かされたことにより、岩次郎は処刑から免れ、家族とともに人魚の国で暮らすことになる。

岩次郎は、「剛胆《きつ》い児でもあり、又游泳の名人で恰《まる》で河童のやうですから、恐れる気色も無く水の中へ中へと潜り込みました」（四巻一五号［明治三一年七月一日］）のように、人魚の国を目指して冒険する海国少年として造形されていた。

この作品で注目されるのは、岩次郎の妹のお濱と真珠姫の二人が岩次郎を探しに冒険するというサイドストーリーが組み込まれている点である。『少年世界』における〈お伽小説〉で少女が冒険する作品はほとんど認められないからである。[26]

ただし、少女の冒険については、次のように意味付けられていた。

観「善哉《よきかな》、善哉、兄を敬ひ、友を憐む、去りながら人魚の国へ志ざすは、両女の為に宜しからず、是より直に海豹《アザラシ》の国に行けよかし、吾れ両女の者に道を教へむ、いざ来れ、此は道中の食料なり、ゆめ疑ふなかれ」（四巻二四号［明治三一年一一月一日］）

引用したのは、観音様が道中で迷った少女たちに助言する場面である。「兄を敬ひ、友を憐む」という婦徳に関連付けられているように、少女の冒険は婦徳の範囲内でのみ許されていたことがうかがえる。

次に、「紅白合戦」であるが、一町四方もある池の浮島で古の海軍の合戦の話に花を咲かせていた兄弟が桜の精と桃の精との合戦を目の当たりにする夢を見るという作品である。ちなみに、臨時増刊「海軍の光」に掲載されていた。

兄弟が古の海軍の合戦の話に夢中になっていたり、ラストで鶴の老人から「是から先の海軍は若君、貴郎方《あなた》が御自分で戦を為さるので御座れば」（五巻一六号〔明治三二年七月二五日〕）と期待されていたりしていることから、二人は海国少年として造形されているといえる。

この作品では、人間の少年ではなく、桜の精と桃の精が水上で合戦する様子が描かれている。「ヤアヤア遠からむ者は音にも聞け、近くば寄つて目にも見よ、我こそは白桃方に然《さ》る者ありと知られたる蟠桃入道海鶴なり」（同右）のような名乗りをはじめ、次のような一騎打ちの場面がストーリーを盛り上げている。

「ヤッ。」／と言ふと薙刀延べて横に払う、アワヤ三郎は二ッに成つて飛ぶかと見れば、此方は身軽の兵、身を沈めて空《くう》を討たせ、薙刀の柄を斬らうとするに、然《さ》しつたりと入道は手本《てもと》へ引くや、此度は得物を逆に取つて、真二ッと討下すのを、後に飛んで身を避ければ、勢込んだ薙刀は春風（桜方の武将、引用者注）が船の舷へ発矢《はっし》とばかり打込んだり。（同右）

他にも、桜方の「計略」が『三国志』の赤壁の戦いになぞられているなど、海上の戦いがシミュレートされていた。

実のところ、桜の精と桃の精の合戦は二人の少年が見た夢であった。二人の冒険への憧れが夢として立ち現れたという結構は小波のお伽噺観にも通じており、「附木船紀行」のような箱庭的世界観は批判されたかも知れない。続いて、「海陸大王」であるが、定期増刊号に発表された長篇である。[27]「非常に勉強家」で「世界に名を挙げよう」と心がけている兄弟が仙人に魔法の伝授を請うたところ、魔法の玉を探す試練を与えられる。海を目指す兄の太郎は海坊子・髑髏・海蛇から入手したアイテムにより五色の玉を手に入れ、龍王から「海の王」を継ぐ。山を目指した弟の次郎は道中で助けた白蟻の精や蝦蟇、蓬萊宮の姫君の助力により魔王から逃れ、五色の玉を手に入れ、「山の王」となる。

『少年世界』四巻一六号（明治三一年七月七日）で「海と山」という特集が組まれ、「海」を舞台とした〈お伽小説〉として「鮎鯛喧嘩」、「山」を舞台とした〈お伽小説〉として「木霊の鼓」が掲載されたことはあったが、「海陸大王」では一つの作品の中で冒険の舞台が二つ用意され、それぞれが別々の作者によって手がけられていた。

擬人化されたキャラクターに援助されながら、人間の少年が冒険を達成するという点で、〈お伽小説〉の典型例のような作品であり、苦難に負けない胆力と試練を乗り越える智恵により、兄弟が冒険を成し遂げるという展開もよく認められるものであった。

最後に、「開南丸の行方」であるが、成島太郎という中学二年生の少年が友人の別荘地で、南極探検に向かった白瀬中尉一行と共に探検する夢を見るという作品である。

擬人化されたキャラクターが登場しないなど、〈お伽小説〉というよりは〈冒険小説〉として位置付けられる作品であるが、海国少年の語られ方に特徴が指摘できる。

主人公の太郎は探検家を夢見ている少年で、「海は我故郷也」が口癖の海国少年である。

蓋《けだ》し彼の父は、多年南洋の某島に在住して、帝国の富源を増進せしむべく、或る大事業に従事し、今や着々として功を修めつつある冒険的快男児である。／此の親にして此の子あり、太郎が探検的思想の深きも、毫《ごう》も怪しむには足らぬ〔。〕（一七巻二号〔明治四四年一月一五日〕）

ちなみに、殖産に励んでいる「冒険的快男児」という設定は、次節で検討する〈冒険小説〉によく認められるものである。

謡《うた》ひ終つて、余韻絶えず、太郎は羽化登仙の思ひをなして、殆《ほとん》ど何事とも意識し得なかつたが、恰《あたか》も此の時、南溟《なんめい》に棚引く海霧の中に人か、舟か、夫《そ》れとも神仙か巨魚か、朦朧《もうろう》として現はれ出たものがある。

（中略）

やがて沖なる幻影は、次第に其形を明かにして、遂に夫れが美しい一隻の帆船であること迄《まで》解つて、そして檣《しょう》頭《とう》高く翻す旗旋には、南進丸の字さへ鮮かに見ゆるので（略）（同右）

引用したのは、漢詩を吟じた後で幻影を見る場面である。太郎は南進丸に乗船して南極探検に出航した白瀬中尉一行を追いかけることになる。

ここで注目されるのは、太郎が自らの「空想」を幻視している点である。この冒険は太郎が見た夢であったことが明かされるのだが、冒険心が昂じて冒険を夢想するという展開は、「紅白合戦」と同じく、「空想」の実想化に通じる点で注目される。

第二節　〈冒険小説〉における海国思想

第一項　〈冒険小説〉の掲載状況

検討期間において『少年世界』に掲載されていた〈冒険小説〉は、【表２‐２】の通りの結果となった。

【表2－2】『少年世界』における〈冒険小説〉作品一覧（明治二八～四五／大正一年）

○江見水蔭・竹貫佳水・合作「冒険小説　膀胱船」一巻一九号（明治二八年一〇月一日）～二一号（一一月一日）［全三回］
○柳井絅齋〔訳〕「孤舟遠征北極探検（冒険小説）」二巻二〇号（明治二九年一〇月一五日）～三巻九号（明治三〇年四月一五日）（二巻二四号、三巻四号を除く）［全一一回］※角書は三巻一号から
○奥村不染〔訳〕「極西探検（冒険小説）」三巻一一号（明治三〇年五月一五日）～二六号（一二月一五日）（一四、一七、一八、二〇～二三号を除く）［全九回］
○松居松葉「山賊退治（冒険小説）」三巻一七号（明治三〇年八月一〇日）［全一回］
○江口岳東〔訳〕「海賊狩り（冒険小説）」五巻三号（明治三二年一月一五日）［全一回］
○泉鏡花「さらさら越（冒険小説）」五巻五号（明治三二年二月一五日）～七号（三月一五日）（六号を除く）［全二回］
○生田葵山「海国の少年（冒険小説）」五巻八号（明治三二年四月一日）～一三号（六月一五日）（九、一一号を除く）［全四回］
○ささふね「新龍閣（冒険小説）」五巻一六号（明治三二年七月二五日）［全一回］
○江口岳東「洋犬の番太（冒険譚）」五巻一六号（明治三二年七月二五日）［全一回］※目次の角書が「冒険小説」
○桜井鷗村〔訳〕「孤島の家庭（冒険小説）」五巻一八号（明治三二年八月一五日）～二一号（一〇月一日）（二〇号を除く）［全三回］

○生田葵山「支那之少年（冒険小説）」五巻一二号（明治三二年一〇月一五日）～一二六号（一二月一五日）［全五回］
○江口岳東「本間夢蔵（冒険小説）」五巻二四号（明治三二年一一月一五日）［全一回］
○磯萍水「自転車競走（冒険小説）」六巻二号（明治三三年二月一一日）［全一回］
○木村小舟「新敷島（冒険小説）」六巻二号（明治三三年二月一一日）［全一回］
○江見水蔭「冒険小説　暑中大探検」九巻一一号（明治三六年八月一五日）［全一回］
○押川春浪訳「冒険小説　海賊島」一一巻二号（明治三八年二月一日）～四号（三月一日）（三号を除く）［全二回］
○押川春浪「冒険小説　地底の王冠」一一巻一〇号（明治三八年八月一日）～一六号（一二月一日）（一一、一五号を除く）［全五回］
○押川春浪「冒険小説　熊の足跡」一二巻五号（明治三九年四月一日）～六号（五月一日）［全二回］
○押川春浪「冒険小説　怪島の秘密」一三巻四号（明治四〇年三月一日）～九号（七月一日）（八号を除く）［全五回］
○押川春浪「立志冒険小説　二十年目」一三巻八号（明治四〇年六月一五日）［全一回］
○松美佐雄・作／江見水蔭・補「特命探検艇」一三巻九号（明治四〇年七月一日）～一〇号（八月一日）［全二回］
○押川春浪「探検小説　幽霊小屋」一三巻一二号（明治四〇年九月一日）～一六号（一二月一日）（一五号を除く）［全四回］
○押川春浪「冒険小説　世界丸」一四巻六号（明治四一年五月一日）～一六号（一二月一日）（七、一〇、一五号

を除く）［全八回］
○江見水蔭「南朝時代冒険小説　剣の刃渡」一五巻一号（明治四二年一月一日）～五号（四月一日）（三号を除く）［全四回］
○有本次郎「強勇少年」一五巻一号（明治四二年一月一日）［全一回］
○押川春浪「冒険小説　幽霊別荘」一五巻一三号（明治四二年一〇月一日）～一四号（一一月一日）［全二回］
○押川春浪・鳴海濤蔭「冒険小説　北光丸」一七巻一号（明治四四年一月一日）［全一回］
○押川春浪「冒険小説　骸骨島」一七巻一三号（明治四四年一〇月一日）～一八巻三号（明治四五年二月一日）（一七巻一四号～一六号、一八巻二号を除く）［全三回］※一六号のタイトルは「冒険小説　燃ゆる火の海」
○江見水蔭・青木秀峰「冒険小説　毒矢の疵」一八巻一号（明治四五年一月一日）［全一回］

検討期間において『少年世界』に掲載されていた〈冒険小説〉の作品数は二九本、件数は八七件[28]、一巻当たりの平均掲載件数は約四・八件となった。〈お伽小説〉の平均掲載件数が六・九件なので、〈お伽小説〉ほど掲載されていた訳ではなかったことがわかる。ちなみに、女性を主人公とした作品は全くなかった[29]。

掲載作品が多い作家は、一〇作品の押川春浪を筆頭に（鳴海濤蔭との合作一本含む）、四作品の江見水蔭が続く（竹貫佳水との合作一本、青木秀峰との合作一本を含む）。総作品数である二九作品のうち、春浪がものした作品が約三分の一を占めていることから、『少年世界』における〈冒険小説〉は春浪によって牽引されていたといえる。なお、巌谷小波が「冒険小説」という角書を冠した作品を発表していなかった点も注目される。このことは、小波が〈お伽小説〉というジャンルを通して冒険を描いていたことを示唆していよう。

押川春浪（明治九年〜大正三年、本名・方在）は、東京専門学校在学中の明治三三年、桜井鷗村と巌谷小波の推薦により、『海島冒険奇譚　海底軍艦』（文武堂）でデヴューし、一躍、流行作家となった人物である。(30)

『海底軍艦』は、世界漫遊の旅行をしていた柳川という男性が乗っていた船が海賊に襲われ、友人の息子である日出雄少年とともに南洋の絶島に漂着し、そこで秘密裡に建造されていた海底軍艦（潜水艦）で海賊を退治するという作品である。好評を博し、武俠六部作と呼ばれるシリーズとなった。肝付兼行や小笠原長生、上村経吉らの海軍佐官が寄せた序文からは、海事思想養成への期待がうかがえる。(31)

木村小舟は、『海底軍艦』のインパクトを次のように回想している（『少年文学史明治篇』下巻、童話春秋社、昭和一七年）。

而も従来冒険小説といへば、大部分外国書の翻訳か、さなくば極めて空想的の物語にて、真に少年の趣味に適し、其の精神を鼓舞せしめる程の、日本的冒険小説の好著は、不幸にして未だ一も現はれなかつた。此の時に当りて、突如として此の「海底軍艦」の出版せられしことは、最も有意義といふべく、即ち此の一書に依りて、純日本的の雄大にして勇壮なる冒険小説は、少年読者の机辺に提供せられし次第である。（六〇頁）

『海底軍艦』の出版に象徴されるように、明治三十年代頃から少年向けの〈冒険小説〉が発表されるようになる。『少年世界』においても、五巻（明治三二年）以降、〈冒険小説〉という角書が冠された作品の掲載が増えていた。ちなみに、小舟は「極めて空想的の物語」については具体的に語っていないのだが、多分に空想的な小波の〈お伽小説〉も含まれていたと思われる。

読者の反応としては、「東の大関は巌谷小波先生で西の大関は押川春浪先生だ」（久保勝貴〔無題〕一三巻四号〔明治四〇年三月一日）のような投書などから、春浪が小波と人気を分かち合っていたことがうかがえる。春浪の〈冒険小説〉については、「（春浪の、引用者注）武侠的冒険談を読む様になりましてからは心が落ちついて来て気力が確となりました〔。〕又夫《そ》ればかりか彼の大和魂を非常に発起することが出来ます」（海□生〔無題〕一三巻一三号〔明治四〇年一〇月一日〕）のような反応が典型的であった。

掲載作品数で第二位の江見水蔭（明治二年～昭和九年、本名・忠功）は、杉浦重剛の私塾である称好塾で巌谷小波との知己を得て、博文館刊行の雑誌である『幼年雑誌』や『少年世界』に寄稿するようになり、冒険小説作家ひいては探検家として名を馳せた人物である(32)。

小波が渡独している期間、水蔭は『少年世界』の主筆を任されているのだが（六巻一二号～八巻一六号）、その際の編集方針を次のように回想している（『自己中心明治文壇史』博文館、昭和二年）。

『少年世界』は、云ふまでもなく小波のお伽噺で持つてゐるので、その洋行中は彼の地からも、巻頭の小説及び通信を送つて来るのであるが、その留守を預かる以上は、自分としては何等かの新機軸を出さずにはゐられなかつた。／それで、冒険小説又は探検実記を以て少年の勇気を涵養する計画を立て、最初の試みとして、玉川の上流、日原の鍾乳洞を探検する事を献策して、館主の許可を得た。（三四〇頁）

本研究のアプローチでは〈冒険小説〉として抽出できていないのだが、水蔭は主筆時代に「探検記」を立て続けに発表していた。六巻一三号（明治三三年一一月一五日）から七巻五号（明治三四年四月一日）にかけて連載された「武州日原鍾乳洞探検記」（七巻二号を除く）を皮切りに（六巻一三号・一四号は「冒険実記」）、七巻七号（明治三四年五月一日）の「武州日原鍾乳洞探検記後記」、七巻一一号（明治三五年三月一日）

にかけて連載された「戸隠山探検記」（七巻一四号・八巻二号を除く）などは人気を博していたようだ。「探検記」は純然たる虚構とはいえないものの、〈冒険小説〉に隣接したジャンルであることを踏まえるならば、春浪が登場するまでは『少年世界』における〈冒険小説〉は水蔭によって牽引されていたということもできよう。[33]

なお、水蔭が「編集は主に武田鶯塘が一人で引受けてゐた」と回想しているように（前掲『自己中心明治文壇史』三三八頁）、実質的に編集を担当していたのは武田桜桃（鶯塘）であった。桜桃もまた、「冒険小説」等の角書は冠されていないが、七巻（明治三四年）で「世界滅尽」（全一〇回）、八巻（明治三五年）で「星の世界」（全八回）など、小波の渡独期にSF色の強い〈冒険小説〉を手がけていた。「小説」欄がないため、いずれも「雑俎」欄に掲載されており、誌面上の扱いは高くない。小波渡独期において「小説」という語を用いた角書がほとんど出現しなかったことと関係していると思われる。

第二項　海国思想の分析

（一）分析対象

本項では、『少年世界』に掲載された〈冒険小説〉において海国思想がどのように語られていたのかについて検討を加える。

海国思想に着目したのは、前項で述べた通りであるが、八巻（明治三五年）には「海事」欄が設けられたことに加え、「海事に関する記事を多く挿入して我が国の一大海国たる所以を説き以て益々《ますます》海国思想の発達を促がされんことを切望す」という投書（田村倭文「十五少年を読む」三巻一〇号［明治三〇年五月一日］）のように、読者からも海国思想が期待されていたからである。

そこで、海国思想が物語化されているジャンルとして〈海洋冒険小説[34]〉に着目することとした。海上ないしは漂流先での冒険を描いた〈海洋冒険小説〉は、二九作品の〈冒険小説〉のうち一五作品であった。該当作品は【表2-3】の通りである。

【表2-3】『少年世界』における〈海洋冒険小説〉一覧（明治二八～四五／大正一年）

「膀胱船」・「北極探検」・「海賊狩り」・「海国の少年」・「新龍閣」・「洋犬の番太」・「孤島の家庭」・「新敷島」・「海賊島」・「怪島の秘密」・「特命探検艇」・「世界丸」・「北光丸」・「骸骨島」・「毒矢の疵」

〈海洋冒険小説〉が〈冒険小説〉の約半数を占めており、海国思想が『少年世界』における〈冒険小説〉の主要なテーマであったことが示唆される結果となった。押川春浪の作品は一五作品のうち五作品を占めており、〈海洋冒険小説〉もまた、春浪によって牽引されていたといえる。

さらに、海国思想がジャンル名として体現されている「海事小説」という角書を有する作品を取り上げることとした。該当するのは、千葉紫艸「カピテン犬」（五巻一七号～二一号、二三号、明治三二年、全六回）と武田桜桃「海事教育船」(35)（六巻一号、三～五号、明治三三年、全四回）の二作品である。

そこで、「海事小説」を加えた一七作品の〈海洋冒険小説〉について、翻訳作品、押川春浪の作品（翻訳作品を除く）、「海事小説」、その他の作品、の順番で検討を加える。

（二）翻訳作品

翻訳作品は、「北極探検」・「海賊狩り」・「孤島の家庭」・「海賊島」の四作品であった(36)。それぞれの原作については、「北極探検」が未詳（「英人キングストン氏」の著作からの翻訳とある）(37)、「海賊狩り」も未詳（「倉握、羅塞氏」の著作からの翻訳とある）(38)、「孤島の家庭」が不明（五巻一七号掲載の次号予告に「桜井鷗村は又孤島の家庭なる新冒険談を訳せり」とある）(39)、「海賊島」も不明（「押川春浪訳」とある）(40)である。

四作品のうち、「海賊狩り」と「海賊島」は特記すべきことがないため、残りの二作品について検討を加えることにしたい。

まずは、「北極探検」であるが、北極地方の「奇観」を「夢想」していた「余」が北極を探検し、鯨や北極熊との戦闘などの苦難を乗り越えるとともに、消息を絶っていた兄と再会を果たし、帰国するという作品である。〈海洋冒険小説〉としては、捕鯨や北極地方の様子が説明されたり描写されたりしている点が注目される。

漁叉《もり》の上手と聞こえたる三次は櫂《かい》を投げ入れて小銃の用意を整へ、直《ただち》に漁叉を放ちければ、危急今や眼前に逼《せま》りぬ、海は一面に泡だちて、怪物（鯨、引用者注）の潜り入ると共に、船首の柱に巻きたる漁叉の索《つな》は強く引かれ、余等は満身水烟《みずけむり》に包まれぬ、余等は直に小旗を末端に挿《はさ》みたる長竿を端艇《ボート》に樹《た》てて危急の合図をなすに、程なく他の二艘《にそう》の端艇は加勢に来れり〔。〕（二巻二〇号〔明治二九年一〇月一五日〕）

引用したのは捕鯨の場面である。応援の合図の様子が詳述されるなど、実際的な描写となっている。このようなエピソードこそが、〈冒険小説〉を通した冒険的知識の習得という主張を可能たらしめたのだろう。冒険的知識の習得、ひいては海事思想の養成にあたっては、読者の感情移入を促す一人称語りも効果的であると考えられていたようだ。「一篇全く自叙体に綴り、読者をして足其の地を踏み、其の境を目撃するの感あらしむ」（同右）のように、訳者である柳井は一人称語りの表現効果に着目していた。

このような物語体験に関連して言及しておきたいのが「夢想」の役割である。「北極地方に見らるべき、幾多の奇観を夢想して、是非に一度は其の地を踏まん」と考えていた「余」にとって、北極探検は「想像を事実とすべき好機会」として語られている（同右）。「夢想」が「余」の冒険を促しているのである。「夢想」を実行に移した「余」の語りは、「自叙体」であることと相俟って、読者の冒険心を掻き立てたと考えられる。

次に、「孤島の家庭」であるが、難破船に取り残された一家が船に残された道具や家畜を利用しながら、近くの無人島でサバイバルするという作品である。

一人称語りであり、以下の通り、冒険的知識を活用したエピソードが語られている点は「北極探検」と同様である。

いよいよ橋を渡すことになりて、第一にネツドの工夫に基いて、網の端に石を結んで、向ふ岸に投げて、河幅を測量しましたが、素《もと》より小河の事とて、幅も二十間ばかしで、少し難儀をすれば、細い橋は掛けられるのでした。／それで、牛と驢馬《ろば》とに、材木を負はせ、またネツドとジヤツクとを乗せて、河を徒《かち》にて渉らせ、先づ向ふ岸にやつて、橋杭を打たせ、また僕は板を浮べて、中流にも杭を立て、其処へ両岸から板を渡して堅固に、針《くぎ》にて打ち、縄にて結びやつとの事で、橋らしきものが出来、これに本国の名を取て、瑞西《スイス》橋と命名しました。

（五巻一九号［明治三二年九月一日］）

ただし、「北極探検」には認められなかった殖民というモチーフが主題化されていた。

其後父は考へるに、彼嶋《あの》は、土地も肥えてゐて、僕等家族には、非常に縁故もあり、それに、何《いず》れの国にも附属して居らぬのを、あの儘《まま》にて打棄てて置くは、甚だ惜しきものであるから、なまじいに、同志を語らひ、大船を作つて、殖民したらよからうと、それで、政府にも請願し、有志者にも議《はか》りて、同志男女百人計と共に、近々出発するの準備をなして、其際には、勿論、僕等子供も同行し、また二疋の犬も猿も連れて行く筈です。

（五巻二一号［明治三二年一〇月一日］）

一家は近海で難破した船とともに帰国するのだが、再び訪れるであろうことが予告されている。漂着して発見した無人島に殖民するというパターンは、植民地主義を時代背景とした〈海洋冒険小説〉と親和的であったと考えられる。

(三)　押川春浪の作品

春浪の作品は、「海賊島」・「怪島の秘密」・「世界丸」・「北光丸」・「骸骨島」の五作品であるが、翻訳作品である「海賊島」は既に取り上げたので、ここでは取り上げない。残りの四作品のうち、「怪島の秘密」(41)と「北光丸」(42)は特記すべきことがないため、残りの二作品を検討することにしたい。

まずは、「世界丸」であるが、呑海王という大貿易家から譲り受けた汽船・世界丸で航海に出た武太郎と弓男が「ヒルビナ島」で独立運動を支援したり、海賊に世界丸を奪われたりするという作品である。「後篇」が予告されていたが、確認できなかった。

ここで注目したいのは、「海事思想」が明確に語られている点である。

彼（呑海王、引用者注）は日本が世界無二の海国たる事を思ひ、何《ど》うしても海上に一大勢力を張つて、他日日本が全世界の海上権を握る基礎を作らねばならぬと、今より二十余年以前、日本人の多くが、未だ海事思想の何たるを知らぬ時代から、一大雄図を抱いて貿易航海事業を始め、幾度か死地を潜つて其事業は着々成功し、今では五大州各地に大商会を設け、（略）盛んに世界の海上を航海して居るのである。（一四巻六号［明治四一年五月一日］）

「彼の呑海王は実に僕等の理想的人物で、その事業は僕等の理想する事業」（同右）とあるように、武太郎と弓男は呑海王の「海事思想」の継承者として位置付けられていた。民間人の貿易商が富国強兵のために殖産に励むという設定は、次節で検討する『少女世界』の春浪作品にも認められるものである。

このような「海事思想」は、大東亜共栄圏のような構想を内包していた。

今や所謂《いわゆる》文明国なるもの、博愛の仮面を被《かぶ》つて悪虐を恣《ほしいまま》にし、口に平和を説きつつ他国の侵略を事として居る、我等貧小なる東洋民族及び南洋民族は、今日奮励して彼等に当る将来の大計を立てずんば、我等は遂に彼等の土足に蹂躙《じゆうりん》されて仕舞ふの他はない。（一四巻一一号［明治四一年八月一日］）

「東洋」のみならず、「南洋」にまで共栄圏思想が拡張されているのである。

さらに注目したいのは、「北極探検」と同じく、「空想」が「冒険」を促すという主張が認められた点である。

「宝島の一つ位は必ず発見が出来ると思ふ、此様な事を云ふと世人は空想と笑ふかも知れんが、彼のコロンブスが亜米利加大陸を発見したのも、当時の俗人等が空想と嘲けるのを耳にも留めず、自己の確信を断行した結果なのだ〔。〕男子は何んでも行れる処まで行れば宜い――。」（一四巻二二号［明治四二年九月一日］）

引用したのは語り手である「僕」（武太郎）のセリフだが、第一部第五章で取り上げた巌谷小波「家庭と児童」（『大日本婦人教育会雑誌』一一一号［明治三二年一月二一日］）を彷彿させる。

彼のコロンブスが亜米利加を発見したのも、或は小さな時から、たとへば海の上を歩いて見たいとか、空を遠く飛んで見たいとか、又は自分の居る処より、まだもつと広い処がありさうなものだとかいふ、大きな空想をもつて居るので、それが自然々々発達して行つて、彼様《ああ》いふ事になつたのかも知れないです〔。〕

「空想」の実想化というモチーフは、小波の作品以外にも認められたのである。

次に、「骸骨島」であるが、嵐で遭難し行方不明となった船長の兄・秀高を探すために、藤波龍馬という少年がインド洋方面に出航する黒島丸にボーイとして乗り込む。ところが、寄港する際には船倉に幽閉されるなどの虐待を受ける。龍馬が同じく捕らわれていたマースという英国人少年とともに脱出の機会をうかがう矢先、悪者の船長ですら震え上がる骸骨島に辿り着く。骸骨島に辿り着いたところで終わっている未完の作品である。ちなみに、こちらは三人称語りであった。

まず最初に確認しておきたいのは、龍馬の兄の設定である。「世間からも知られた航海者、天性勇俠にして気品高く、海員間からは豪胆船長と異名されて居つた程の人物」（一七巻一三号［明治四四年一〇月一日］）として語られているように、龍馬の兄もまた、「世界丸」の呑海王に連なる人物であり、龍馬を導く理想的人物として設定されていた。

次に注目されるのは、黒島丸の設定である。黒島丸は未開の人々の生胆と脳を売買する商船なのだが、その売買について、次のように語られているからである。

「（略）文明を誇る欧米でも未だ此様《こん》な実例はあり、日本でも時々死人の脳味噌を取つて薬用にする痴漢も現はれると聴きましたが、殊に支那は迷信の強い国で、一部の愚民等は、人間の生胆と脳味噌とは、或種の難病には無上の良薬だと信じ切つて、其等の生胆と脳味噌とは秘密に非常な高価で売買されるのです。（略）」（同右）

引用したのは英国人のマースのセリフだが、支那人を蔑視するまなざしがうかがえるだけでなく、日本にも、そのような「痴漢」がいると語られている。

成田（一九九四）によれば、明治三三年前後の『少年世界』には、未開人である「かれら」との対比を通して、文明人である「われわれ」のナショナル・アイデンティティが構築されているという。しかしながら、先の引用に認められるのは、「文明国」が「未開」である可能性であり、「われわれ」のアイデンティティに亀裂を生じさせるものである。

この作品の異質性は、次の描写からもうかがえる。

蛮島王を初め、男女の蛮人は尽く算を乱して射斃《たお》されると、極悪船長を頭目に悪人等は総て其場に踊り出で、毒刃を揮《ふる》つて蛮人等の生胆を刳《えぐ》り、其首を斬つて脳味噌を取り、死骸をばドシドシ海中に蹴落して仕舞ふ。

（一八巻一号［明治四五年一月一日］）

引用したのは、交易するとみせかけて黒島丸の船員が原住民を殺戮する場面である。冒頭で「蛮耶島に起つた大惨事は、実に悉《くわ》しく記すに忍びぬが、全く書かぬ訳には行かぬから、極く簡単に記して其先きの話に進まう」と断っていることからも、春浪が当該場面の描写を躊躇していることがわかる。その理由は、当該場面が残酷であり、不健全であると考えたからであると思われる。

以上のことから、「骸骨島」は〈海洋冒険小説〉が孕む不健全さ、ひいては体制を脅かす危険性を図らずも表面化させた作品だといえる。

（四）「海事小説」

ここでは、「海事小説」という角書が冠された二作品を検討する。

まずは、「カピテン犬」であるが、漁師の父親を海で亡くしたフオンという少年が虐待されていた犬を助ける。フオンに懐き、カピテン（キャプテン）と名付けられたカピテン犬に海に落ちたところを助けられたり、力を合わせたりしながら（遭難した司令長官や火事で取り残された赤ちゃんを救出する等）、フオンが海軍士官として身を立てるという作品である。

名犬ものである点がユニークだが、軟弱な少年が「海軍士官」となるという筋立ては〈海洋冒険小説〉の典型であろう。

ああ紅海、フオンはこれで四度紅海を通過するのである。／其初めは未だ嘗《かつ》て海に経験もなく、ましては齢《とし》が極く若かつたので、体格も弱々しく、貌《かお》の色さへ白かつたものが、今は肩も張り、丈も延び、殊には髯《ひげ》が顋《あご》からかけて耳の辺まで生へつづき、いかにも男らしい、海軍の士官らしい容子に変じて了《しま》つて、顔色は帽子の

庇《ひさし》に蔽《かく》れる額の半分を除く外、一面に銅色《あかがね》で染上げられ。（五巻二三号［明治三二年一一月一日］）

母親思いの孝行息子である点は一貫しているが、海の男に成長した姿が殊更に強調されているところなどは〈海洋冒険小説〉らしい人物造形であった。

次に、「海事教育船」であるが、海軍中将の比干岸伯爵が「海事思想養成」のために「ばんざい」号という私有船を建造し、「ばんざい」号が大西洋の「サルガツゾー海」を彷徨う「死艦隊」の謎を解明するために出航するという作品である。ただし、海域の捜索は続編「死艦隊探検」で語られている。

まず最初に確認されるべきは、「ばんざい」号の位置付けである。

されば政府よりは「ばんざい」に対して特別の待遇を与へ、戦時には之を艦隊補助に編入するの目的を以て、平日に於ても尚且武装を認可し、準軍艦として認められるべき旨を万国に交渉したれば、乗組員は少年にも拘《かかわ》らず海軍階級の名誉を負の自由あり。（六巻一号［明治三三年一月五日］）

「ばんざい」号の建造目的である「海事思想養成」は〈海洋冒険小説〉に期待された社会的役割であった。乗員が少年であるという設定は、荒唐無稽ながらも、訴求力があったと考えられる。

なお、艦長の比干岸敦義の父親が「伯爵」であるのをはじめ、「現職海軍少将」・「貴族院議員」・「東京回遊鉄道会社長」・「故陸軍参謀官」・「敷島銀行の頭取」・「医学博士」など、主だった乗組員の父親の社会的地位は軒並み高い。作品中の少年たちと多くの読者との間には、歴然とした格差が存在したのである。

ちなみに、「冒険小説」という角書はないが、一〇巻一二号（明治三七年九月一日）から一六号（一二月一日）にかけて四回連載された江見水蔭と松美佐雄の合作「少年守備隊」でも、軍人の子弟たちが東京湾の姫島砲台で軍事演習に取り組んでいる様子が描かれていた。「海事教育船」と同じく、少年読者に訴求力があったと思われる。

（五）その他の〈海洋冒険小説〉

その他の作品は七作品であるが、「洋犬の番太」(43)・「特命探検艇」(44)・「毒矢の疵」(45)の三作品は特記すべきことがないため、「膀胱船」・「海国の少年」・「新龍閣」・「新敷島」の四作品を中心に検討する。

まずは、「膀胱船」であるが、立野志郎という少年が牛の膀胱《ぼうこう》で製作した船で隅田川から東京湾を経て房州に至る航海を企て、鮫と格闘するなどの苦難を乗り越え、無事帰還するという作品である。

最初に確認しておきたいのは、「立野志郎はおのれの目的を達して、無事に東京へ帰るを得たが、後には海軍兵学校に入りて海軍士官と成りたりといふ」（一巻二一号［明治二八年一一月一日］）という後日談が語られている点である。「海軍士官」になっている点で、立身出世物語としても位置付けることができるからだ。

次に注目されるのは、「発明」がクローズアップされている点である。牛の膀胱によって浮力を得るという「発明」を説明する際、必要な備品等を列挙して総重量を算出し、必要な浮力を求めるなど、「数理の航海」が強調されているのである。

即ちこれだけを水上に保つには、膀胱三十二個を要すれども、それでは只浮いて居るといふ計《ばか》りで、少しく浪が高くなれば、危険此上もなければ、大事の上にも大事を取りて二百二十五個に増し、此浮泛《ふはん》力百四十三貫六百二十七匁《もんめ》五分（一匁は三・七五グラム、引用者注）と為るのを以て、先づ完全なる膀胱船と言はねばならぬ。

（二巻一九号［明治二九年一〇月一日］）

〈海洋冒険小説〉を通した科学的知識の習得が企図されているといえる。

次に、「海国の少年」であるが、乗船が座礁して沈没するに際して、グレー号のアメリカ人船長のボーイとして雇われた一八歳の日本人少年の光三郎が限られた数のボートを他国の人々に譲り、「大和魂」に殉じるという作品である。

ボーイの光三郎は、自らを「日本国民」として規定する少年である。

「母妹を思ふて、涙を浮ぶるは、親身の間の感情なり〔。〕ボーイとなりて、船員となりし上は、船員たる責任を尽くす義務あり、思ふ事と、行ふ可き事との間に、差異あるを知らぬ我にあらず、万系一統の陛下を頂く日本国民は、涙に眼を蔽《おお》はれて、義務を忘るる者を、女々しき者と嘲けりて、蛇蝎《だかつ》視《し》するなり」（五巻八号［明治三三年四月一日］）

引用したのは、船長に家族との離別を心配された光三郎の返答である。臣民としての立場と共に、日本男児としての男性性が強調されていた。

死に際して「君が代」を斉唱しているなど、「大和魂」が強調されている作品なのだが、アメリカ人の視点から光三郎をはじめとした日本人の言動が語られている点に特徴が認められる。

我（グレー号の船長、引用者注）財産の大部分を占めし、グレー号を失ひ、世よりは信用を失し、荷主よりは、再び、社会に立つ能はざる程の攻撃を加えらるる中にあるも、沈着と、剛毅とを並び有し、歴史に名を輝かす英雄の如き勇敢なる死を遂げし、ボーイ光三郎を忘るる能はず。／布哇《ハワイ》ホノルル府を発せし此の船の、桑港《サンフランシスコ》へ、着する迄《まで》には、猶五時間を有せり、此間に我と、彼と知己になりし顛末を書し、如何に彼の最期の勇ましかりしかを、書き綴りて見む。（同右）

この船長は「我が同国人の間に、日本好と噂さるる」ような親日家である。「我も日本の歴史を読みし者、大和魂、武士気質と呼びて、日本人の血脈の中には、一種の気魄《きはく》の伝はりある事を知れり」（同右）のように、光三郎の言動を「日本人」というナショナル・アイデンティティに還元する役割を果たしている。他者からの証言を得ることによって、光三郎の言動は客観化され、「国際的」にも賞賛に値するものとして過剰に意味付けられているのである。

ただし、「海国の少年」を手がけた生田葵山は「支那之少年」では、宗主国と出身国との間でアイデンティティ・クライシスに陥る中国人少年を描いている。〈海洋冒険小説〉ではないが、ここで取り上げることにしたい。「支那之少年」は、台湾総督府の警察署長である「我」（竹田重春）とボーイの王阿金という中国人少年の交流を描いた作品である。

「海国の少年」とは対照的に、この作品では日本人の語り手が証言者として、中国人少年の勇気を称賛している。

世人は支那人とし云《(ママ)》へば、只一概に利己心に富みたる者として嘲けるなり、然れど若《も》し羅の勇ましき最期の状《さ》態《ま》を一見せしならば、其言の誤りなりしを悟らむ〔。〕（五巻二二号〔明治三二年一〇月一五日〕）

ここでいう「勇ましき最期」とは、抗日活動を続ける「土匪」に捕らわれた王が主人である竹田に対する忠誠を貫き、殺された場面を指す。

「土匪」への潜入調査の随行を王に頼む場面では、竹田は次のように王の様子を語っている。

然《さ》なり今王阿金の胸中は苦痛の極ならむ、同胞を愛する声と、主に対する忠実の義務との衝突に、身はさながら生きながら焼かるる如く感ずるならむ〔。〕（五巻二四号〔明治三二年一一月一五日〕）

「土匪」に捕らわれて総督府の動向を探られる場面で、王はダブル・バインドに陥るのだが、「我は神を信ず、我は基督《キリスト》教信者なり、異種族と同種族とを問はざるなり、我等は共に人類なり」（五巻二六号〔明治三二年一二月一五日〕）と言い放っている。「人類」というメタ・レヴェルを設けることで、オブジェクト・レヴェルにおけるダブル・バインドから脱却している訳だが、「支那人」を蔑視する作品が散見されるなかで異彩を放つ作品であった。

最後に、「新敷島」と「新龍閣」であるが、続きものであるため、二作品あわせて検討する。なお、いずれも、三人称語りの作品であった。

「新龍閣」では、アメリカ人の少年が大西洋横断に成功した新聞記事を読んで奮起した「官立学校」の五人の日本人少年が「短艇」で日本周回を試み、ついには太平洋横断を成し遂げて「新島国」（続編で「新敷島」と命名）を発見するという作品である。

「新敷島」では、新敷島に漂着していた次郎を仲間に加え、猛蛇やワニを退治したり、動植物の標本を採集したり、金剛石の鉱脈を発見したり、様々な探検を繰り広げる。日本の軍艦に救助され帰国するものの、再び開発のために殖民するという後日譚が語られている。

まず最初に確認しておきたいのは、冒険を通した「活学問」がクローズアップされている点である。

「両君の説最も僕が意を得たり、然りと雖《いえど》も少年たる者が、妄《みだ》りに冒険的の勇気を恃《たの》んで事を成すは、薄氷を踏んで深淵を渡ると同一轍だ、如《し》かず帝国の沿海を一週するには、然り而して所謂《いわゆる》冒険的の一週は寧《むし》ろ吾人の採らざる所、即ち要は学問的に一週するのだ（略）」（「新龍閣」五巻一六号［明治三二年七月二五日］）

引用したのは、リーダーの遠山のセリフである。海国少年に必要な資質として「学問」が指摘されている。ここでいう「学問」とは、「大にして言へば港湾の良否、海水の深浅水産動植物の分布、小にして之を言へば、標本の採集」（同右）のような博物学的知識を指す。

次に注目されるのは、事実性が仮構されている点である。「新龍閣」のラストでは、行方不明となっていた少年たちによる「新敷島」の発見について、「明治三十二年六月某日発行の、日本タイムスは約二頁余の長文を、而も二号活字を以て埋めた」のように、記事のディテールを通して事実性が演出されていた。さらに、島にたどり着くまでの記録である「航海日誌」、島での暮らしの記録である「新島日記」が綴られており、記録に基づいた物語であることが示唆されていた。

最後に指摘しておきたいのは、「新敷島」で新たに加わる次郎である。五人の少年たちは「官立学校」の学友で、海軍大佐や日本郵船の船長などを父親にもつ裕福な家庭の出身なのだが、次郎は漁師の息子で、高等小学校二年までしか学業を続けることができていない。ストーリーとしては表面化していないが、仲間に迎えられた次郎にとっては社会的上昇移動の契機となっているといえる。

第三節　冒険思想の語られ方

以上の検討結果について、①ロールモデル、②ナショナリズム、③リアリズム、の三点から考察を加えたい。なお、〈冒険小説〉については、〈海洋冒険小説〉を中心に検討しているため、〈お伽小説〉と比較する際には海国思想が主題化された七作品を主な対象とした（「附木舟紀行」・「新八犬伝」・「栄螺三郎」・「人魚」・「紅白合戦」・「海陸大王」・「開南丸の行方」）。

第一項　ロールモデル

まずは、冒険少年のロールモデルであるが、軍人志向が顕在化した作品が少なかった点が注目される。たとえば、海国少年が海軍士官を目指しているケースは、「附木舟紀行」・「紅白合戦」・「カピテン犬」・「膀胱船」の四作品のみであった。少年でありながら、準軍艦扱いの「ばんざい」号に乗船している「海事教育船」を含めても、五作品に過ぎない(46)。

関連して注目されるのは、〈海洋冒険小説〉では「世界丸」や「海国の少年」などのように、軍人ではなく、貿易船の船長がクローズアップされていた点である。

実際、『少年世界』の読者投稿欄には、貿易家を目指す読者が散見される。

僕は貿易家に成るのだ〔。〕我国は実に強いが商船が少し足らない〔。〕残念ではないか〔。〕我は此後海外輸出増加を務むるから君等は各自其職業を務めて以つて富国強兵の実を挙げられんことを願ふ〔。〕（梅原静雄〔無題〕一一巻六号〔明治三八年五月一日〕）

なお、無人島を開発するような作品は意外と少なく、五作品に過ぎなかった（「新八犬伝」・「孤島の家庭」・「怪島の秘密」・「新龍閣」・「新敷島」）。

ロールモデルに関連して指摘しておきたいのは、社会的上昇移動の契機が描かれた作品も少ないという点である。〈海洋冒険小説〉では、「カピテン犬」と「新敷島」の二作品のみが該当した。〈お伽小説〉である「新八犬伝」でも、門番の息子などが「狗児島」の大臣になっており、立身出世物語として語られている訳ではないが、社会的上昇移動が認められた[47]。なお、「布袋貞吉」と「二十年目」[48]では立身出世が語られていたが、いずれも〈少年小説〉に近く、〈お伽小説〉ないしは〈冒険小説〉としては例外的な作品であった。

以上のことから、『少年世界』における〈海洋冒険小説〉の世界は、流動性が低くて身分が固定的な社会だといえる。

第二項　ナショナリズム

次に、ナショナリズムであるが、〈お伽小説〉と〈冒険小説〉のいずれのジャンルにおいても語られていた。ただし、ナショナリズムの語られ方の点で注意が要される作品が散見された。

〈お伽小説〉の場合、海国思想を体現したかのような海国少年が認められる一方で（「新八犬伝」・「栄螺三郎」・「海陸大王」・「開南丸の行方」）、軟弱な少年（「附木舟紀行」・「猪熊入道」）や学問好きの少年（「木菌太夫」・「飛右衛門」）、サブカルチャーに惹かれる少年（「催眠太郎」）が認められるなど、少年像の振幅が明らかとなった。なかでも、海国思想を伝えながらも、海国少年らしくない軟弱な少年を描いた「附木舟紀行」では少年像がイデオロギーを体現できておらず、催眠術といういかがわしい手段で冒険する少年を描いた「催眠太郎」に至っては社会的に逸脱している少年として非難されかねない作品であった[49]。

このような少年像の振幅とも相関していると考えられる傾向として注目されるのは、海国思想が語られていた作品以外で、ナショナル・アイデンティティが明示的に語られていた〈お伽小説〉が「入道雲」のみであったという点である。このことは、冒険を描いた〈お伽小説〉にとってナショナリズムが与件ではなかったことを示唆していると考える。

〈海洋冒険小説〉の場合、海事思想が語られていた作品が多かったが、開明と未開の揺らぎを示唆した「骸骨島」には、ナショナリズムに亀裂を生み出しかねない記述が指摘できた(50)。〈海洋冒険小説〉ではないが、サバルタンが苦悩する瞬間を描いた「支那之少年」を加えることもできよう。ただし、〈お伽小説〉に散見された男らしくない少年は描かれておらず、ジェンダーについての揺らぎは認められなかった(51)。

ナジョナリズムの内面化という点で注目されるのは、語る主体の位置を占めている冒険少年が少なかった点である。

〈お伽小説〉では、冒険少年が語る主体の位置を占めているのは「附木舟紀行」のみであった。「あるところに、～がいました」のような昔話風の語りが採用されたことにより、〈お伽小説〉では一人称語りが出現しなかったのだろう。語りの上では〈お伽噺〉の作法を踏襲した〈お伽小説〉においては、自らの思想として冒険を語る主体の出現が抑制されたのだと考えられる。

〈冒険小説〉では、一二本の一人称語りの作品が確認できた（【表２‐４】）。総検討数である二九本に占める比率は約四一％である。〈お伽小説〉に比べ、一人称語りの作品が多かった点が注目される。

【表２‐４】一人称語りの〈冒険小説〉一覧（明治二八～四五／大正一年）

「北極探検」・「極西探検」・「海国の少年」・「孤島の家庭」・「支那之少年」・「本間夢蔵」・「自転車競走」・「暑中

大探検」・「熊の足跡」・「特命探検艇」・「世界丸」・「毒矢の疵」

右記の作品のうち、〈海洋冒険小説〉は六作品で（「北極探検」・「海国の少年」・「孤島の家庭」・「特命探検艇」・「世界丸」・「毒矢の疵」）、第二節で検討した一七本の〈海洋冒険小説〉に占める比率は約三五％であった。冒険を遂行する少年の保護者的存在が語り手であったり（「海国の少年」）、成人男性が語り手であったりしているため（「北極探検」・「特命探検艇」）、冒険を遂行する少年ないしは青年自らが語る主体の位置を占めているのは三作品のみであった（「孤島の家庭」・「世界丸」・「毒矢の疵」）。

久米（一九九三a）は「附木船紀行」について、「この物語の一人称は、語る主体自らが自己体験の意義を確認し、それを読者に語りかけようと試みるよりは、場面指向的に状況をレポートしようという傾向が強い」と指摘している。このような傾向は、程度の差こそあれ、〈冒険小説〉の一人称語りの作品にも当てはまる。ロビンソン・クルーソーのような内省する冒険者は見当たらなかった。このことは、〈冒険小説〉の主人公が語られる客体であり、イデオロギーに自ら服従する主体として完成されていないことを示唆していると思われる。

第三項　リアリズム

リアリズムという点では、〈お伽小説〉と〈冒険小説〉は対照的なスタイルを有していた。

海国思想が主題化された七作品の〈お伽小説〉のうち、擬人化されたキャラクターが登場しないのは「海南丸の行方」のみであった。残りの作品では、擬人化されたキャラクターの援助により、人間の少年が冒険を繰り広げるという〈お伽小説〉ならではの設定のもとで（「人魚」では、少年に加え、少女が人魚とともに冒険している）、海国思想が語られていた。ただし、「附木舟紀行」や「紅白合戦」には〈海洋冒険小説〉のようなスケールが認められず、海国少年を養成するに足る作品として評価されない可能性が指摘できた。

たとえば、四巻一四号の投書では（板面小僧「漣山人に与ふ」四巻一四号〔明治三一年六月一五日〕）、「新八犬伝」ですら『幼年雑誌』の頃であれば「適当」であったが、現在の『少年世界』には「不似合」であると批判されていた[52]。一方、大石祐太郎「鈴木正義君及び横山太郎君に呈す」（四巻一九号〔明治三一年八月一五日〕）のように、「少年世界は必ずしも高等の学科を修むる者のみ購読する物に在らず（ママ）」とし、「殊に新八犬伝の如きは廃《す》つる能はざる所の好文字たり」と評価している読者も存在した。「新八犬伝」での小波の試みは道半ばであり、〈お伽小説〉のスタイルで冒険思想を語ることの難しさが示唆された。

〈冒険小説〉については、〈お伽小説〉とは対照的にリアリズム志向が指摘できた。

まずは、押川春浪が自著『伝奇小説銀山王』（博文館、明治三六年）の「はしがき」で、自らの〈冒険小説〉を「伝奇小説」として規定していた点を確認しておきたい。

伝奇小説とは英語のRomantic Novelにして、写実小説とは大に其趣を異にす、即ち局面の変化に重きを置き、冒険談あり、神□伝あり、人外境あり、魔界あり、英雄、美女、妖怪、奇人、何んでも搆はずドシドシ飛出す故に、純粋の文学的趣味は何処かへ逃げて仕舞ふと雖《いえど》も、其代り千変万化の活劇は時に読者諸君を驚かすものあらん〔。〕

春浪にとって〈冒険小説〉は、「写実小説」ではなく、「伝奇小説」であった。実際、「地底の王冠」では、春浪は「人外魔境」で空を飛ぶ大蛇と空中で戦う電光四郎という人物を登場させていた[53]。

しかしながら、『少年世界』に掲載されていた〈冒険小説〉には、「地底の王冠」を除き、非現実的展開が認められる作品はなかった。ご都合主義的展開はほとんどの作品に認められたが、運がよければ起こり得ると許容できるレヴェルの出来事が語られていた。擬人化されたキャラクターが登場する傾向にあった〈お伽小説〉とは、この点において大きな相違が認められた。

〈冒険小説〉の場合、第一部第四章で指摘した通り、「此等の読物（探検譚や冒険譚類、引用者注）によりて、彼等児童は不抜なる探検者や、剛毅なる発見者と相接し、航海者、殖民者、貿易者と相語り、（略）彼等を興奮し激励し、遂に海外に雄飛する気象を含芽せしめる事」が期待されていた（岡村直吉「児童の課外読物につきて（五）」『教育学術界』二三巻六号［明治四四年九月一〇日］）。

つまり、作品に描かれた冒険は、読者にとってのモデルであり、実行可能であることが望ましかったのである。「北極探検」において一人称語りを通した同一化体験が期待されたり、「新龍閣」および「新敷島」において事実性が仮構されたり、「膀胱船」で科学的知識が強調されていたりしていたのは、冒険の実行可能性を担保して冒険の実行を促す工夫であったと考えられる。冒険思想を主題化しながらも、〈お伽小説〉が読者に批判されたのは、冒険の実行可能性が低かったからであろう。

以上の通り、〈お伽小説〉と〈冒険小説〉はリアリズム志向の有無において対照的な違いを見せていたジャンルであったが、「空想」が冒険を可能たらしめるという展開については両ジャンルに共通して認められた。

〈お伽小説〉では、「催眠太郎」・「紅白合戦」・「開南丸の行方」の三作品で「空想」が冒険を可能たらしめていた。ちなみに、「お伽小説」等の角書は冠されていないが、一一巻九号（明治三八年七月一日）から一六号（明治三八年一二月一日）にかけて六回連載された、お伽小説風のスタイルを有した「闇の森」で、小波は次のような少年を主人公に据え、闇の森を探検させている。

元より光雄わ、事実を語る歴史より、空想を陳《の》べたお伽噺に、一層の面白味を感ずる質《たち》だから、此の場合、教師の歴史談よりわ、自身魔所を探険して、お伽噺に見た様な事を、実地にやつて見《み》度くてならない。（一一巻九号［明治三八年七月一日］）

「空想に富んだ光雄の眼にわ、この黒々と茂つた森の中にわ、裸体の上に木の葉を纏《まと》うた太古の儘《まま》の人間が、（略）さも気楽そうに遊んで居る様子が、はやありありと映る様に覚えた」（同右）のように、「空想」が「現実」を凌駕している。

これらの作品のなかでも、「お伽噺の本」から得た着想が催眠術によって実想化される「催眠太郎」の「空想」は過剰であった。このような傾向は、少なくとも小波の〈お伽小説〉については、〈お伽噺〉という土台から発展したジャンルであったことに起因していると考えられる。〈お伽小説〉は、谷崎の「新八犬伝」体験のように、「空想」に耽ける機会を提供すると同時に、課外読み物規制派からは「空想」の空転を警戒されるジャンルであったといえる。

〈海洋冒険小説〉でも、リアリズム志向でありながら、「空想」が冒険の条件であるような作品が認められた（「北極探検」・「世界丸」）。リアリズムと「空想」が共存しているのである。〈海洋冒険小説〉以外の〈冒険小説〉でも、「空想」の実行というモチーフが「暑中大探検」と「本間夢蔵」に認められた。

「暑中大探検」では、大事業を起こすチリの友人から人選を頼まれた「江南橘蔭」が人選の「試験」のため、探検隊員を募り前人未到の飛驒深山を探検する。学術的発見や人夫の反乱、大男との遭遇などの冒険が語られるが、夢であったことが最後に明かされる。

江見水蔭を彷彿させる「江南橘蔭」という人物名で虚構であることを示しながら、『少年世界』で発表した実地探検が引き合いに出されるなど（「実を白状すると、日原の時にも戸隠の時にも、寺崎先生の植物採集が、余りに熱心に過ぎたので、大いに驚き又大いに感じたのである」）、虚実皮膜の妙がある作品である。(54)

余りの苦しさに身を悶《もだ》へたので眼が覚めて見ると、余は飛騨の深山に在るにあらず。庭の植木に懸けた釣床《ハンモック》の上で、正《まさ》しく午睡《ひるね》をして居たのであつた。／斯うも仕て見たい、ああも行つて見たいと、予《かね》ての空想が夢に出て、暑中の大探検を見たのであらう。（九巻一一号［明治三六年八月一五日］）

いわゆる夢落ちであるが、「予ての空想が夢に出て、暑中の大探検を見たのであらう」とあるように、「空想」と実行の密接な関係が示されている。このような作品は、読者の冒険心を「加熱」するタイプであるといえる。なお、「紅白合戦」などにも認められた夢落ちは、「空想」を夢の世界に閉じ込め、「現実」を侵犯しないというメタ・メッセージとして機能していると考えられる。

一方、「本間夢蔵」では、「冒険」の「空想」がネガティブに語られていた。本作では、暑中休暇に療養も兼ねて信州の叔父の家に預けられた一四歳の「余」が冒険を夢見るあまり、狼狩りに赴くのだが、怖気づいて自分の馬を撃ってしまう失態を曝し、「大望」を抱くのを止めて「真の人間」になるという作品である。

「斯く馬上悠かに突立たる様は、八幡太郎義家が貞任の本陣を睨《にら》んで突立たる姿に寸分違はず、（略）ドウカ一番狼を手捕にして無疵の皮を東京に持帰り、友達等に我勇力の程を見せたきものだ」（五巻二四号［明治三二年一一月一五日］）

このように「冒険」を夢想する夢蔵は、「天性軟柔《うまれつきやさがた》にして、ドウ見ても山賊や強盗などに似合《にあわ》しからず」のように、軟弱な少年としてネガティブに語られるのみならず、「冒険」の夢想を断念することで「真の人間」になっている。冒険熱を「縮小」する唯一の作品であった[55]。

「北極探検」や「世界丸」で作中人物が「空想」を実行する姿は、〈冒険小説〉という虚構を媒介に冒険心を掻き立てられる読者に重なるものであった。「暑中大探検」は、「空想」による冒険心の「加熱」そのものをテーマとした作品であったといえるが、「本間夢蔵」では、冒険の「空想」が戯画化され、少年読者による〈冒険小説〉の模倣を戒めるメタ・メッセージを伝えている。このような正反対の作品が認められるのは、第一部第四章で明らかにしたように、〈冒険小説〉の感化力が向社会的にも反社会的にも作用する両義性を有しているからに他ならない。

以上の考察から、『少年世界』における〈お伽小説〉と〈冒険小説〉は、冒険思想を伝える「イデオロギー装置[56]」（アルチュセール、一九九三）としての社会的要請に応えつつも、イデオロギーを語るスタイルが未完成であったり、イデオロギーを転覆するような内容を有していたり、反社会的に作用しかねない「空想」を孕んでいたりしていた。第一部第四章で予見された通り、両ジャンルは、イデオロギー装置として奨励されうると同時に課外読み物として規制されうるような振幅のあるジャンルであったことが明らかとなった。

第三章　『少女世界』における良妻賢母思想
―〈お伽小説〉と〈冒険小説〉を事例として―

本章では、『少女世界』に掲載されていた〈お伽小説〉と〈冒険小説〉を検討し、良妻賢母思想の語られ方を明らかにする。両ジャンルに着目したのは、家庭領域外で事件に遭遇する冒険少女が登場することから、良妻賢母規範から逸脱する振る舞いが予想され、課外読み物規制との緊張関係を検討できると考えたからである(1)。

第一節　巌谷小波と沼田笠峰の良妻賢母思想

本節では、作品の分析に先立って、巌谷小波と沼田笠峰の良妻賢母思想を検討する。両者に着目したのは、第二部第一章で確認した通り、『少女世界』の編集方針に影響力のあった人物だからである。

まずは、良妻賢母思想について確認しておく。小山（一九九一）によれば、良妻賢母思想は「明治啓蒙期における賢母論にその端を発し、日清戦後の女子教育論の隆盛、高等女学校令の公布という状況の中で、国家公認の女子教育理念としての地位を確立した女性観」であり（五〇～五二頁）、「「男は仕事、女は家庭」という性別役割分業に即した形での、期待される女性像の成立であるとともに、女が家事・育児を通して国家へと動員されていく、女に対する国民統合のありようを示すものであった」（九三頁）。ただし、明治後半期においては、「裁縫に代表される単なる家事能力や、従順さなどの婦徳を身につけた女性に対する期待感が高く、思想と現実との間にはズレが存在していた」という（二三五頁）。以上の乖離は、『少女世界』にも顕在化していると考えられる。

それでは次に、巖谷小波の良妻賢母思想を明らかにする。小波は「愛の光」（『少女世界』一巻三号［明治三九年一一月五日］）で、次のような良妻賢母観を述べている。

成る程御婦人だからと云つて、是からの社会に立つには、男子に譲つてばかりは居られません。それは時と場合によつては、男子と競争もしなければなりません。――はやい話が、男子が学問すれば、女子も学問をし、男の学校に運動会があれば、女の学校にも運動会があります。そう云ふ風に、男の出来ることは、また女にも出来ない事はありませんが、只その間に、何時も分を忘れない様、即ち自分は女であると云ふ事を、飽くまでも覚えて居ていただき度《た》いのです。／さてその分を忘れないと云ふ事。即ち女らしくすると云ふ事は、私に云はせると、取りも直さず、愛を持つと云ふ事です。（略）但し茲《ここ》に愛と云つても、無理に愛嬌を見せたり、腹にも無いお世辞を云ふ事ではありません。愛は人情の最も高尚なもの、即ち同情と云ふ意に過ぎません。

前半では、女子に男子と同等の権利を認めている。さらに、「所で我々日本人にわ、その自己を欺く事と、意志の弱いと云ふ事が、兎角《とかく》通有の欠点であるらしく、殊に婦人の側に於て更にその著しい観があります」（「ササラナミ」『少女世界』四巻一一号［明治四二年八月一日］）と指摘し、女性に「意志」の強さを求めていた。しかしながら、「愛の光」の後半では、女性であるという「分」を忘れないこと、「同情」という婦徳を持つことを求めていたのである。

つづいて、二巻（明治四〇年）から主筆を務めた沼田笠峰であるが、『現代少女とその教育』（同文館、大正五年）で、次のような良妻賢母観を示していた。

> 頑固な頭脳をもつた一部の人々は女子に対して常に一種の僻見を抱いて居る。即ち、女子は到底男子に隷属すべき下等のもの〔、〕女子は何処《どこ》までもおとなしくして、消極的であるべきものといふ先入思想に支配されて居る。斯《こ》ういふ論者によつて、偏狭な良妻賢母説が唱へられたり、女子の天地は台所と子供部屋とである、といふ侮蔑の意見が発表されたりするのである。（略）男子は男子としての特徴や任務があるし、女子はまた女子としての長所や天職があるのだから、男女を同じ標準に照らして比較することそれ自身が、すでに間違つた発足点ではあるまいかと思ふのである。（二四九～二五〇頁）(2)

「偏狭な良妻賢母説」を批判しつつも、「女子はまだ女子としての長所や天職がある」という留保を加えている点は小波と同じである。

当時の少女に期待されていた婦徳については、小波と笠峰らが編者をつとめた『明治少女節用』（博文館、明治四〇年）で知ることができる。(3)

同書では、「少女心得」として、「少女と愛情」「君には忠、親には孝」「友だち」「信義」「交際」「自信」「従順」「優美」「清潔」「勇気」「学問技芸」「勤勉」「倹約」「金銭」「博愛」「生き物」「公園の花」「規律」の婦徳やその対象が取り立てられている。全体を貫いているのは、「清く温かな愛情」であった。

ここで注目されるのは、「勇気」が取り上げられていた点である。

> 女子は、概して家の中にあつて、やさしい仕事に従うて居るものでありますから、勇気は無くともよい、と思ふ人があるかも知れませんが、これは大なる誤りです。たとへ、かよわい女の身でも、心はシツカリとして、いかなる大敵に出会つても、ビクともせぬやうに、剛毅の気性と勇気の精神とを、養つておかねばなりません。

（一一頁）

以上の検討から、『少女世界』を牽引した小波と笠峰は「偏狭な良妻賢母説」に対して批判的であり、少女に「意志」の強さや「勇気」を求めながらも、女性であるという「分」を超えないことを求めている点で、良妻賢母規範をめぐってダブルスタンダードな立場を採っていたといえる。

第二節　〈お伽小説〉における良妻賢母思想

第一項　〈お伽小説〉の掲載状況

検討期間において『少女世界』に掲載されていた〈お伽小説〉は、【表3-1】の通りであった。(4)

【表3-1】『少女世界』における〈お伽小説〉作品一覧（明治三九～四五／大正一年）

○小波「お伽小説　みどり艸紙」三巻一号（明治四一年一月一日）～八号（六月一日）（二、六号を除く）［全六回］
○小波「天の橋姫」三巻一〇号（明治四一年七月一日）～一六号（一二月一日）（一四号を除く）［全六回］
○小波「お伽小説　六の花片」四巻一号（明治四二年一月一日）～三号（二月一日）（二号を除く）［全二回］
○小波「はげ人形」四巻四号（明治四二年三月一日）［全一回］
○小波「八重一重」四巻五号（明治四二年四月一日）～七号（五月一日）（六号を除く）［全二回］

○小波「雁の礫」四巻八号（明治四二年六月一日）～九号（七月一日）［全二回］
○久留島武彦「お伽小説　無縫の衣」四巻八号（明治四二年六月一日）～一一号（八月一日）（一〇号を除く）［全三回］
○小波「火借の森」四巻一一号（明治四二年八月一日）～一六号（一二月一日）（一四号を除く）［全五回］
○巌谷小波「お伽小説　怪牡丹」五巻一号（明治四三年一月一日）～五号（四月一日）（二号を除く）［全四回］
○小波「少女お伽小説　鶯塚」五巻七号（明治四三年五月一日）～一六号（一二月一日）（一〇、一四号を除く）［全八回］
○佐倉桃子「お伽小説　雨降姫」六巻一五号（明治四四年一一月一日）［全一回］
○小波「落花の巌」七巻九号（明治四五年七月一日）～一六号（大正一年一二月一日）（一〇、一四号を除く）［全六回］

まずは、掲載状況であるが、掲載件数は四六件、作品数は一二作品であった。一巻当たりの平均掲載件数は、約六・五件であった（一巻が四冊しか刊行されていないため、二巻から七巻までの六で割った。以下、同じ）。巌谷小波の作品が一二作品のうち一〇作品を占めており、『少女世界』における〈お伽小説〉は小波によって牽引されていたといえる。

なお、『少女世界』に掲載された〈お伽小説〉においても、伝奇的設定のもとで少女の冒険が繰り広げられる傾向にあり、『少年世界』の〈お伽小説〉と同様のスタイルが認められた。

第二項　良妻賢母規範の分析

（一）分析対象

ここでは、良妻賢母規範の観点から、冒険少女の語られ方を分析する。ただし、少女が家庭領域外で冒険しない「はげ人形」、少女以外が主人公である「みどり艸紙」と「雁の礫」については、分析対象から除外した。(5)

冒険少女が良妻賢母規範に示す振る舞いとしては、次の四通りが想定される。第一類型は規範を遵守するタイプ（遵守型）、第二類型は規範に違反するタイプ（違反型）、第三類型は規範に違反した後で規範を学習するタイプ（学習型）、第四類型は規範に違反しているとまではいえないが、規範から相対的に自由なタイプ（自由型）である。

以上の類型に基づき分類したところ、遵守型が三作品（「六の花片」・「八重一重」・「怪牡丹」）、違反型が該当作品無し、学習型が五作品（「天の橋姫」・「無縫の衣」・「鶯塚」・「雨降姫」・「落花の巌」）、自由型が一作品（「火借の森」）という結果となった。

（二）遵守型

まずは、「六の花片」であるが、村で評判の「孝行娘」のお松が山姫に心根を試され、試練を乗り越えるという作品である。「孝行娘」であることに対する褒美として、母親の病気を治してもらい、金貨を得ている。婦徳に重点を置いているためか、試練の内容が花片を届けるだけで、冒険的展開に乏しい作品であった。

次に、「八重一重」であるが、ひとえという子桜の精が自分らしい着物を得るまでを描いた作品である。手当たり次第、目の前の衣を羽織ったやえが暑さに中てられるという結末と相俟って、身に付けるべき婦徳を支える技術として裁縫が強調されていた。

この作品で注目されるのは、「自分で衣服《きもの》に織れと云う、神様の御意に相違あるまい」と考えたひとえが探検しながら自ら衣服を拵える点である。

けれども元より織り度《た》い一心。無ければ自分で拵えるまでだと、ひとえわやがて本堂の裏の、森に入つて行き、あれかこれかと見立てた揚句、古い榎の枝で、巧みに道具をこしらえ、これに以前の糸をかけて、トントンハタリ、トンハタリと、これから機《はた》を織り始めました。（四巻七号［明治四二年五月一日］）

機織り機まで製作してしまうひとえは、良妻賢母規範の圏域に身を置きながらも、知恵を働かせて行動する冒険少女であった。

最後に、「怪牡丹」であるが、薫という少女が天神様の遣いと思しき稚児様のアドバイスにより、友達の雪枝に憑りついた怪牡丹を祓うという作品である。

薫わギヨツとしながらも、元より友達思いですから、何で今更逡巡《ためら》いましよう。いきなり其所《そこ》え走りよつて、牡丹の花を取るが早いが、畳の上え投げつけて、代りに今拾つて来た、梅の花と寒菊とを、花瓶の中え活けました。（五巻五号［明治四三年四月一日］）

引用箇所は、薫が怪牡丹を祓う場面である。勇敢な少女として描かれる一方、雪枝に邪険に扱われても愛想を尽かすことのない、「友達思い」の一面がクローズアップされていた。「友達」のための行為であること、有事の際には「勇気」が認められていたことを踏まえるならば、良妻賢母規範に則った行為であるといえよう。

なお、「少しも我儘《わがまま》な所わ無く、よく孝行を尽す」（五巻一号［明治四三年一月一日］）とあるように、雪枝は良妻賢母規範を遵守している少女である。にもかかわらず、怪牡丹に憑依されたのは病弱であったからであると思われる。健康は産む性としての要件であり、病弱であることは良妻賢母規範からの逸脱を意味するからだ。

（三）学習型

「無縫の衣」は、裁縫が苦手で自堕落な「高等女学校」の「女学生」であるお縫が母親から課された着物を水姫に仕立ててもらったところ、「呪い」を受けるという作品である。水姫と出会った川に飛び込むことで裁縫の型を会得し「呪い」が解除されている点で学習型といえる。

「母さま、ああ嬉しい、あたしは是《これ》でやつと女になりましたねえ」（四巻一一号［明治四二年八月一日］）という一文からもうかがえるように、裁縫が女性の嗜みとして強迫的なまでに身体化されており、「八重一重」のひとえとは対照的に、婦徳に絡めとられた冒険少女であった。(6)

なお、お縫が厳しく罰せられたのは、彼女が「女学生」であったからだと思われる。当時の女学生批判には、裁縫嫌いであることが槍玉に挙げられていたからである。(7)

「天の橋姫」は「外出失敗物語」の典型であった。「外出失敗物語」とは、久米（二〇一三）が『少年世界』に指摘した傾向で、親の言いつけを守らずに外出するなど、少女が「家の娘」から逸脱するような外出をした場合、失敗に終わり、往々にして罰せられる物語を指す。

この作品は、「容貌好《きりよう》し」で「根が我儘《わがまま》」な人魚の娘である小安手が宝玉欲しさに家出し、自らの行為により父親を失いそうになり、改心するという物語である。家出は失敗に終わり、親不孝の罰として月姫に仕えさせられるなど、親孝行の尊さを学ぶ教訓物語となっていた。

なお、人魚である小安手の挿絵は裸体で描かれていた（次頁【図3-1】）。裸体画論争を踏まえるならば、(8)課外

【図３‐１】
蟹と話す小安手（宮川春汀・画「天の橋姫」『少女世界』三巻一〇号）

読み物規制に抵触しかねない挿絵であったと思われる。

「外出失敗物語」のバリエーションとしては、「雨降姫」と「落花の巌」が挙げられる。

「雨降姫」は、生まれつき涙が出ない華族の娘である美奈子が「涙の出ない女が、此世の中にあるものぢやない」と言われ、我が身を恥じて家を出るという物語である。

「爺や、私は決してそんなもん（狐狸を指す、引用者注）ぢやアない、実は私は産れると雨が私を避けて降るばかりか、いくら泣かうと思つても泣けず、またいくら涙を零《こぼ》さうと思つても涙が出ない、それで御両親は不吉だと云つてお歎きになるもんだから、今夜お邸を窃《そつ》と脱出して来たんだけれども、行く処はなし、お腹は減るし、困つてし

まつてかうしてこんな処に立つて居たんだよ！」（六巻一五号［明治四四年一一月一日］）

紆余曲折を経て、両親に再会した際、涙が零れ落ちたことにより、娘として再び迎え入れられるが、「家の娘」であるためには女らしくなければならないという教訓がうかがえる。涙が出ないのは生まれつきであり、良妻賢母規範に違反した訳ではないが、「情」を獲得するまでが描かれていたため、学習型にカウントした。

「落花の巌」は、上京しようとしているお清という少女が、同じ願いを持ちながら志半ばにして落命した小百合姫に諭され、家出を断念する作品である。家出は未然に防がれているが、家出の末路が「地獄」として表象されており、家出の失敗が暗示されていた。

「（略）なるほどお前が田舎を出て、都で修業したいと言ふのは、無理もない志望《のぞみ》だけれど、それは私（小百合姫を指す、引用者注）も覚のあることで言はば只都と言ふ聞いた極楽に憧がれての事。まのあたり行つて見たら却《かえ》つて地獄へも引落さうと云ふ、悪魔の手に充ちて居るのだ。……そんな危険所《あぶない》へ行くより、浮いた志望はこの川水に、むしろ流すか沈めるかして、その代りには清らかな、瀬を行く舟の便りを得て、私やまたお前の様に、おなじ迷に入らうとする、不憫な世間の乙女達を、何卒《どうぞ》救うて貰ひ度《た》い」（七巻一一号［大正一年八月二〇日］）

小百合姫は、上京熱に浮かされた虚栄心を「冷却」する規範そのものである。小百合姫に導かれ、名前の通り、「清らかさ」を学んだお清は「真の女の道」に目覚めることになる。「真の女の道」については作中では明示されていないが、文脈からして良妻賢母規範と親和的であると思われる。

最後に、「鶯塚」であるが、従姉に意地悪をした毬子という少女が改心し、鶯《うぐいす》の少女たちの助力により、時鳥《ほととぎす》の少年たちに攫われた従姉と母親を救出するという作品である。従姉に意地悪をしたことにより、母親を攫われるという因果応報譚となっているが、改心した姿が描かれていることから、従姉に対する「同情」を学習する物語として分類した。

此上わ仕方が無い。いつそ命を投げ出して、この戦争を止めてからの事と、覚悟を極めると勇気も出ます。今しも双方入り乱れ、鎬《しのぎ》を削る修羅場の中え、思い切つて飛び込みました。（五巻一六号［明治四三年一二月一日］）

引用箇所は、鶯の少女たちと時鳥の少年たちの争いを止めようと決心する場面である。毬子は「勇気」のある冒険少女として造形されているが、後述するように、冒険少女には「沈着」が求められることを踏まえるならば、衝動的な一面はマイナスかも知れない。

(四) 自由型

「火借の森」は、露子という少女がお照という豪胆な少女と出会い、魔物が棲むという迷信のある森を二人で探検し、魔物に封じられていた月姫を解放するという作品である。

「それであの森には、誰も恐がつて入らないが、考えて見ると馬鹿馬鹿しい話だから、何時か一度わ探検に行つて、私達の様な女の子でも斯《こ》うして行けば行かれると云ふ事を村の人達に知らし度《た》いと思つてたのけれども

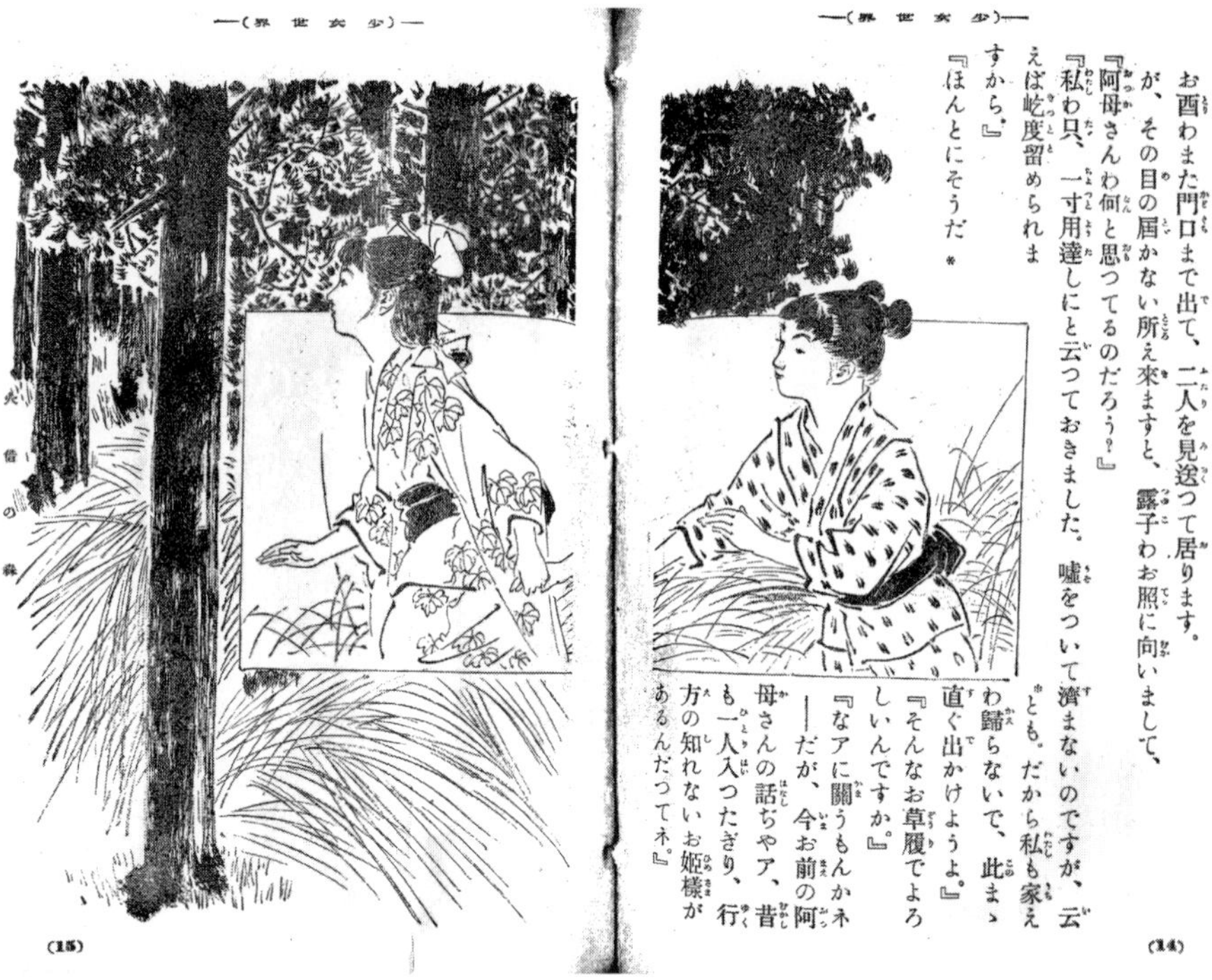
——(界世女少)——　——(界世女少)——

第四巻第拾五號

お酉《とり》わまた門口《かどぐち》まで出《で》て、二人《ふたり》を見送《みおく》つて居《お》ります。が、その目《め》の届《とゞ》かない所《ところ》え來《き》ますと、露子《つゆこ》わお照《てる》に向《む》いまして、

『阿母《おつか》さんわ何《なん》と思《おも》つてるのだろう？』

『私《わたし》わ只《たゞ》、一寸用達《ちよつとようた》しにと云《い》つておきました。嘘《うそ》をついて濟《す》まないのですが、云《い》えば屹度《きつと》留《と》められますから。』

『ほんとにそうだ＊とも。だから私《わたし》も家《うち》え歸《かえ》らないで、此《この》まゝ直《す》ぐ出《で》かけようよ。』

『そんなお草履《ぞうり》でよろしいんですか。』

『なアに關《かま》うもんかネ――だが、今《いま》お前《まへ》の阿母《おつか》さんの話《はなし》ぢやア、昔《むかし》も一人入《ひとりはい》つたぎり、行方《ゆくへ》の知《し》れないお姫様《ひめさま》があるんだつてネ。』

火借の森

(15)　(14)

【図3－2】

森を探検する露子とお照（宮川春汀・画〔推定〕「火借の森」『少女世界』四巻一五号）

一人で行つたんぢやア、後で証人になるものが無いから、人が信用してくれないし、と云つて、尋常の者ぢやァ恐がつて、誰も一所に行こうつて云わないから、それで今日までわ、誰にも話さず独りで考えて、気の強いお友達の出来るのを、内証で探して居たんだが、（略）」（四巻一三号［明治四二年一〇月一日］）

まずは、迷信に惑わされず、森を探検する点が注目される。沼田笠峰が「迷信と冒険」について「危険と知りつつ、わざとそれに近寄るのは、もとより慎しむべきことですけれど、徒《いたず》らに迷信に左右されるのも、あまり褒めたことではあるまい」と述べているように（「少女雑感十題」六巻一四号［明治四四年一〇月一〇日］）、迷信に惑わされない冒険少女が『少女世界』では許容されていた。違反型としてカウントせず、自由型とした所以である。

次に注目されるのは、「私達の様な女の子でも斯うして行けば行かれると云ふ事を村の人達に知らし度い」からもうかがえるように、性別役割規範から自由な点である。(9)

特筆すべきは、二人とも母親の言いつけを守らず、森を探検していた点であろう（前頁【図3-2】）。久米（二〇一三）によれば、親の言いつけに背く少女は悲惨な結末を迎えることが少なくなかったからである。(10)

たとえば、北田うすらひ「達摩さん」（『少年世界』二巻二〇号［明治二九年一〇月一五日］）では、「お転婆《てんば》をして、父様や母様の言ふ事を肯《き》かなかつたばつかり」に足に障害を抱え、「晴れて世間へは、終身出られないやうになった」少女が描かれていた。「火借の森」では、罰せられるどころか、金の鉱脈を探り当てるという落ちまであり、「達摩さん」とは対照的な結末となっていた。

第三節　〈冒険小説〉における良妻賢母思想

第一項　〈冒険小説〉の掲載状況

検討期間において『少女世界』に掲載されていた〈冒険小説〉は、【表3-2】の通りであった。(11)

【表3-2】『少女世界』における〈冒険小説〉作品一覧（明治三九～四五／大正一年）

○春浪漁史「少女冒険譚」一巻二号（明治三九年一〇月五日）～四号（一二月五日）［全三回］
○押川春浪「冒険小説　女侠姫」二巻三号（明治四〇年二月一日）～一一号（九月一日）（六、一〇号を除く）［全

八回]
○押川春浪「三人姫君」二巻一三号（明治四〇年一〇月一日）～一六号（一二月一日）（一四号を除く）[全三回]
○江見水蔭「冒険少女　無人島の正月」三巻一号（明治四一年一月一日）[全一回]
○黒川青泉「冒険少女　花傘紅筆」三巻五号（明治四一年四月一日）～七号（五月一日）（六号を除く）[全二回]
※角書は三巻七号。
○鳴海濤蔭「冒険小説　黒百合姉妹」三巻七号（明治四一年五月一日）～一三号（一〇月一日）（九号を除く）[全六回]
○江見水蔭「探検小説　海底の女王」三巻八号（明治四一年六月一日）～一五号（一一月一日）（九、一四号を除く）[全六回]
○押川春浪「冒険小説　露子の冒険」三巻一〇号（明治四一年七月一日）～一六号（一二月一日）（一四号を除く）[全六回]
○押川春浪「冒険奇談　腕輪の行衛」四巻三号（明治四二年二月一日）～五巻九号（明治四三年七月一日）（四巻四号～一〇号、一三、一四、一六号、五巻一号～四号、六号を除く）[全八回]
○江見水蔭「漂流少女」五巻四号（明治四三年三月一日）～七号（五月一日）（六号を除く）[全三回]
○押川春浪「冒険小説　桃子嬢」六巻一二号（明治四四年九月一日）[全一回]
○押川春浪「冒険小説　人形の奇遇」六巻一三号（明治四四年一〇月一日）～七巻七号（明治四五年五月一日）（六巻一四号、七巻二号、六号を除く）[全八回]

まずは、掲載状況であるが、掲載件数は五五件、作品数は一二作品、一巻当たりの掲載件数は約七・八件であった。〈お伽小説〉の一巻当たりの平均掲載件数は約六・五件であったので、両ジャンル間に大きな差は認められない。

一二作品の〈冒険小説〉のうち、押川春浪が七作品、江見水蔭が三作品を占めており、『少女世界』における〈冒険小説〉は春浪と水蔭によって牽引されていたといえる。[12]『少年世界』と同じく、〈お伽小説〉を最も手がけていた巌谷小波は〈冒険小説〉を手がけていなかった。なお、春浪と水蔭のプロフィールについては、前章で述べたので割愛する。

次に、スタイルの特徴であるが、前章で確認した通り、春浪は〈冒険小説〉をRomantic Novelと捉えていたが、『少女世界』に掲載された〈冒険小説〉でも、〈お伽小説〉のように擬人化されたキャラクターが登場することはなく、異界を冒険するような展開も認められなかった。したがって、〈お伽小説〉に比べれば、〈冒険小説〉は「尋常世界」を描いていたといえる。

さらに注目されるのは、春浪が「少女冒険譚」の連載を開始するにあたって、次のような前口上を述べていた点である。

何か少女に関する冒険譚をやれと云はれる、之れには頗《すこぶ》る閉口しました。元来女は温和《おとな》しいのが天性で、好んで冒険などをすべきものでは無い、余り飛んだり跳ねたりすると、お転婆《てんば》などと云ふ可笑《おかし》な綽名《あだな》を頂戴する、然し女でも、この波風荒き世の中に生活して居る以上は、何時如何なる危難が起つて来るかも知れぬ、其時ただ温和しいばかりで、腰を抜かして仕舞ふ様では仕方が無い、何も好んで冒険をする必要は無いが、いざと云ふ場合には、戦争でも冒険でもする丈けの勇気を持つて居つて貰《もら》ひたい。／之れからお話しする桂ゆき子の冒

険譚、世の少女の模範になる事だと思ふのです。（一巻二号［明治三九年一〇月五日］）

有事の際に限って「冒険」を認めるというスタンスは小波および笠峰と同じであるが、冒険小説作家として活躍していた春浪でさえ「閉口」するくらい、冒険少女を造形することが難しかったことがうかがえる。

春浪の煮え切らない態度に比べ、「押川春浪様の冒険談大好よ、記者様毎号かかさず出して下さい」（刀水の畔光子〔無題〕一巻三号［明治三九年一一月五日］）をはじめ、休載が多かった「腕輪の行衛」の休載を嘆く投書が多数寄せられるなど、読者投稿欄の「談話室」では春浪の〈冒険小説〉は心待ちにされていた。なかには、次のような批判的精神がうかがえる投書が寄せられていた(13)。

皆様、或る雑誌を見ましたら、少女に冒険談は不必要ですと書いてありましたが、私驚きましたワ。まるで天保時代の老人のやうなお考へねえ。かう申しちや失礼ですが、少女世界に面白い冒険談があるからツて、そんない《（ママ）》目の敵のやうに悪口を言はなくツても好いと思ふわ、皆様はどうお考へ遊ばして？（不思議女〔無題〕三巻一五号［明治四一年一一月一日］）

このような読者について、久米（二〇一三）は「冒険小説に共感する読者の意識は、従来の〈あるべき少女像〉から徐々に離反していく傾向にあったといえるだろう。少なくとも編集者側は、「少女世界」が「お転婆」を擁護し輩出する場になりかねないという危惧を抱いていたのではないか」と指摘している（一五八頁）。〈冒険小説〉は、作家や編集者の思惑を離れて『少女世界』の読者に受け入れられた点で、課外読み物規制の対象になりかねないリスキーなジャンルであったと考えられるのである。

第二項　良妻賢母規範の分析

(一)　分析対象

ここでは、良妻賢母規範の観点から、冒険少女の語られ方を分析する。分析に際しては、〈お伽小説〉と同じく、良妻賢母規範を遵守するタイプ、違反するタイプ、学習するタイプ、規範から自由なタイプに分類することとした。

その結果、遵守型が六作品（「少女冒険譚」・「女俠姫」・「三人姫君」・「露子の旅行」・「桃子嬢」・「人形の奇遇」）、違反型が該当作品無し、学習型が一作品（「無人島の正月」）、自由型が三作品（「花傘紅筆」・「黒百合姉妹」・「漂流少女」）となった。なお、「腕輪の行衛」と「海底の女王」については、前者では少女が登場せず、後者の少女は主人公とみなしにくいものの、成人女性が良妻賢母規範からの逸脱を示していたため、違反型として分析対象に加えることとする。

(二)　遵守型

「少女冒険譚」は、雪子という一二歳の少女が南洋にある「野蛮島」で先住民に囚われた父親と水夫長を救出するという作品である。

普段は「極く温和《おとな》しい性質」である雪子であるが、初航海で嵐に遭遇しても心細さを我慢できる「男子にも勝る気象を備へた少女」であり、捕らわれた父親を発見しても、救出に直行せず、陽動のために集落に火を放つ冷静さも兼ね備えた冒険少女であった。とりわけ、「お前のあの沈着《おちつ》いた冒険が無かつたら、私も水夫長も生きて国へ帰る事は出来なかつたのだ」（一巻四号［明治三九年一二月五日］）と父親に褒められているように、「沈着いた冒険」が強調されていた。

久米（二〇一三）は「実際に「蛮人」を退治するのは水夫たちであり、少女の活躍は手助けにとどまっている。

つまり〈必要にせまられての冒険〉であり、また最終的解決を男性に任せた点で、「温和しい」という少女の規範から逸脱せずにすんでいる」と指摘しているが（一五七頁）、自ら航海を志願したり、集落に火を放ったりしているなど、雪子が主体的に活動する一面も有していた点には注意が要される。

この点を確認した上で指摘したいのは、雪子の母親の役割である。

此母君は極く賢明な人で、常に雪子を誡《いまし》めて云ふに、「雪子や、女は何事にも温順を尊びますが、いざと云ふ場合には、男にも負けぬ気象を持つて居らねばなりません。」と、雪子は深く此言を胸に印して居つたのです。

（一巻二号〔明治三九年一〇月五日〕）

父親から初航海を許される場面では、「万一の時には、阿父様のお助けをせねばなりませんよ」（同右）と諭しており、雪子はその通りの行動を示していた。海国少女としての雪子の振る舞いは、賢母の教えによるところが大きく、良妻賢母規範に支えられていたといえる。

「三人姫君」でも、賢母の教えを守る冒険少女が描かれていた。

（略）白妙姫は姿の美しいばかりでは無く、心も玉の様に清く美しく、お亡《かく》れになつた母王の遺訓《おしえ》を守つて、悪いと思ふ事は父王に向つても遠慮なくお諫め申し、少しも諂諛《こびへつらい》を致しませんので、高慢なる王様は、何《ど》うも夫《そ》れがお気に入らぬのです。（二巻一三号〔明治四〇年一〇月一日〕）

父王に疎まれた白妙姫は奸臣によって国を追われるが、他国の王子を補佐して窮地に陥った父親を救い出す。男性の補佐役として活躍する冒険少女であった。

「女俠姫」にも、男性の補佐役として活躍する冒険少女が描かれていた。この作品では、伯爵家の令嬢である浪子がイタリアの競馬大会で優勝したり、アフリカの幽霊城に幽閉された親友を救出したりする。

実に才色双美の姫君で、且つ凛々《りり》しき気象は男子にも負けまじと武術を励み、天性極めて義俠の心に富んで、強を挫《くじ》き弱を救ふ事も毎々あるので、女俠姫と云ふ栄名をさへ得て居る由（略）（二巻三号［明治四〇年二月一日］）

浪子は「義俠心」に加え、競馬大会で優勝して得た一万ドルを貧民街に寄付するなど、博愛精神に富んだ冒険少女として造形されていた。

「博愛」は『明治少女節用』（前掲書）の「少女心得」でも取り上げられていた徳目である。

殊に、家が貧しくて難儀をして居るものや、ながい間病気で煩《わずら》つて居るものや、親も家もない孤児や、或はあはれな不具者などは、出来るだけ親切にいたはつて、よくこれを慰めなければなりませぬ。時によつては、これ等のものに対して、幾分の金銭を恵んでやつたり、衣服や食物を与へるなども、またよい方法でありませう。（一五～一六頁）

博愛精神を強調することで、浪子が性別役割規範から逸脱していないことを示していると思われる。

実際、浪子は自由奔放のように見えて、性別役割規範を遵守していた。親友を救出するために男装までしてアフリカに単身乗り込みながら（【図3－3】）、「万事心得ました、貴方《あなた》のなさる様にして随《したが》つて参りませう」（二巻八号〔明治四〇年六月一日〕）のように、窮地を救われた日本人男性の補佐に徹しているのである。

他にも、怪火に遭遇した場面では、「浪子姫、あれは決して恐るべき物ではありません〔。〕燐火です、燐火です、人間でも獣類でも死んで白骨となり、その白骨が夜の湿気が触れる時は、あの様な光を発する事は屢《しばし》ばある事です」（同右）のように、科学的知識の点で男性に劣った存在として描かれていた。(14)

「露子の旅行」は、露子という少女が行方不明の兄を探しに、マダガスカル島を目指して航海するという作品である。

【図3－3】
男装姿で乗馬する浪子（山中古洞・画〔推定〕
「女俠姫」『少女世界』二巻五号）

ここで注目されるのは、露子の兄の敏夫が殖産青年として設定されている点だ。

（略）日本国の貧乏な事を深く憂ひ、何《ど》うかして此愛する国を富ませたい、夫《そ》れには何よりも海外貿易を盛んにせねばならぬと考へたので、苦心経営して白鷗丸と云ふ一艘の汽船を造り、数年以来それに乗つて世界各国を航海して居たのです〔。〕（三巻一〇号〔明治四一年七月一日〕）

露子を助けた語り手もまた、「地理学」を研究するために世界各地を漫遊しており、殖産青年に連なる人物であった。

はたして、兄が残した手紙に従って、露子は冒険に出る。

（略）不幸にして其目的を遂ぐるに至らず此世を去る事もあらば、御身は余の遺志を継ぎ願くは其財宝を掘出して数隻の汽船を造り、之れを余の事業の紀念として日本義勇艦隊に献ぜよ、而して猶ほ又た我身《おんみ》女丈夫たるの覚悟あらば、余が着目せる宝石島の大富源を開拓して、日本の国益に尽せ（三巻一一号［明治四一年八月一日］）

露子の冒険は、兄を探すという点では内発的であったが、兄の遺志を継ぐという点では外発的なものであった。捕らわれの身となった際、自ら脱出するべく行動することはなく、道中で知り合った日本人男性に助けられるのを待つなど、性別役割規範を逸脱することのない、受動的な冒険少女として造形されていた。

「桃子嬢」は、南アメリカで暮らす富豪の娘の桃子が邸宅に押し入った強盗に同情を示し、改心させるという作品である。

冒険的展開に乏しいが、強盗に出会っても、「学校」での「教え」を思い出し、冷静沈着に対応する様子がクローズアップされている。続編の「人形の奇遇」では、一八歳になった桃子が誘拐されるのだが（良妻賢母規範を違反した訳ではない）、相変わらず、「恐れず騒がず気を沈着《おちつ》けて」いた。

エミヤ嬢は勝気な女性の事とて、唯だもう口惜しく、此様《こん》な目に遭ふ程なら、寧《いっ》そ死んだ方が宜いと身を震はせて泣いて居ります。／桃子嬢は最早何事も運命と諦めて、天には偉大な力がある、如何なる危難に遭遇しても、助かる時には助かるであらう、もし忍ぶ事の出来ぬ汚辱を蒙《こうむ》る場合には、其時こそ潔よく最期を遂げやう

と覚悟を定めましたので、恐れず騒がず気を沈着けて居りますが（略）（六巻一五号［明治四四年一一月一日］）

実のところ、桃子が救出されるのは身投げしたエミヤが九死に一生を得て助けを呼んだからであって、エミヤの方が冒険少女のように振る舞っていた。しかしながら、この作品では、エミヤは短慮な少女としてネガティブに描かれており、桃子の「沈着」が強調されていた点が注目される。

「少女冒険譚」の雪子にも認められた「沈着な冒険」というモチーフは、エミヤのように暴走しかねない冒険少女を良妻賢母規範の圏域に留めておく役割を果たしていたと考えられるのである。

冷静沈着である点は「少女冒険譚」の雪子と同じだが、桃子の性質としてクローズアップされているのは同情心であった。

「阿父様、阿母様、此人は一時過つて邪道に入りましたが、決して本心からの悪人ではありません、ルイズと云ふ憐れな娘の愛に曳かされて心にもなく今夜の様な事をしましたので、今は本当に後悔して居りますから、どうか此儘《このまま》許して遣つて下さいませんか。」と云へば、今迄《まで》黙念と腕〔を〕拱《こまね》いて聴いて居つた上村紳士（桃子の父親、引用者注）の顔には、見る見る喜びの色が輝いて、／「オオ、桃子、お前はよく此様な場合にも沈着《おちつ》いて大人も及ばぬ善い事をしました、お前の誠心《まごころ》で此人が善心に立帰れば、人間一人を助けたと云ふものです」（「桃子嬢」六巻一二号［明治四四年九月一日］）

この場面の直前では、「慈善事業」のためにお小遣いを倹約して貯めた五〇ドルを強盗に恵もうとする様子が描かれるなど、「女俠姫」の浪子以上に、「清く温かな愛情」のある冒険少女として描かれていた。なお、桃子の父親も、露子の兄と同じく、国益のために海外で殖産に励んでいた。

（三）学習型

「無人島の正月」は、継母による虐待に耐えかねて家出した姉妹が無人島でサバイバルする作品である。冒険少女は姉の濱子の方で、無人島に「悪魔」が棲むという迷信を怖がらず、妹を保護しながら無人島を探検していた。迷信を怖れない点は、〈お伽小説〉で検討した「火借の森」の露子と同じである。

この作品では、家出する冒険少女が罰せられていない。ラストでは実父によって救出されており、無人島では盗賊の宝まで得ている。二人の行為は継母からの逃走であり（「魔《ママ》に殺された方が未だ好いわ。阿母さんにイヂメられるよりは」）、「家の娘」という規範を揺るがさないため、罰せられなかったのだと考えられる。

「阿母さんに睨《にら》まれながら、家でお雑煮を祝ふより、斯うして二人で食べた方が美甘しいわねえ」（三巻一号［明治四一年一月一日］）という濱子の科白からもうかがえるように、和楽とは無縁であった姉妹が「楽しい家庭」を得ている。「家庭」の和楽を維持するのは良妻賢母の務めであった。「家庭」の和楽を獲得している点で、同作は学習型のバリエーションとして位置付けられよう。

ちなみに、この姉妹は、盗品を売って得たお金を孤児院に寄付している。このような博愛精神は「女俠姫」や「桃子嬢」に認められた婦徳であり、冒険少女が良妻賢母規範を遵守していることを示すマーカーとなっていると思われる。

（四）自由型

まずは、「黒百合姉妹」であるが、日本で誘拐され、アフリカにまで連れてこられた百合姫姉妹が自らの力で脱出するという作品である。

この作品で注目されるのは、葉村という同伴者の人物造形である。葉村は「新聞記者に似合はず頗《すこぶ》る気の弱い男」（三巻七号〔明治四一年五月一日〕）で、百合姫姉妹を救出するつもりが、「到底姫姉妹には敵《かな》ひさうも無いと、茫然たる中にも姫達の武勇の程に感じ入つて、暫時《しばし》は我身を忘れて」いる（三巻八号〔明治四一年六月一日〕）。

一方、百合姫姉妹は、敵を倒し、ボートや駝鳥を調達して脱出するなど、行動力あふれる冒険少女として描かれていた。

下は洋装、手には白鞘の短刀！　ヒラリと抜いて、きつと身構へ、先づ血祭りとして手近に居る一人の素首丁と反《は》ねた。（同右）

「強い美人と弱い新聞記者」（同右）という対比が際立っており、性別役割規範を転覆しかねない点で違反型に近い作品であった。

次に、「漂流少女」であるが、忠犬に助けられながら「フヰヂー群島」でサバイバルする一三歳の英国少女のカロンが「蛮人」と戦うという作品である。

カロンは漂着した際に腰を怪我しており、大亀の背に乗って移動することを余儀なくされているため、罠を仕掛けるなどの「智恵」を駆使して、「食人種」と戦っていた。約言すれば、「この勇気と奇智とに富んだ少女が、蛮人と戦ふた大奇談」（五巻七号〔明治四三年五月一日〕）となる。

偶然、居合わせた日本人男性の駿吉が助力するものの、あまり役に立っておらず、「黒百合姉妹」ほどではないにせよ、性別役割規範から自由な冒険少女であった。

最後に、「花傘紅筆」であるが、一三歳で世界一周を成し遂げた伯爵家の令嬢である勇子の冒険談で、「シヤスタ山麓」に置き去りにされた日本の少女を救出した時の様子が語られている。

「全世界の隅々まで姫の名は轟いて居る」（三巻五号［明治四一年四月一日］）とあり、作中内での知名度では「女俠姫」の浪子や「黒百合姉妹」の百合姉妹を凌駕しそうな冒険少女として設定されていた。「シヤスタ山麓」での活躍ぶりは百合姉妹を彷彿させる。

この作品で特筆すべきは、世界一周から帰国した勇子が記者会見の席上で「文学青年」の新聞記者に語った冒険談という体裁を取っている点である。

今回検討した一二作品の〈冒険小説〉のうち六作品で体験談を報告するというスタイルが認められるのだが、「花傘紅筆」を除いた作品では冒険少女に同伴した男性が語り手となっていた。(15)

今、私は亜弗利加《アフリカ》内地の、英領と仏領との境、チャッド湖中の一小島に幽閉されて居て、如何《どう》することも出来ないのです、幸ひにして鉛筆と手帳だけは悪魔に奪ひ去られずに隠袋の底に残つて居たので、世の中には斯様《こん》な不思議な秘密境があつて、其処《そこ》に百合姫姉妹が無事に生存して居ると云うことを、日本の人に知らせたいばつかりに書き綴つた此文（略）（「黒百合姉妹」三巻七号［明治四一年五月一日］）

物語内容の水準では性別役割規範を揺るがすような百合姉妹ですらも、物語行為の水準では語り手としての地位を占めることができていないのである。

「花傘紅筆」では、語り手のポジションは青年記者が占めていたものの、勇子は冒険談の提供者の位置を占めている点で語られる対象から脱却した冒険少女であったといえる。

（五）違反型

まずは、「腕環の行衛」であるが、日本人男性の「私」が「魔女」と呼ばれている「女賊」の逮捕劇に一役買うという作品である。

この作品では、冒険少女が登場しない代わりに、社会的に逸脱した成人女性が「化物」として描かれていた。

此女は既に四十前後の婆さんの癖に、交際社会にチヤホヤ持囃《もてはや》されたいとの虚栄心を起し、頻《しき》りに化相術や美顔術を施し、巧みに紅粉を粧つて、今日まで若い美しい女に化けて居たに相違ない、近頃は日本にも此様な化物の様な女が時々見える〔。〕（五巻九号［明治四三年七月一日］）

「虚栄心」がクローズアップされるなど、良妻賢母規範からの逸脱が強調され、そのような堕落女性を社会的に排除する男性的まなざしが認められる。

次に、「海底の女王」であるが、元海賊の龍王という女船長が潜水艦を駆り、浪路という少女を救い出し、戦死した父親の亡骸と対面させるという作品である。

道具立ては、ナショナリズムをうかがわせるが、「妾達《わたし》は、日本人に相違ありませんが、仔細あつて、日本の国に籍の無い者で、某国の人に成つて居ります」（三巻一〇号［明治四一年七月一日］）とあるように、「日本」に帰属している訳ではない。しかも、元海賊の女船長を筆頭に、船員が元負傷兵であるなど、乗組員はアウトロー集団であった。日英同盟が背景的要因として指摘できるものの、「虐待」されていたのを助け出された浪路が日本ではなく英国に預けられているなど、ナショナリズムの揺らぎが指摘できる。

なお、「魔法でも、幻術でもありません。科学の力を以て妾は貴女《あなた》を阿父様にお会はせ申しますから、是非一所に入らッしやいまし」（同右）のように、『少女世界』には珍しく、「科学」がクローズップされた〈冒険小説〉であった。

第四節　良妻賢母思想の語られ方

第一項　冒険の語られ方

まずは、〈お伽小説〉と〈冒険小説〉における冒険少女の語られ方であるが、ジャンルに固有の傾向が認められた。〈お伽小説〉では外出失敗物語が出現し海洋冒険物語が出現していなかったのに対して、[16]〈冒険小説〉では海洋冒険物語が出現し外出失敗物語が出現していなかった。

ここで注目されるのは、「三人姫君」・「腕環の行衛」・「桃子嬢」を除いた九作品の〈冒険小説〉で、少女が海を越えて冒険する姿が描かれていた点である。

高橋（二〇一五）によれば、日清戦争前後においては「国民の半分を占めているはずの女性は、「海国女児」あるいは「海国少女」として述べ立てられることはない」（三〇七頁）というが、明治四十年代には冒険少女が〈海洋冒険小説〉の舞台に進出を遂げていたことが明らかとなった。[17]ただし、「国益」のために冒険する海国少女は例外的で、誘拐された友達や家族・親族などを助けるために「やむをえない冒険」（久米、二〇一三、一五七頁）をする冒険少女が多かった。『少年世界』において富国強兵に資するような海国少年が描かれていたのとは対照的であった（「新八犬伝」・「海事教育船」・「新敷島」など）。

第二項　冒険少女の良妻賢母規範

次に、良妻賢母規範に対する冒険少女の振る舞いであるが、遵守型が九作品、違反型が該当作品無し（成人女性の違反を除く）、学習型が六作品、自由型が四作品という結果となった。遵守型が多いことから、両ジャンルは良妻賢母規範を再生産するイデオロギー装置であったといえる。

遵守型については、自分で機織機を製作したひとえ（「八重一重」）や自ら航海に志願した雪子（「少女冒険譚」）、幽霊城に単身乗り込んだ男装の麗人の浪子（「女俠姫」）などのように、良妻賢母規範の圏内で主体的に振る舞う冒険少女が散見された。「勇気」という婦徳が「非常時」において許されていたように[18]、このタイプの冒険少女は良妻賢母規範に従うことにより主体的に振る舞う「服従する主体」である[19]。彼女たちには「裁縫」や「沈着」、「博愛」などの嗜みや婦徳が付与され、良妻賢母規範からの逸脱が制御されていた。

学習型については、〈お伽小説〉において良妻賢母規範に違反した冒険少女が矯正される作品が五本認められた。久米（二〇一三）が『少年世界』に指摘した外出失敗物語というパターンが『少女世界』にも現れていたことが明らかとなったが、〈冒険小説〉では「無人島の正月」にしか出現していなかった。このことは、外出失敗物語が「家」の周囲で展開される〈お伽小説〉と親和的であったことを示唆している。

自由型については、性別役割規範から自由な露子（「火借の森」）や百合姉妹（「黒百合姉妹」）、「勇気」と「奇智」に富んだカロン（「漂流少女」）が描かれていた。このような冒険少女は違反型に近接している点で課外読み物として規制される危険性を孕んでいたと考えられる。

ただし、良妻賢母規範から自由な冒険少女でさえも、自らの冒険を自らの声で語る機会は獲得していなかった。少数ではあるが、『少年世界』の〈冒険小説〉において少年が自らの声で語っていたのとは対照的であった。『少女世界』における〈冒険小説〉に認められた同伴男性による語りは、良妻賢母規範から逸脱しかねない冒険少女を物語行為の水準で制御し所有する行為であったと考えられるのである[20]。なお、〈お伽小説〉には、一人称語りの作品は皆無であった。

総じていうならば、『少女世界』における冒険少女は、学習型の作品に顕在化していたように、良妻賢母規範の圏内に回収されていたといえるが、自由型の作品をはじめ、遵守型の作品にすらも、良妻賢母規範との緊張関係が認められた。

巌谷小波の良妻賢母観と押川春浪の冒険少女観を踏まえるならば、作品に看取された緊張関係は、それぞれの作家が意図したものであるというよりも、冒険少女そのものに内在していた良妻賢母規範の転覆可能性が発露するという「意図せざる結果」であったと考えられる。

このような「意図せざる結果」は、「談話室」の投書からもうかがえる。たとえば、「女俠姫」には二巻四号以降、愛読者のコメントが掲載されているのだが、次のような感想が寄せられていた。

本誌の花よと仰ふがれてる女俠姫ね、私あれを読む度に、いつも両手に汗を握つて読むの、私ね浪子嬢の様な方ほんとに慕はし〔い〕わ〔。〕あんな快活で柔和な方と、共に交はりたいわ、そして共に未明の処を探検したいわ、皆様御同感ではなくつて。（美濃の熱読生〔無題〕二巻一二号〔明治四〇年九月一日〕）

この投書には二巻一三号および一五号で同感を示す投書が寄せられており、浪子に憧れる少女読者が少なからずいたことを示唆している。作品内では、周到にも良妻賢母規範に回収されていた浪子であったが、これらの投書は作家の意図を超えて、読者の良妻賢母規範を壊乱している事例といえるだろう。(21)

以上の考察から、『少女世界』が良妻賢母規範を再生産する雑誌でありつつも、編集者や作家の意図を超えて良妻賢母規範から逸脱するリスクを孕んだ雑誌であったことが明らかになった。その限りではあるが、課外読み物規制の網の目をかいくぐり、少女読者が冒険を空想する機会を提供した最初期の雑誌として『少女世界』を評価することができよう。

なお、本章では、『少女界』（金港堂、明治三五年創刊）などの他誌との比較ができなかったので、今後の課題としたい。

第四章『少年世界』における学校化

―〈少年小説〉を事例として―

第一節〈少年小説〉の掲載状況

検討期間において『少年世界』に掲載されていた〈少年小説〉は、【表4‐1】の通りの結果となった。

【表4‐1】『少年世界』における〈少年小説〉一覧（明治二八～四五／大正一年）

○幸田露伴「休暇伝（少年小説）一名　少年水滸伝」三巻一七号（明治三〇年八月一〇日）［全一回］
○河山人・訳述／湖山人・筆記／漣山人・補綴「乞食王子（少年小説）」四巻一号（明治三一年一月一日）～一七号（一二月一五日）（二、一一、一六号を除く）［全一四回］
○田中鹿洲「正直正一（少年小説）」四巻二六号（明治三一年一二月一日）［全一回］
○かえふ「奉公始（少年小説）」五巻二五号（明治三二年一二月一日）～二六号（一二月一五日）［全二回］
○漣山人「空気銃（少年小説）」六巻一号（明治三三年一月五日）［全一回］
○漣山人「鬼が城（少年小説）」六巻三号（明治三三年二月一五日）［全一回］

○漣山人「人形の腕（少年小説）」六巻四号（明治三三年三月一五日）［全一回］
○漣山人「メタルの借物（少年小説）」六巻五号（明治三三年四月一五日）［全一回］
○漣山人「渡舟銭（少年小説）」六巻六号（明治三三年五月一五日）［全一回］
○漣山人「五位様（少年小説）」六巻七号（明治三三年六月一五日）［全一回］
○漣山人「怪我兄弟（少年小説）」六巻八号（明治三三年七月一五日）［全一回］
○さざふね「修学旅行（少年小説）」六巻八号（明治三三年七月一五日）［全一回］
○ささふね「帰省日記（少年小説）」六巻九号（明治三三年八月五日）［全一回］
○池田錦水「侠少年」六巻九号（明治三三年八月五日）［全一回］
○漣山人「胆取り（少年小説）」六巻一〇号（明治三三年八月一五日）［全一回］
○漣山人「悔し涙（少年小説）」六巻一一号（明治三三年九月一五日）［全一回］
○漣山人「言葉の餞別（少年小説）」六巻一二号（明治三三年一〇月一五日）［全一回］
○生田葵山人「少年小説　鶏飼ひ」一三巻一三号（明治四〇年一〇月一日）［全一回］
○上司小剣「籠屋の子」一三巻一四号（明治四〇年一一月一日）［全一回］
○西村渚山「少年小説　父様の魚釣」一四巻五号（明治四一年四月一日）［全一回］
○採花学童「少年小説　初投書」一五巻一〇号（明治四二年七月一五日）［全一回］
○鳴海濤蔭「少年小説　壮快極まる筏旅行」一五巻一〇号（明治四二年七月一五日）［全一回］
○武田桜桃「少年小説　空気銃」一六巻五号（明治四三年四月一日）［全一回］
○菊雨「捕まつた野獣」一六巻九号（明治四三年七月一日）～一一号（八月一日）（一〇号を除く）［全二回］
○ささまる「少年小説　おむかひ」一六巻一〇号（明治四三年七月一五日）［全一回］

○武田桜桃「少年小説　白なまづ」一六巻一一号（明治四三年八月一日）［全一回］
○武田鶯塘「電鈴の罪」一六巻一六号（明治四三年一二月一日）［全一回］
○大井冷光「少年小説　名誉の徽章」一七巻九号（明治四四年七月一日）［全一回］
○西出朝風「少年小説　海の使」一七巻一一号（明治四四年八月一日）［全一回］
○生田葵「暴風雨の晩」一七巻一二号（明治四四年九月一日）［全一回］
○ささまる「少年小説　未見の友」一七巻一四号（明治四四年一〇月一〇日）［全一回］
○生田葵「少年小説　人間は志一つで」一七巻一五号（明治四四年一一月一日）［全一回］
○武田鶯塘「少年小説　洞窟内の復讐」一七巻一五号（明治四四年一一月一日）［全一回］
○内藤晨露「少年小説　山上」一七巻一六号（明治四四年一二月一日）［全一回］
○小波「火柱城」一八巻一号（明治四五年一月一日）～八号（六月一日）（二、三、五号を除く）［全五回］
○武田鶯塘「少年小説　喧嘩太郎」一八巻三号（明治四五年二月一日）［全一回］
○沼田笠峰「少年小説　雪の日」一八巻三号（明治四五年二月一日）［全一回］
○小野小峡「少年小説　父の姿」一八巻一〇号（明治四五年七月一日）［全一回］
○有本樵水「少年小説　世界の大発明」一八巻一〇号（明治四五年七月一日）［全一回］
○生田葵「少年小説　親切の勝利」一八巻一一号（大正一年七月二〇日）［全一回］
○松美佐雄「少年小説　十日の柱暦」一八巻一一号（大正一年七月二〇日）［全一回］
○黒田湖山「空気販売店」一八巻一二号（大正一年八月二〇日）［全一回］
○怒濤庵／血面郎・合作「少年小説　怪星」一八巻一四号（大正一年一〇月一日）～一六号（一二月一日）［全三回］

○武田桜桃「少年小説　村への復讐」一八巻一五号（大正一年一一月一日）［全一回］
○黒田湖山「少年小説　面白い約束」一八巻一五号（大正一年一一月一日）～一六号（一二月一日）［全二回］
○小野小峡「少年小説　オシャベリ按摩」一八巻一六号（大正一年一二月一日）［全一回］
○松美佐雄「少年小説　獅子将軍の勲章」一八巻一六号（大正一年一二月一日）［全一回］

検討期間において『少年世界』に掲載されていた〈少年小説〉の作品数は四七作品、件数は七九件であった。(1)一巻当たりの平均掲載件数は約四・三件となる。作品数に比して掲載件数が少ないのは、連載作品が六本しかないからである。読み切り作品が大半を占めているところが〈少年小説〉の特徴といえる。(2)したがって、作品数については、〈お伽小説〉（三六作品）と〈冒険小説〉（二九作品）より多くなっている。なお、女性が主要人物として登場する作品は、「休暇伝」・「人形の腕」・「親切の勝利」・「獅子将軍の勲章」の四作品のみであった。(3)

掲載作品が最も多い作家は一一作品の巌谷小波であり、総作品数である四七作品の二三・四%を占めていた。(4)次に多かったのが六作品の武田桜桃（鶯塘）(5)、つづいて五作品の木村小舟と続く。(6)数字の上では、小波が『少年世界』における〈少年小説〉を代表する作家であるといえるが、そのほとんど（一〇作品）が第六巻に掲載されており、全期間を通して牽引したとはいえない。(7)

小波のプロフィールについては既に述べているので、本節では小波の〈少年小説〉の文学史的位相を明らかにしておきたい。

実のところ、六巻に集中的に発表した〈少年小説〉に先立って、小波は明治二五年に博文館から「少年文学」叢書の第九編として『当世少年気質』、第一三編として『暑中休暇』を刊行している。「少年文学」叢書とは、子ども読者を対象に出版企画された最初期のシリーズで、三二冊（明治二四～二七年）が刊行された。第一編として上梓された『こがね丸』もまた小波の手によるものであったが、同書が仇討ち物で文語体であったのとは対照的に、『当世少年気質』と『暑中休暇』は当時の少年たちの日常生活を言文一致体で描いた作品であった。(8)(9)行論の都合、三作品のあらすじを紹介しておく。まずは、『こがね丸』であるが、虎に父親を殺され、悲嘆に暮れた母親も亡くした子犬のこがね丸が親の仇を討つという作品である。次に、『当世少年気質』であるが、「乞食」と渾名される貧しい少年が勉学に励んで「答辞」を任される「人は外形《みめ》より内心《こころ》」など、同時代の少年たちの日常を描いた短編集である。最後に、『暑中休暇』であるが、校長が暑中休暇の心得を説く「校長の演説」のもと、暑中休暇を過ごす少年たちの日常を描いた短編集である。

興味深いことに、『当世少年気質』と『暑中休暇』は不評であったようだ。木村小舟は『少年文学史明治篇』上巻（童話春秋社、昭和一七年）で、次のように回想している。

（『暑中休暇』について、引用者注）且都会中心に傾ける難もありて、一般地方少年の理想には、聊《いささ》か遠ざかれる点も見え、将《はた》た亦《また》当時としては、実際に近き少年の生活環境を描写せる此の種の内容が、読者の心境に一致せるや否や等々、一々観じ来たれば、此の両書（『当世少年気質』と『暑中休暇』を指す、引用者注）が、必ずしも大成功を収めし者とは認められなかつた。（一六一頁）

「都会中心に傾ける難もありて、一般地方少年の理想には、聊か遠ざかれる点」とは、『暑中休暇』で少年たちが「端艇《ボート》」で遊んでいる様子などを指していると思われる。

同時代評としては、猛八郎が「漣山人のお伽噺」（『早稲田学報』一二三号［明治三二年一月二八日］）で、「主人公とも称すべき者は多くは金満家、門閥家の児童」であり、「貴族的に偏くの僻は、延いて東京、否都的児童及び其周囲を写すが如き傾あり、山人は何か故に山間辺陬《へんすう》の地に生れたる可憐児の良友たる能《あた》はざるか敢て問ふ」と批判している。「貴族的」という批判については、学習院の生徒が小僧を助ける「鶏群の一鶴」（『当世少年気質』）などが該当しよう。

以上の内容に加えて、「実際に近き少年の生活環境を描写せる」スタイルもまた、読者から支持されなかった要因であった。

只管《ひたすら》少年の読み易からんを願ふてわざと例の言文一致も廃しつ。時に五七の句調など用ひて、趣向も文章も天晴《あっぱ》れ時代ぶりたれど、是却《かえ》て少年には、誦し易く解し易からんか。(10)

引用したのは、『こがね丸』の「凡例」である。仇討ち物という内容上の要請もあって、小波は少年読者が読み易いように文語体を用いていた。(11)

桑原（一九七七）は、その背景的要因を次のように説明している。

また、『こがね丸』と同時期に刊行された『幼年雑誌』第一号に寄せた「手枕草紙」は言文一致体で書かれていた。ではなぜ『こがね丸』が特に、文語体で書かれなければならなかったか。これは畢竟『こがね丸』が、描写というよりは、「語り」の伝統を踏まえた作品であったからに他ならないと思う。子供のための文学を頭に置いた時、小波は、描写を基にする小説を考えるよりは、その昔子供であった自分が、秋葉の原で小さな胸を踊らせながら耳を傾けた祭文語りを想い浮かべたのだろうと思う。（四〇〇～四〇一頁）

このような試みが功を奏してか、『こがね丸』は好評であったようだ。たとえば、「模範家庭文庫」（冨山房、大正四～昭和一二年）などの編集を手がけた楠山正雄は「文句まで暗誦」で（『三十年目書き直し　こがね丸』博文館、大正一〇年）、次のように回想している。(12)

「こがね丸」は私のはじめて読んだ子供のための本でした。あれは九歳の冬か十歳の春でしたらうか。（略）「こがね丸」の中の鼠のお駒（？）の「岩見銀山桝落し地獄落し……」云々の浄るりもどきのくどき文句まで、（略）三十年の間忘れずに暗誦してゐるのですからふしぎです。（二〇二頁）

『当世少年気質』と『暑中休暇』は、『こがね丸』と比べて内容とスタイルの点で対照的な作品であり、だからこそ、評判が芳しくなかったのだと考えられるのである。だとすれば、六巻（明治三三年）になって発表された〈少年小説〉は、小波にとって再チャレンジとしての意味合いを有していたはずである。

小舟もまた、「明治のお伽噺に就いて」で（木村小舟編『明治のお伽噺』上巻、小学館、昭和一九年）、六巻における小波の試みを取り上げ、『当世少年気質』および『暑中休暇』に連なる「明治少年の行為心性を描写せる」作品として位置付けている。

然るに、翌第六巻（明治三十三年度）に至るに及び、経営方面の方針変更に依りて、創刊以来、毎月二回発行を堅持したる「少年世界」は、一回発行に更められ、別に新しく「幼年世界」と題するものを創刊して、明かに幼少二者に分つこととなつた。これがために、小波お伽噺も、此の趨勢《すうせい》に順応し、程度高き「少年世界」には、立志少年小説――これ往年の「少年文学」に収められたる「当世少年気質」、並びに、「暑中休暇」に試みられし、明治少年の行為心性を描写せるものにて、後年盛んに行はれたる、かの生活童話の先蹤《せんしょう》をなす者と思はれる――を発表した。（五九頁）

第一次『幼年世界』の刊行（明治三三年）により『少年世界』の読者層の年齢が高くなったことに伴い、〈少年小説〉が手がけられるようになったというのである。冠されていた角書は「少年小説」であったが、「立志少年小説」としてカテゴライズされているように、六巻の作品の多くは〈立志小説〉として位置付けられるものであった。「主筆漣先生の少年小説空気銃あり〔。〕例によりて面白く且昨年よりは少しく高尚なるを覚えたり〔。〕是《こ》れ幼年世界なる弟の生れし故ならん」（平川春水生「本誌第六巻一号を読む」六巻四号〔明治三三年三月一五日〕）のように、読者からも好評だったようだ。

このような作品の受容を考える際に考慮すべきは、当時の就学率である。天野（一九九二）によれば、出席率を考慮した実質就学率が五〇％を超えるのは明治三十年代のことだという。「立身出世をめざす子ども」（前田、一九八九b、三八三頁）を描いたとされる『当世少年気質』であるが、このような登場人物に少年読者が共感をおぼえることができるようになるまでには時間が要されたのである。

此少年世界も此頃では幼年の読者は沢山ないやうである故〔、〕以後は御伽小説の代りに立志小説か少年小説を毎号掲載して僕の様な薄志弱行の少年を教導して頂きたい〔。〕

引用したのは、『幼年世界』の刊行以後、『少年世界』に「立志小説か少年小説」を期待する読者の投稿である（高田重三郎〔無題〕七巻一三号〔明治三四年一〇月一日〕）。作品に描かれた少年の姿に自らを重ねていることがわかる。『当世少年気質』と『暑中休暇』が刊行された明治二五年頃とは違って、実質就学率が向上した明治三十年代になって、内容の上からもスタイルの上からも、[13]〈少年小説〉が読者によって受け容れられる土壌が整えられつつあったといえる。六巻（明治三三年）になって、小波が〈少年小説〉を発表したのは、時宜を得た試みであったと考えられるのである。

第二節　学校化の分析

本節では、『少年世界』に掲載されていた〈少年小説〉において、少年の学校化がどのように語られていたのかについて検討を加える。

学校化（schooled）はイリッチ（一九七七）の用語で、学校制度を通した学びのみに価値を見出す「価値の制度化」を意味するが、[14]本書では主に学校的価値観の内面化という意味で用いることとする。学歴社会の到来に伴い、[15]明治期の少年が立身出世するに際して、学校化は必要条件となりつつあった。「明治少年の行為心性」を「描写」する〈少年小説〉にとって、立身出世はホットな文学的主題であったと考えられる。

第一項　分析対象

そこで、立身出世が主題化された〈少年小説〉を抽出したところ、七作品が該当した（「空気銃」〔漣山人〕・「俠少年」・「言葉の餞別」・「鶏飼ひ」・「おむかひ」・「人間は志一つで」・「村への復讐」）。

さらに、『少年世界』には立身出世の主題化が期待される「立志小説」という角書を冠した作品が一二本掲載されており、そのうちの一〇作品で立身出世が主題化されていたことから、検討対象に加えることとした[16]（【表4-2】）。

【表4-2】立身出世が主題化された〈立志小説〉一覧（明治二八～四五／大正一年）

○江見水蔭「木賃宿（立志小説）」三巻一号（明治三〇年一月一日）～三号（二月一日）［全三回］
○漣山人・閲／森愛軒・作「ボーイ長吉（立志小説）」三巻六号（明治三〇年三月一日）～一〇号（五月一日）（七、九号を除く）［全三回］
○巌本善治「少年立志小坑夫（立志小説）」四巻六号（明治三一年三月一日）～一四号（六月一五日）（八、一〇～一三号を除く）［全四回］
○広津柳浪「納豆売（立志小説）」五巻一号（明治三二年一月一日）～三号（一月一五日）（二号を除く）［全二回］
○新田静湾「逆旅（立志小説）」五巻一九号（明治三二年九月一日）～二三号（一一月一日）（二一、二二号を除く）［全三回］
○山岸荷葉「仇討出世鑑（立志小説）」六巻二号（明治三三年二月一一日）［全一回］
○かえふ生「小実業家（立志小説）」六巻八号（明治三三年七月一五日）～一一号（九月一五日）（九、一〇号を除く）［全二回］
○生田葵山「印絆纏（立志小説）」六巻一〇号（明治三三年八月一五日）～一一号（九月一五日）［全二回］
○生田葵山「亜米利加行（立志小説）」六巻一二号（明治三三年一〇月一五日）［全一回］
○押川春浪「立志冒険小説　二十年目」一三巻八号（明治四〇年六月一五日）［全一回］

〈立志小説〉については、巌谷小波が手がけた作品が認められないこと、生田葵山[17]が比較的多くの〈立志小説〉を手がけていることが明らかとなった。

〈立志小説〉を含めても、立身出世が主題化された作品が一七本に過ぎない点については、ジャンル名が明示されている作品のみを検討するという方法論の問題の他に、次の要因が想定される。立身出世というメッセージが伝記などの他ジャンルや学校訪問記などの記事によって伝えられていたため、〈小説〉というスタイルで立身出世を伝える必要性が認められなかった（あるいは、表現することができなかった）ことが推測される。

次に、学校化の指標として学校生活に着目した。立身出世主義は学校的価値観が意識化される「目的意識的行為（praxis）」の水準で語られやすいのに対して、学校生活は学校的価値観が意識化されない「慣習行動（pratique）」の水準で、すなわちハビトゥスとして描かれやすいと考えられるからである。(18) そこで、学校生活が主題化された〈少年小説〉をカウントしたところ、【表４‐３】の通り、一五作品を得ることができた。

【表４‐３】学校生活が主題化された〈少年小説〉一覧（明治二八〜四五／大正一年）

「休暇伝」・「正直正一」・「空気銃」（漣山人、再掲）・「メタルの借物」・「五位様」・「怪我兄弟」・「修学旅行」・「帰省日記」・「初投書」・「空気銃」（武田桜桃）・「白なまづ」・「名誉の徽章」・「未見の友」・「喧嘩太郎」・「雪の日」

以上の三一作品について（二つのリストで重複してカウントした「空気銃」〔漣山人〕の一作品分を減じている）、検討を加えることにしたい。

第二項　立身出世が主題化された〈少年小説〉

ここでは、立身出世が主題化された七作品の〈少年小説〉（立身出世が予期される作品を含む）について、学校を経由する作品と学校を経由しない作品に分けて検討する。立身出世を物語るにあたり、作品において学校が価値付けられているのか否かを明らかにしたいからである。

検討の結果、前者が四作品（「空気銃」〔漣山人〕・「言葉の餞別」・「おむかひ」・「人間は志一つで」）、後者が三作品（「侠少年」・「鶏飼ひ」・「村への復讐」）となった。総数が少ないので一般化はできないが、学校を経由しない立身出世物語が少なくない点が注目される。

なお、今回の検討期間は、高等小学校卒業者が上級学校に進学できず、立身出世熱を修復する必要が生じた時期を含む。そこで、竹内（一九八八）による立身出世主義の修復過程モデルを参考に、「縮小」型・「代替」型・「冷却」型・「再加熱」型の観点から分析を加えることとした。

「縮小」型は、立身出世主義という支配的文化目標の枠内で、在郷少年が修養に努めながら農業などに従事するようなタイプ、「代替」型は政治家から企業家へと目標を変更するようなタイプ、「冷却」型は立身出世主義という支配的文化目標に価値を見出さなくなるタイプ、「再加熱」型は就学ないしは進学を断念したものの、再チャレンジの機会を得て勉学に励むタイプである。なお、とくに就学に障害がなく、立身出世主義を遂行しているタイプについては「加熱」型と呼ぶことにする。

（一）学校を経由する立身出世物語

まずは、「空気銃」（漣山人）であるが、新式の空気銃を買ってもらい、別荘の敷地で狩猟の真似事をしていた「僕」が小姓の小一に叱責される。病気の父親に代わって忠実に敷地の管理に従事している働きぶりに加え、寸暇を惜しんで勉学に励んでいる様子に感心した「僕」は、父親に頼んで小一を東京に連れ帰り、中学校に通わせる。中学校入学までしか描かれていないが、首席を占めるなど、小一の立身出世が予期される作品であり、「再加熱」型の典型である。

階級差のある少年同士の交流については、『当世少年気質』の「鶏群の一鶴」と『暑中休暇』の「復習」で描かれていたので、参考までに確認しておく。

「鶏群の一鶴」では、売り物のうどんを路上にぶちまけて泣いていた小僧を学習院の生徒が助けるのだが、その交流はその場限りのものであった。一方、「復習」では、一年前に学校を退学した読書好きの操一という少年が勉強熱心であることを理由に不二夫の家に引き取られる。二人の出会いは「唱歌」を機縁としており、立身出世のルートに乗る条件として学校化されていることが指摘できる。

「空気銃」の小一もまた、「復習」の操一と同じく、次のように学校化された少年として造形されていた。

（略）十二まで尋常小学校に居たが、其処《そこ》を卒業してからは、こんな田舎なものだから、もう入る学校は無し、仕方が無いから阿父さんに手伝《（ママ）》つて、詰らない百姓をして居ながら、根が大の本好きなので、閑さへあれば本を出して、一生懸命に読んで居るのだと云ふ。（六巻一号［明治三三年一月五日］）

次に、「言葉の餞別」であるが、神童とまで謳われた主人公の虎一は、家が貧しく父親が年老いているため、上京することができず、郵便局員として悶々と暮らしている一六歳の少年である。不孝者と誇られることを覚悟して父親に願い出たところ、「行って来い」という言葉の餞別をもらって上京する。なお、成功を収めるかどうかは不明であるが、虎一は「勉強家」であり上京して学問を修めたいと考えていることから、学校経由の立身出世が予期される作品として位置付けた。タイプとしては「再加熱」型だといえる。

ああ不孝者！　そんな忌《いや》な名は呼ばれ度《た》くない。が、若《も》し他日志を得て、更に大孝行を為す事が出来るとすれば、今日の不孝位は、又確かに償へるだらう。（六巻一二号〔明治三三年一〇月一五日〕）

親孝行と上京の夢との間で揺らいでいる少年の気持ちが描かれている作品なのだが、ここで注意したいのは、虎一が次男であるという点である。虎一には「意気地無しで、高が警察の小使」である兄がいる。兄に甲斐性がないため、年老いた父親を残して上京することを躊躇っていたのだが、長男に家督相続権を与えていた明治民法下では次男以下の少年が家を出ることは当たり前であった。次男であることに加え、父親の許可を得てから上京している点で、虎一は社会的逸脱から免れている少年であるといえる。

続いて、「おむかひ」であるが、村から「軍人になられる学校」へ入るべく上京した兄が休暇になって帰省するのを弟が出迎えるという作品である。

自慢の兄の帰省を心待ちにする弟の様子を描いた小品なのだが、兄弟揃って軍人を立身出世の目標としている点が他作品との相違であった。ちなみに、兄は陸軍志望で、弟は海軍志望である。二人については立身出世主義の修復の必要がないことから、「加熱」型の作品だといえる。

最後に、「人間は志一つで」であるが、語り手が子どもの頃に村を出た孤児の友人と再会する。苦学の末、医者になり、虐待を受けていた伯父にも仕送りしていることを知る。この兄弟は再チャレンジしているので、タイプとしては「再加熱」型だといえる。

「何しろ東京へ来まして行処もありませんから貴方《あなた》の祖母さんに頂いた御金を資本に弟には辻占売をさし、私は新聞の呼売を遣つたものです、其れでも奈何《どう》にか生活が出来まして、三四ヶ月経つて木賃宿から弟に小学校へ通はし、私は私で神田の学校に通つてもう二人とも一生懸命だつたのです」（一七巻一五号〔明治四四年一一月一日〕）

苦学の末、孤児が成功を収めている点で、立身出世物語の典型であるといえる。語り手の祖母からもらった資金を頼りに東京での暮らしを始めているので無一文ではないが、裸一貫苦学に近い。なお、日露戦争で軍医として従軍し「勲六等」を授かっている。

(二)　学校を経由しない立身出世物語

まずは、「俠少年」であるが、村の餓鬼大将として燻っていた藤次郎という少年が上京して俠客として名を馳せ、「立身出世」を遂げるという作品である。

作中で「立身出世」という言葉が使われているものの、立身出世の到達点が社会的に逸脱している「俠客」であり、代替的目標になりえない点で類型に当てはまらない作品であった。ただし、慈善事業を手がけるなど、向社会的な一面も認められた。

次に、「鶏飼ひ」であるが、貧乏であることに加え、木こりである父親が後遺症の残る怪我をしたため、高等小学校を卒業することができなかった一四歳の兵太郎が五羽の鶏をもらい受け、養鶏で身を立てるという作品である。村でも有数の富豪になっている点では成功者であるのだが、兵太郎は勉強立身を目指している訳ではなく、「農夫か、それとも商売人になつて、せめてお父親《とつ》さんが老年《としと》つたら安楽に暮らさして上げやうとそればかり念じて」

いるような少年である（一三巻一三号［明治四〇年一〇月一日］）。勉強立身するという立身出世熱が「縮小」されているわけではなく、分相応の職業を得ていることから、立身出世熱を「代替」するような作品だといえる。

最後に、「村への復讐」であるが、村中から疎まれていた孤児の一郎という一三歳の少年が東京で成功して得た財力により村を支配するという作品である。

一郎は村に対する憎みの心を、金と米とにかへたのだ。そして強羅一郎は此村を支配する事になつた。今実業界に雄飛する強羅一郎は、其少年時代圧迫に圧迫を加へられた村に対して立派な復讐を遂げたと云はれた。（一八巻一五号［大正一年一一月一日］）

立身出世の動機（「憎みの心」）と結果（「支配」）のいずれもが反社会的で、立身出世物語としては異色であり、類型に当てはまらない作品であった。

第三項　立身出世が主題化された〈立志小説〉

ここでは、立身出世が主題化された一〇作品の〈立志小説〉について（立身出世が予期される作品を含む）、学校を経由する（ことが予期される）作品と学校を経由しない作品に分けて検討することとした。

検討の結果、前者が四作品（「納豆売」・「仇討出世鑑」・「亜米利加行」・「二十年目」）、後者が六作品（「木賃宿」・「ボーイ長吉」・「小坑夫」・「逆旅」・「小実業家」・「印絆纏」）となった。総数が少ないので一般化はできないが、学校を経由しない立身出世物語の方が多い点が注目される。分析の観点は前項と同様である。

（一）学校を経由した立身出世物語

まずは、「納豆売」であるが、家計を支えるために納豆売りをしている仙二という少年が三郎という少年を突き飛ばしてしまう。後日、三郎に意趣返しされ、売り物の納豆を往来にぶちまけられる。事件の顛末を聞いた母親に諭された三郎は仙二の家に謝りに行き、それを機縁に仙二は大内家の援助により学校に通えるようになる。「再加熱」型の典型的な作品だといえる。

（略）終《つい》に其貸長屋を無賃で与へられ、仙二も納豆売に抱へた笊《ざる》に引換へ、三郎が弁当持ちて供《（ママ）》しながら、小学校へ通つて、今年は尋常二年級の首席を占めて居るとの事である。（五巻三号［明治三二年一月一五日］）

学校に通えるようになるまでしか描かれていないが、「首席」を占めていることからも、仙二が学校を経由して立身出世することが予期される結末となっている。

仙二を引き取った三郎の父親は陸軍少佐であり、大内家は裕福な家庭であった。巌谷小波の「空気銃」などにも認められた庇護型の立身出世物語は、進学できない少年たちの存在を逆照射していよう。

次に、「仇討出世鑑」であるが、芋屋の息子で貧しいながらも勉強家の小学生である誉田立太郎が「餓鬼大将」の育造をリーダーとしたグループに苛められるものの、世話になっている院長夫婦の励ましを胸に刻苦勉励し医学博士になるという作品である。他家に引き取られるなど、境遇に変化がなく、当初から勉学に励んでいることから、「加熱」型として位置付けた。

立太郎は勉強家であり、学校化されている少年として造形されており、学校を経由した典型的な立身出世物語であるといえる。育造は芝居ごっこに興じている「餓鬼大将」で、院長の妻から「碌なものにはなれない」と言われ、

「土方」になったことをネガティブに語られたりしていた。

この作品で注目されるのは、ウィークネス・フォビアが認められた点である。

「苛《いじ》められた？　意気地が無い。苛められるのはお前が弱いからだ〔。〕些《ちつと》強くなつて、苛め返すが好《いい》わ。」／いつに似合はぬ先生の冷淡なのを、立太郎は一層残念に、「向は大勢ですもの。」／「大勢だ、大勢だつて何だつてよ。見ろ、私なんかは病人が大勢あつても、医者の私は一人で向つて行つて、屹度《きつと》此方が勝つて来て見せる。強いだらう、どうだ。お前も私見た（ママ）やうに早く強くなれ。」（六巻二号［明治三三年二月一一日］）

引用したのは、苛められた立太郎に投げかけた院長の言葉である。非は育造たちにあるのだが、苛められる側の「弱さ」は克服すべき対象として語られていた。

続いて、「亜米利加行」であるが、港で人足をしながら夜学に通っている孤児の初之助という一六歳の少年が掏りの被害に遭ったアメリカ人を助けたことから、ニューヨークの大学で学問する機会を得るという作品である。当初から夜学に通っているので「加熱」型と位置付けた。

夜学に通っているように、初之助は学校化された少年である。成功を収めた訳ではないが、孤児で人足の少年がニューヨークで高等教育の機会を得るという展開は立身出世として受け入れられたと思われる。

最後に、「二十年目」であるが、主人公の武雄は両親を亡くした上に虎蔵という男に実家を乗っ取られ、「乞食小僧」にまで身をやつす。雄蔵という村の青年から東京に上京して学問するよう勧められ、雄蔵の兄貴分の元で体を鍛えるとともに勉強に励み、工科大学を卒業し事業に成功する。二十年後に村に戻り、虎蔵により窮地に立たされた雄蔵を助け、虎蔵に復讐を果たす（相撲に勝ち、財産を没収する）。なお、角書は「立志冒険小説」であるが、「冒険」よりも「立志」の方にフォーカスが当てられているので〈立志小説〉として取り上げることとした。再チャレンジしているので、タイプとしては「再加熱」型である。

なお、「復讐」が財力によって成し遂げられている点は「村への復讐」を想起させるが、健全な身体に健全な精神が宿るような設定であり、「村への復讐」に認められた不健全さは認められなかった。

（二）学校を経由しない立身出世物語

まずは、「木賃宿」であるが、母子家庭の松太郎という一六歳の少年が立身出世を夢見て上京し、東京にたどり着くまでに泊まった木賃宿で現実の厳しさを知るという作品である。ただし、松太郎が東京にたどり着くまでしか語られておらず、展開からして立身出世は予期しにくいと思われる。

> 彼（松太郎の外套を盗もうとした男、引用者注）とても、初めから木賃宿の帳面方ではない。相応の教育を受けた者、可成りの財産も有つた者、それが或る失望から酒色に耽つて、加へて花合戦にうつつを抜かして、終に這《こ》んなに成つたのだといふ。（三巻三号［明治三〇年二月一日］）

社会の誘惑に負けて落ちぶれた帳面方の姿は、松太郎の上京熱を「冷却」したに違いない。このようなエピソードを交えながら、上京するまでの苦労がクローズアップされていることから、読者の上京熱もまた「冷却」したと考えられる。(19)

次に、「ボーイ長吉」であるが、一四歳の長吉という少年がロンドンに向かう日本郵船会社の新造汽船にボーイとして乗り込む。暴風のなかで国旗を下ろしたり、海に落ちた友人を病気明けの身体で助けたり、獅子奮迅の働きをみせる。ラストでは、航海術を学ぶため、ロンドンに残っている。タイプとしては、主人公が目標を変更していないことから、「加熱」型として位置付けられよう。

この作品では、海事思想（「海軍思想」）が顕著に主題化されていた。

（略）其に日清戦争の大勝利が、戦勝国民の頭脳にキリリツと揉込みし海軍思想は、忽《たちま》ちに燃上りて、徳川以来三百年、遠征冒嶮の精神を忘れ果てたる弱虫も、二夕口目には日本海を一ト呑《のみ》にし、太平洋を一ト跨《また》ぎにする大した勇気、これでこそ我日本の国民が、行末頼母《たのも》しくぞ覚ゆなる。（三巻六号［明治三〇年三月一日］）

このような海事思想を体現した少年が長吉であった。

松田長吉、沈重の性質なれども、壮快の挙動屡《しばしば》人を驚かし。豪毅活発の気象も、軽々しく面にあらはさず。常に文字音楽の嗜好ありて、挙止動作をさをさ成人に劣らず。（同右）

ボーイとしての働きが評価されてロンドンで航海術を学ぶ機会を得るまでが描かれているのだが、長吉が目指しているのが海軍士官であるのか民間の航海士であるのかについては明言されていない。日本郵船会社の船舶の船長である長吉の父親は黄海海戦で戦死を遂げている。したがって、海軍士官を目指すという展開も考えられるが、ストーリーからして民間の航海士を目指していると思われる。軍人としてではなく、民間人として殖産に励む船長は〈冒険小説〉にも散見され、海国少年の理想像であった。

ちなみに、「少年小説」等の角書は冠されていないが、武田桜桃が一〇巻（明治三七年）に連載した「俠骨児」

〈全五回〉でも海国少年の立志譚が語られていたので、参考までに取り上げることにしたい。

華族の子弟である辰麿の馬車が子どもを轢き逃げしたのを目撃し、巳の助という少年が辰麿の家に乗り込む。巳の助は、辰麿の父親に義俠心を見込まれ、学友として引き取られて学校に上がらせてもらえるようになる。二年後、打ち解けた二人は、辰麿の父親に資金を調達してもらうなどして、少年を乗組員とした日本号の建造に着手し、やがて海賊船を拿捕するなどの手柄を立てる。

恵まれない家庭の少年が裕福な家庭に引き取られるという〈立志小説〉の結構に加え、海事小説的展開が繰り広げられている点で、〈立志小説〉と〈冒険小説〉の両ジャンルが組み合わさったような作品として注目される。

続いて、「小坑夫」であるが、母親を亡くして孤児となった正吉という少年が足尾銅山の坑夫長である叔父に虐待されて家出する。子どもの命を助けたことから、幸太郎という水車小屋の番人が養父になってくれ、出世を果たす。

〈略〉数年の後正吉も成人して、坑夫長に採用せられ、およしを妻にして一家を持ち、姉のお松も他に嫁入をした。正吉は智慧あつて律儀なる〔の〕とまた勉強するのとで、段段に出世をなし、遂には技師に上進して、足尾一山の、出世の鏡となつた。〈四巻一四号〔明治三一年六月一五日〕〉

正吉は危険を冒してまで数少ない持ち物である本を取りに帰るほどの勉強好きであり、学校文化と親和的な少年ではあるが、正吉の「出世」が顕官ではなく「技師」である点が注目される。分相応な「出世」を遂げた正吉の生き様を称賛することで、「技師」を立身出世の代替的目標に据えた作品であるといえる。

「逆旅」は、松江出身で政治家を夢見ている一六歳の少年が親友とともに東京を目指し、掏りに遭ったり詐欺に遭ったり辛酸をなめるが、同郷の「政論家」が主筆を務める新聞社から声がかかるという作品である（未完の可能性がある）。

父親と妹との三人暮らしである「我」は長男でありながら、父親の許可を得ずに「家出」をしている不孝者である。

> 我は元来政治家に成りたいといふの念を抱いて居るから早晩東京に出でて其の目的を達せねばならぬ。今家を出でては親に対しての不孝は免れ難きも、後来《のち》にこれを償ふことが出来るから暫《しば》し不孝を赦《ゆる》して下されと、心の中に拝みながら十六歳の秋、これも我の如き無鉄砲組の隊長、我には無二の友たる山谷豪三を語らひ少許《わづか》の旅費を懐にして遂に故国を飛出した。（五巻一九号［明治三二年九月一日］）

「言葉の餞別」との相違は父親の許可を得ずに上京している点である。不孝者が罰せられない展開は「家出失敗物語」で罰せられていた少女とは対照的だ。ちなみに、山谷は「水産伝習所」を志望していた。

道中における苦労話がほとんどなので、「木賃宿」と同じく上京熱を「冷却」する側面もあるが、最終的には上京を果たしているので、「加熱」と「冷却」が同時に働いている作品であるといえる。

「小実業家」は、騙してでも利益を上げればよいという父親の考え方を友人に諭されたおかげで、詐欺師とならずに実業家になることができた少年の物語である。

「実業家」が立身出世の目標として設定されている点が珍しい作品である。ただし、「商人の子は商人になるのは是や当然なんだから」（六巻一一号［明治三三年九月一五日］）という発言があるなど、分限思想から自由ではない。したがって、「実業家」は立身出世の代替的目標として設定されているといえるが、分不相応な立身出世を目指す読者の立身出世熱は「縮小」されたかも知れない。

最後に、「印絆纏」であるが、捨子の清吉という大工の少年が養ってくれた山田のご隠居の恩に報いようと、ご隠居の孫娘たちを火事から救い出す。その手柄を認められ、山田家の養子となり、大工から請負事業を任される「紳士」となる。

義理人情の方が主題化されているとはいえ、「大工」が立身出世の代替的目標として語られている点が珍しい作品である。

第四項　学校生活が主題化された〈少年小説〉

学校生活の検討に先立って、主人公が通っている学校の段階を確認しておきたい。一五作品のうち、小学生が六作品（「休暇伝」・「五位様」・「怪我兄弟」・「修学旅行」・「初投書」・「未見の友」）、中学生が四作品（「メタルの借物」・「帰省日記」・「名誉の徽章」・「喧嘩太郎」）、校種不明が五作品（「正直正一」・「空気銃」〔漣山人〕・「空気銃」〔武田桜桃〕・「白なまづ」・「雪の日」）であった。

小学生が主人公の作品のうち、高等科に在籍していることが確認できた作品は三作品である（「休暇伝」・「修学旅行」・「未見の友」）。中学生が登場する四作品を合わせると、七作品で高等小学校以上の少年の学校生活が描かれていたことになる。なお、校種不明作品のうち、「正直正一」については主人公が端艇部の「学生」であること、「空気銃」（漣山人）については主人公と同年齢とされる少年が尋常小学校卒であること、「空気銃」（武田桜桃）と「雪の日」については主人公が学生服姿であることなどから、これらの作品の主人公もまた高等小学生以上の可能性が高い。

尋常小学校の年限に変化はみられるものの、明治期の義務教育年限は尋常小学校卒業までであった。「少年世界の読者に告ぐ」(『少年世界』一巻二三号［明治二八年一二月一日］)で確認した通り、『少年世界』は高等小学生から中学生までを読者対象としていた。学校生活を主題とした作品に限られるものの、〈少年小説〉は読者対象と同じく、義務教育終了後の学校生活を描く傾向にあった。

さて、一五作品で描かれていた学校生活を概観したところ、喧嘩が描かれている作品が八作品あり、半数以上を占めていた(「メタルの借物」・「五位様」・「怪我兄弟」・「空気銃」［武田桜桃］・「白なまづ」・「名誉の徽章」・「喧嘩太郎」・「雪の日」)。そこで、喧嘩を主題とした作品とそれ以外の作品に分けて検討することとした。

(一) 喧嘩を主題とした〈少年小説〉

喧嘩を主題とした八作品のうち、喧嘩相手と友人関係を結ぶ作品が四作品(「怪我兄弟」・「空気銃」［武田桜桃］・「喧嘩太郎」・「雪の日」)、喧嘩相手との関係が修復されない作品が四作品であった(「メタルの借物」・「五位様」・「白なまづ」・「名誉の徽章」)。[20] 同工異曲の展開である作品が多いため、典型例を中心に検討を加える。

まずは、「怪我兄弟」であるが、勉強ができる国井孝一という少年を妬んだ「僕」が、泳げないことを知りながらも、孝一を游泳に誘い怪我させてしまう。良心の呵責から見舞いに行くのだが、その母親からよろしく頼まれ、仲良しになるという作品だ。

孝一が苛められたのは、次のような性質が原因であった。

けれども僕等に云はせれば、ちつと大人し過ぎるので、何だか因循し、女の子見たいだから、友達がみんなからかつて、「国井のお嬢さん」と仇名をつけたり、又「お孝さんお孝さん」と呼んで居た位ゐだ。(六巻八号［明治三三年七月一五日］)

「女の子見たい」からもうかがえるように、孝一は男らしさに欠ける少年として造形されていた。「僕等は海国の男子ぢやないか。海国男子が游泳を知らないぢやァいけない、え、君、行かうぢやないか」という誘い文句からは、当時の少年にとって「海国男子」が理想像であり、「游泳」が欠かせない技能であったことがうかがえる。

孝一のように、男らしくないという理由で苛められる作品は八作品のうち六作品が該当した。その性質・行為を列挙すれば、「柔順しい」（「空気銃」［武田桜桃］）、「告げ口」（「雪の日」）(21)、「法螺を吹く」（「メタルの借物」）(22)、「身贔屓」（「五位様」）、「卑怯者」（「名誉の徽章」）となる。男らしさからの逸脱が「喧嘩」を正当化しているのである。

したがって、喧嘩相手に男らしさが認められれば、友人関係を結ぶことになる。たとえば、「空気銃」（武田桜桃）では、学校で乱暴者として知られている虎太という少年が空気銃で悪さを働いたところ、大人しいとばかり思って侮っていた級長の宮島に投げ飛ばされ、級長のようになりたいと改心している。

僕はこの柔順《おとな》しい宮島に、あんな大胆な事が出来るのか知らと思つた、そして其日から僕は宮島を真個《ほんと》に豪《えら》い人だと思った。／それからと云うもの、僕は乱暴が出来なくなつた、宮島のやうでなければ、真個の豪い仕事は出来ないと思つたからだ。（一六巻五号［明治四三年四月一日］）

宮島は「大変な富豪」で、「僕の級で、一番柔順しい、そしてまた学問の出来る」少年なのだが、虎太を投げ飛ばす腕力に加え、怖気付かない豪胆さを兼ね備えていた。勉強ができるだけでは孝一のように苛められかねないが、学校化と男らしさを両立した宮島は理想的少年像であったといえる(23)。

このように男らしさが賞賛される物語世界では、ウィークネス・フォビアが顕在化する。たとえば、「五位様」では、金満家の父親が華族に列せられ、父親の威を借りている庭賀富雄が同級生から「五位様」と揶揄われるなどのいじめに遭って不登校になるのだが、仲直りする訳でもなく、学校に来なくなったままで作品は終わっている。富雄は付き添いなしでは学校に通えない意気地なしで、苛められて泣き出してしまう少年として造形されており、ウィークネス・フォビアの対象になりやすい性質を備えていた。(24)

ウィークネス・フォビアが描かれた作品としては、「名誉の徽章」が注目される。丸の内中学に入学した高瀬という少年が同校の生徒が私立の鉄門中学生に怯えているのを目の当たりにし、丸の内中学の生徒と喧嘩する。情けなさに学校を退学しようと思った矢先、偶然知り合った英国陸軍中尉に諭され、丸の内中学の校風を変える決意をするという作品である。

親日家の英国陸軍中尉から「勇気」を認められ、日本男児としてのナショナル・アイデンティティが権威付けられているが、ここで注目したいのは高瀬が喧嘩した理由の方である。丸の内中学の生徒が鉄門中学の生徒に道を譲った行為について、高瀬が「いけない、僕は新入生だが、同じ学校の徽章を着けた以上は君等の様な卑怯者は免して置けぬ、学校の体面を傷付ける為めの徽章なら早く取つて仕舞ひ給へ」と抗議したことから（一七巻九号［明治四四年七月一日］）、喧嘩沙汰になっているからだ。

学校の名誉のために立ち上がる高瀬は、学校化されていると同時に、軟弱な少年を嫌悪するウィークネス・フォビアの持ち主として造形されている点で理想的な少年像であったと考えられる。

(二) その他の〈少年小説〉

ここでは、「休暇伝」・「正直正一(25)」・「空気銃」（漣山人）・「修学旅行」・「帰省日記」・「初投書」・「未見の友」のうち、学校化が顕著に認められた作品を中心に検討する。

まずは、「休暇伝」であるが、吉水という担任教師が暑中休暇中の遊び方を小学校高等科四年の少年少女に考えさせ、少年少女たちが農業・川のスケッチ・動植物の採集・探検・看護・集会場の建設などを発表し合うという作品である。

教師が暑中休暇の心得を伝えるという結構は、「校長の演説」に統括された『暑中休暇』と同型である。(26) 前田（一九八九b）は『暑中休暇』を論じ、校長が提示しているのは「身体の鍛錬や知識の拡大という目的がじつにはっきりしている」もので、「学校教育のなかで公認されるこうした山の手型の新しいアソビ」であると指摘しているが（四〇六頁）、「休暇伝」にも当てはまる。

「休暇伝」は、餓鬼大将に勉強家、裕福な家庭と貧しい家庭の子ども、少年だけでなく少女も発表するなど、子どもたちにバラエティが認められる稀有な作品として評価されるが、作品内の教師のポジションに子どもたちを学校化するまなざしの拡大が看取される。ちなみに、「空気銃」（漣山人）は冬季休業を扱っているが、夏季休業に比して物語化されることは少なかったようだ。

「修学旅行」もまた、教員に管理されるタイプの作品であった。高等科の修学旅行を描いた作品なのだが、「今度の旅行の第一目的とするところは大に皆さんの見聞を博《ひろ》くせん為に、種々の標本を採り集めようと思ふのです」（六巻八号［明治三三年七月一五日］）という「校長の演説」が冒頭に置かれている。

ただし、「蜂に刺されて手を痛め、汽車に遅れて校長に叱られ、車窓から首出して松永先生にやられ、飯を食ひすぎて世話やかれ、して見ると如何《どう》しても、僕は第一等の腕白大将！」（同右）とあるように、修学旅行を楽しむ「僕」の様子が点描されており、学校生活を描写した典型的な〈少年小説〉でもある。ちなみに、作者の木村小舟は「帰省日記」でも、上京していた中学生が帰省する様子を綴った〈少年小説〉を手がけている。(27)

最後に、学校化とは両義的な関係を有していた投稿文化を描いた、「初投書」と「未見の友」を取り上げたい。「初投書」は、岡村という少年が『少年世界』の常連入選者である花園少年と交流したのを契機に、『少年世界』

に投稿し入選するという作品である。「未見の友」は、尋常科を首席で卒業した褒美に父親から『少年世界』の購読を許された少年が常連の投書家となり、意気投合したKという少年の訪問を受け、親交を深めるという作品である。

いずれも、『少年世界』で活躍する投稿少年たちが交友を結んでいる。「ああ私は少年世界のおかげで、こんな益友を有《も》つたことを、大いなる誇りとしなければなりません」（「未見の友」一七巻一四号〔明治四四年一〇月一〇日〕）のように、読者の交流する様子がポジティヴに描かれていた。

学校化の観点から注目されるのは、両作品で学校文化との親和性が強調されている点である。「初投書」では、次のような記述が認められた。

かう云へば（書斎に書籍雑誌類が堆く積まれている描写を指す、引用者注）花園は、学校の事を抛《なげう》つて、専心雑誌類を耽読して居るかと云ふに、決してさうではない〔。〕彼は現に級長の職を勤め、品行方正、学力優等の故を以て、之迄《まで》にも幾度か賞典に預つて居るのだもの、よし暑中休暇になつたればとて、彼は寸時も学業を等閑にせず、朝は人よりも先に起きて、涼しき間に復習を済ませ、更に適度の運動を試み、身体共に健全の人である。

（一五巻一〇号〔明治四二年七月一五日〕）

暑中休暇中の心得を述べた石井研堂「休暇中の消光。」（『小国民』四年一五号〔明治二五年八月三日〕）で「鄙猥《ひわい》なる小説本を坐右におく如きは、学生の深く耻べき所なり」と注意が喚起されているように、暑中休暇に雑誌を耽読することは当時の少年にとって好ましくなかった。だからこそ、学業に励み、運動も試みていることが殊更に強調されたのだと考えられる。「浮華と軟弱とは、少年雑誌の性質として、大禁物、のみならず吾々も好まない所です」

という岡村に対するアドバイスも、投稿少年が軟派ではないというメタ・メッセージを伝えていよう。「未見の友」では、「学課の余暇には、文章の錬磨と云ふことに、重きを置く様になつたのです。さう云ふ有様ですから、自然学校に於ける作文もいつとはなしに上達して、受持先生から賛辞を戴く様になりました」（一七巻一四号［明治四四年一〇月一〇日］）のように、学力向上が取り立てられていた。

ただし、「第一等賞になつたばかりか、非常に過分なる評言を下された時の私の愉快は、恰《あたか》も尋常科卒業の時に、式場に於て、答辞を読んだ時の愉快よりも、猶一層其感が深かつたと云つてよろしい」（同右）のように、「第一等賞」が「答辞」より名誉とされていた。投稿が学校より上位に置かれている点で、学校文化を軽視する記述として警戒されたと思われる。

第三節　学校化の語られ方

第一項　立身出世熱

一七作品の立身出世物語のうち、学校経由が八作品に過ぎず、立身出世主義において学校が相対化されていることが明らかとなった。また、「おむかひ」と「小実業家」を除いた一五作品の少年が恵まれない家庭環境にあった「空気銃」（漣山人）のように、篤志家に引き取られない限りは、学校を経由して立身出世することが困難であった現実を反映していると思われる。

木村小舟は「苦学行」（一一巻一三号［明治三八年一〇月一日］）で、勉強立身を目指して上京してきた『少年世界』の愛読者が病気にかかり帰郷を余儀なくされたエピソードを伝え、「何ぞ必ずしも都会に飛び出して袖手《しゆうしゆ》なすなく、空しく愚を郷党に曝《さら》すことを要する」と上京熱の「冷却」を試みている。このような地方少年が少なくなかったことがうかがえる。ただし、立身出世物語のうち、上京熱を「冷却」する作品は「木賃宿」と「逆旅」の二作品しか認められず、少なかった。

学校を経由した立身出世物語では「加熱」型が三作品（「おむかひ」・「仇討出世鑑」・「亜米利加行」）、「再加熱」型が五作品（「空気銃」［漣山人］・「言葉の餞別」・「人間は志一つで」・「納豆売」・「二十年目」）であったのに対して、学校を経由しない立身出世物語では「加熱」型および「再加熱」型の作品は「ボーイ長吉」しか見受けられず、「代替」型の作品が相対的に多数を占めていた(28)（「鶏飼ひ」・「小坑夫」・「小実業家」・「印絆纏」）。

学校を経由するか否かで、立身出世に対する動機付けやゴールに相違があることが明らかとなった。『少年世界』における立身出世物語では、立身出世の経路と到達点が多種多様であり、「立身出世をめざす子ども」（前田、一九八九b、三八三頁）は一枚岩ではなかったといえる。

『少年世界』における立身出世主義を知る上で参考になるのが「立身と試験」（一八巻五号［明治四五年三月一〇日］）という臨時増刊号である。「立身小訓」では「混濁せる都会に飛び出さうとする貧家の少年」に「再思」を求める一方で、「在郷少年に告ぐ」では「中学に進むのみが、立身出世の階段ではない、成功の端緒を開くのではない、農工商業に従ふ者も、又出世の光を仰ぐことが出来る」というメッセージを伝えている。少年読者の上京熱を「冷却」する一方で、農業・工業・商業に従事する在郷少年たちに対しては個別にアドバイスを送ることで立身出世の代替的目標を提示しているのである。学校を経由しない立身出世物語で「代替」型が多かったことは、このような『少年世界』の方針と軌を一にしている。『少年世界』は、学校を経由して立身出世を達成できない人々の失意を修復することに貢献したと考えられるのである(29)。

ちなみに、「少年小説」等の角書は冠されていないが、生田葵山が「納豆売」（八巻五号［明治三五年四月一日］）・「少行商人」（九巻一〇号［明治三六年八月五日］）・「小按摩」（一〇巻二号［明治三七年二月五日］）で、立身出世の機会に恵まれない少年の日常を描いている点が注目される。いずれの作品でも、夜学や盲唖院などの学校に通う機会を得ているが、生活難がクローズアップされている作品であった。

第二項　学校生活

学校生活が主題化された作品については、学校化された主体の養成と読者共同体の学校化を指摘することができる。

まずは、学校化された主体の養成についてであるが、「休暇伝」と「修学旅行」に顕在化していた。学校化された主体とは、学校的価値観を内面化した結果、学校的価値観に自発的に従属する主体を指す。「休暇伝」と「修学旅行」では、作品の冒頭に示された教師の訓話や校長の演説の通りに行動する児童・生徒が描かれており、学校化された主体が「服従する主体」であることを如実に示していた。

このような主体は、「喧嘩」を主題化した作品に認められたように、ジェンダーを通して描かれることが少なかった。喧嘩は喧嘩相手の男らしさの欠如に起因することがほとんどで、ウィークネス・フォビアが認められた。〈お伽小説〉と〈冒険小説〉では軟弱な少年が描かれることは例外的であり、ジェンダーの語られ方がジャンルにおいて異なることが示唆される結果となった。

なかでも、「怪我兄弟」と「空気銃」（武田桜桃）では、「勉強家」や「級長」のように学校化された少年が喧嘩相手になっていた。学校化された少年が男らしくない存在としてイメージされていたことがうかがえるが、「空気銃」では喧嘩相手の男らしさが見直されていた。「名誉の徽章」や「喧嘩太郎」にも認められることから、男らしさを損なうことなく、学校化されることが理想であったことがわかる。

次に、読者共同体の学校化についてであるが、「初投書」と「未見の友」に認められた。土居（二〇一三）によれば、『少年世界』では、読者投稿を通して活発な交流が生まれていた。投稿文化は、同時代を生きているという共同性に加え、同じ趣味を共有しているという同質性、そして雑誌に参画しているという主体性の三点から、少年によるホモソーシャルな読者共同体の構築を促したと考えられる。

しかしながら、第一部第三章および第二部第一章でみたように、読者の虚栄心を増長したり、学業不振を招いたりするなど、投稿文化は課外読み物規制の観点からは警戒されるものであった。有害図書として排斥されかねない児童雑誌だからこそ、「初投書」と「未見の友」においては学校文化との親和性が強調されていたのだろう。

ちなみに、「初投書」と「未見の友」の作者である木村小舟は、両作品を発表するより前ではあるが、地方の「少年学生」が文学雑誌を発行することに苦言を呈していた（「少年文士」『少年世界』一二巻一二号［明治三九年九月一日］）。

かくの如き文学的の小雑誌は、いくら筍《たけのこ》の如くに多く出て来ても之がためにどれ丈郷党の文明に発展を来たすか、それは疑問で、恐らく却《かえ》つて多くの弊害を醸すに相違ない、第一主筆その他二三の当事者は、遂に中道にして学業を抛《なげう》ち、自暴自棄の結果、無頼の小人に伍するか、若くは厭世家となつて火山坑へ飛び込むものが、出来ないとも限らないのである。

投書家として活躍し博文館に入社した経歴を有する小舟が地方における文学熱を「冷却」しているのは意外な気もするが、「厭世家」などの文言や発表時期からして牧野訓令と同じような危機意識を掻き立てられていたようだ。先に取り上げた「苦学行」もそうであったが、小舟自身が地方（岐阜）から上京していたからこそ、在郷少年に対する関心も高かったのだと思われる。

第三項　語る主体の位相

最後に、〈少年小説〉における語る主体の問題について取り上げたい。六巻に掲載された巌谷小波の一〇作品全てが一人称語りであり、「渡舟銭」と「悔し涙」を除いた八作品の語り手が「僕」という自称詞を使っていた。[30]金水（二〇〇三）によれば、当時、「僕」という自称詞は書生言葉であった。したがって、自らを「僕」と称する小波作品の少年たちは学校化されていたと考えられる。

なお、このように一人称で〈少年小説〉を語っているにもかかわらず、小波が〈お伽小説〉ではほとんど一人称語りを用いていなかったのは、〈お伽小説〉における昔話風のスタイルが一人称語りを阻害したからであると考えるべきだろう。

今回検討した〈少年小説〉の少年主人公は、読者と同時代を生きているとみなすことができる者がほとんどであった。

亀井（一九九九）によれば、このような〈小説〉は読者共同体を創出したという。

読者は個人と環境とのせめぎ合いを描いた小説を通して、みずからの人生を見出したり、その内容にわが身をなぞらえて見るだけではない。自分と同様にこの作品に惹きつけられているだろう読者を想い描き、それを媒介として一定の階層のイメージを作り出す。そういう機能を、小説というメディアは持っているのである。（二三七頁）

〈小説〉というメディアは、〈小説〉を享受できる階層からなる読者共同体のイメージの共有を可能にした。読者と同時代の普通の人たちの当たり前の「人生」を描くということは、読者の「人生」を「反映」しているという想定を可能にすると同時に、同じように生活している同胞の存在を喚起したのである。

「明治少年の行為・心性」を描いた〈少年小説〉の読者もまた、自分と同じような読者を想像し、そのような読者共同体の想像を通して自らを学校化したはずだ。このような同一化を促したのが一人称語りであったと考えられるのである。

さらに注目されるのは、小波の作品では、優位な立場にある者が語り手となっている点である。(31)文盲であるが故に苛められたことに奮起して耳学問に励む小僧を描いた「悔し涙」の語り手は小僧ではなく、小僧に同情を寄せている男性であるし、人形をめぐる姉妹喧嘩を描いた「人形の腕」の語り手は当事者の姉妹ではなく、仲介者の兄である。学校生活における喧嘩を描いた「メタルの借物」・「五位様」・「怪我兄弟」でも、語り手は苛める側であって、苛められる側ではない。仔細にみれば、語り手が取り立てられる側ではなく、取り立てる側の「僕」である「空気銃」も該当しよう。優位にある者が語り手になる傾向は『少女世界』における〈冒険小説〉にも認められたものだ。

それでは、小波の作品以外において、少年は語る主体の位置を占めていたのであろうか。前節までに検討した三一作品のうち、一人称語りの作品は一六作品であった。小波の作品を除くと一一作品となる（【表4 - 4】）。なお、参考までに作品名の後に使用されていた自称詞を記した。

【表4 - 4】一人称語りの〈立志小説〉・〈少年小説〉一覧（明治二八～四五／大正一年）（小波作品を除く）

「木賃宿」（「我」）・「逆旅」（「我」）・「修学旅行」（「僕」）・「帰省日記」（「我」）・「空気銃」（武田桜桃、「私」）・「おむかひ」（「僕」）・「白なまづ」（「僕」）・「未見の友」（「私」）・「人間は志一つで」（「私」）・「雪の日」（「僕」）・「村への復讐」（「僕」）

小波作品を除いた二六作品のうち、自称詞が使われていた作品は約四二%であった。『少年世界』における〈冒険小説〉でもほぼ同じ比率（約四一%）であったことを踏まえるならば、六巻の一〇作品全てで小波が一人称で語っていたことは突出している。

自称詞のなかでは「僕」が最も多く使われていた。「村への復讐」を除き、全て児童・生徒であった。権力関係が認められた四作品のうち（「空気銃」「武田桜桃」・「白なまづ」・「雪の日」・「村への復讐」）、優位な立場にある語り手が劣位の立場にある者を語っていた作品は「白なまづ」のみであり、小波作品とは対照的であった。

したがって、小波の〈少年小説〉の語りの特徴は語る者と語られる者との非対称性にあったといえる。このような非対称性は、「僕」という自称詞を使用する階層に所属する読者とそうでない読者を差別化したと考えられる。もちろん、恵まれない境遇にあっても、羨望を抱えながら特権的な語り手に自己投入することは可能だろうが、上級学校への進学が叶わない読者にとって、小波の〈少年小説〉は語りの上でも「貴族的」であったのである。

なお、スタイルの上から〈お伽小説〉とみなしうる「火柱城」を除けば、小波による〈少年小説〉は実質的には六巻のみでの試みであった。小波が七巻以降で〈少年小説〉を発表しなかった（あるいは角書を使用しなかった）経緯や理由、〈お伽噺〉を含めた小波の創作における一人称語りの位相についての検討は今後の課題である。

第五章　『少女世界』における学校化

―〈少女小説〉を事例として―

第一節　〈少女小説〉の掲載状況

検討期間において『少女世界』に掲載されていた〈少女小説〉は、【表5-1】の通りの結果となった（作品数が多いので、章末に掲載した）。

『少女世界』における〈少女小説〉の作品数は一〇三作品、件数は一二二件であった[1]。作品数および件数のいずれにおいても、同誌の〈お伽小説〉と〈冒険小説〉に比してかなり多い。〈少女小説〉は同誌を代表するジャンルであったといえそうだ。

一巻当たりの平均掲載件数は約二〇・三件となった。ちなみに、四巻以降、〈少女小説〉の掲載が急増していた。作品数に比して掲載件数が少ないのは、連載作品が少ないからである。『少年世界』掲載の〈少年小説〉と同じく、読み切り作品が大半を占めているところが〈少女小説〉の特徴といえるが、『少年世界』より検討期間が短いにもかかわらず、作品数が〈少年小説〉（四七本）の二倍以上であったことは特筆に値する。ただし、〈少年小説〉については、〈少女小説〉のように性別をクローズアップせず、「小説」という角書のみで運用されていた可能性が指摘できる。

掲載作品が多い作家は、一九作品の西村渚山を筆頭に、一八作品の沼田笠峰、一三作品の松井百合子であった。(2)この三人が『少女世界』における〈少女小説〉を代表する作家であったといえる。ここに、作品数は六作品であるものの、連載作品が多かった三宅花圃(3)を加えることもできよう。なお、巌谷小波が〈少女小説〉を全く手がけていない点も注目される。(4)

掲載作品が最も多かった西村渚山（明治一一年〜昭和二一年、本名・恵次郎）は、東京外語学校卒業後、甥の黒田湖山の紹介で巌谷小波の門下生となり、明治三八年に博文館に入社し『中学世界』の編集責任者となった人物である。(5)

次に掲載作品が多かった沼田笠峰（明治一四年〜昭和一一年、本名・藤次）は、国民英学舎卒業後、明治三九年に博文館に入社し『少女世界』の編集に携わり、明治四三年には『少女世界』投稿者による少女読書会（のちの「たかね会」）を結成し、吉屋信子などの女流作家を育てた。ちなみに、頌栄高等女学校校長に就任するなど、女子教育に尽力した人物である。(6)

笠峰が『少女世界』で発表した〈少女小説〉は、『少女小説　わか草』（建文館、明治四三年）をはじめ、数々の単行本に収録されているのだが、それらの書物の「はしがき」等から笠峰の少女小説観をうかがい知ることができる。そこで、笠峰の少女小説観を概観しておく。

たとえば、先述した『わか草』の「はしがき」では、次のように述べている。

すでに、少女の柔らかな心に、善い感化を与へるといふ目的をもつて書いたのですから、これが果して文学的意義での小説であるか否かは分りません、いや、小説よりは学校小話とでも言つた方が適当なのでせう。然るに、これを少女小説と名づけたのは、畢竟《ひつきよう》、従来の耳慣れた言葉を用ひたのに過ぎません。

「小説よりは学校小話とでも言つた方が適当なのでせう」のように、「小説」というラベルの使用を避けている点が注目される。『少女小説　姉妹』（本郷書院、明治四四年）でも、「教訓」を含んでいるため、「小説よりも小話、もしくは訓話と言つた方が適当」であるという理由から、「私はこの書を小説と言ひたくはありません」とまで言い切っている（「愛する読者諸嬢に」）。

笠峰が「小説」をどのように捉えていたのかについては、次の一文が参考になる（「はしがき」『寮舎の花』博文館、大正二年）。

蓋《けだ》し、この年頃（十三四歳〜十六七歳、引用者注）の少女は、感情が鋭敏にはたらくと同時に、やや実際生活に触れようとして居りますから、あまりに子供らしいお伽噺では、もはや満足しなくなります。さりとて、徒《いたず》らに彼等の繊弱な感情をそそるやうな読みものでは、教育上、厭《いと》ふべき影響を及ぼしはしないかと危ぶまれます。（二〜三頁）

ここで言及されている「読みもの」こそが「小説」であると思われる。笠峰が「小説」というラベルの使用を避けていたのは、女学生が「小説」に悪感化されることを警戒していたからだと考えられるのである。

それでは、笠峰にとっての理想的な少女向け読み物とは、どのようなものであったのだろうか。続けて、次のように述べている。

それで、彼等の美しい経験から想像して、実際にあり得るやうな事柄で、而もその柔らかな心に善い感じを与へる趣味深い物語が、最もふさはしいのではないかと思はれます。（同右、三頁）

少女が経験しうるような題材を選んでいる点では「小説風」であるが、「善い感じ」を与えることが優先されている点では「訓話」であるといえる。

まとめるならば、笠峰は、少女読者の「趣味の涵養と品性の修養」（「はしがき」『少女百話』博文館、明治四四年、三頁）に資して、「家庭及び学校教育の一助」ともなるような「健全なる少女の読みもの」を目指していたのである（「はしがき」『少女十二物語』誠文館、明治四四年、二頁）。

第二節　学校化の分析

第一項　分析対象

第二部第一章で確認した通り、『少女世界』は女学生によく読まれていたことに加え、課外読み物規制が社会問題化していた時期に創刊された雑誌であった。そこで本章では、当時耳目を集めていた女学生が『少女世界』においてどのように描かれていたのかについて、学校化に着目して検討することとした。

分析対象は、先述した〈少女小説〉のうち、以下の条件のいずれかを満たす作品とした（便宜上、〈女学生小説〉と呼ぶ）。〈女学生小説〉の判断基準としては、作中で「女学校」ないしは「女学生」等と呼称されているという条件①に加え（元女学生、女学校入学予定者を含む）、通学者が高等女学校令における入学資格である高等小学校第二年を卒業できる一二歳以上であるという条件②、入寮していたり下宿していたりしているなど、生活や行動から女学生であると類推できるという条件③を設けた。条件③が該当する作品については、〈女学生小説〉ではない可能性もあるが、内容も加味して総合的に判断した。

以上の手続きに基づき、先述した一〇三作品の〈少女小説〉から抽出したところ、四一作品の〈女学生小説〉を得ることができた（【表5-2】）。

【表5-2】『少女世界』における〈女学生小説〉一覧（明治三九～四五／大正一年）

○沼田笠峰「少女小説　花の友」三巻五号（明治四一年四月一日）［全一回］
○西村渚山「少女小説　指輪」三巻一三号（明治四一年一〇月一日）［全一回］
○西村渚山「少女小説　富久子」四巻一号（明治四二年一月一日）［全一回］
○みね子「少女小説　面会」四巻二号（明治四二年一月一五日）［全一回］
○西村渚山「少女小説　写真」四巻三号（明治四二年二月一日）［全一回］
○沼田笠峰「少女小説　お嫁入り」四巻三号（明治四二年二月一日）［全一回］
○笠峰「少女小説　文子の失望」四巻五号（明治四二年四月一日）［全一回］
○登志子・美知子「少女小説　手紙」四巻六号（明治四二年四月一五日）［全一回］
○T. N.「少女小説　帰郷」四巻六号（明治四二年四月一五日）［全一回］
○松井百合子「状ぶくろ」四巻七号（明治四二年五月一日）［全一回］
○T. N.「少女小説　寂しき窓」四巻一〇号（明治四二年七月一五日）［全一回］
○松井百合子「少女小説　お友だち」四巻一三号（明治四二年一〇月一日）～一五号（一一月一日）（一四号を除く）［全二回］
○みね子「少女小説　回状」四巻一四号（明治四二年一〇月一五日）［全一回］
○沼田笠峰「少女小説　遅刻」四巻一五号（明治四二年一一月一日）［全一回］

○西村渚山「少女小説　琴」五巻一号（明治四三年一月一日）［全一回］
○西村渚山「少女小説　湯の宿」五巻三号（明治四三年二月一日）［全一回］
○ひさ子「少女小説　まごころ」五巻四号（明治四三年三月一日）［全一回］
○T．N．「少女小説　お店番」五巻六号（明治四三年四月一五日）［全一回］
○花枝子「少女小説　おわかれ」五巻六号（明治四三年四月一五日）［全一回］
○沼田笠峰「燕の巣」五巻七号（明治四三年五月一日）［全一回］
○西村渚山「少女小説　お手紙」五巻八号（明治四三年六月一日）［全一回］
○西村渚山「少女小説　夢見る花」五巻九号（明治四三年七月一日）［全一回］
○T．N．「少女小説　天人菊」五巻一〇号（明治四三年七月一五日）［全一回］
○なでし子「少女小説　雨の日」五巻一〇号（明治四三年七月一五日）［全一回］
○西村渚山「少女小説　幼馴染」五巻一一号（明治四三年八月一日）［全一回］
○沼田笠峰「少女小説　故郷」五巻一一号（明治四三年八月一日）［全一回］
○安成懐春「少女小説　遠足の帰途」五巻一二号（明治四三年九月一日）［全一回］
○枯尾花「少女小説　お友だち」五巻一四号（明治四三年一〇月一五日）［全一回］
○安成二郎「少女小説　思ひ出」五巻一六号（明治四三年一二月一日）［全一回］
○千代子「少女小説　友情」六巻六号（明治四四年四月一〇日）［全一回］
○武田鶯塘「独唱」六巻一一号（明治四四年八月一日）［全一回］
○三宅花圃「白萩」六巻一二号（明治四四年九月一日）～一五号（一一月一日）（一四号を除く）［全三回］
○大井冷光「同窓生」六巻一六号（明治四四年一二月一日）［全一回］

○松井ゆり子「記念日」七巻三号（明治四五年二月一日）～四号（三月一日）［全二回］
○西村渚山「少女小説　満一年」七巻四号（明治四五年三月一日）［全一回］
○大井冷光「沈丁花」七巻四号（明治四五年三月一日）［全一回］
○松山みどり「花かげ」七巻七号（明治四五年五月一日）［全一回］
○三宅花圃「桜貝」七巻九号（明治四五年七月一日）～一三号（大正一年一〇月一日）（一〇号を除く）［全四回］
○千鳥「寮の姉」七巻九号（明治四五年七月一日）～一一号（七月二〇日）（一〇号を除く）［全二回］
○ちどり「東京の子」七巻一三号（大正一年一〇月一日）～一六号（一二月一日）（一四号を除く）［全三回］
○生田葵「花三枝」七巻一五号（大正一年一一月一日）［全一回］

〈少女小説〉の総作品数である一〇三作品中に占める比率は、三九・八％であった。通学が確認できたものの、年齢不詳のため、〈女学生小説〉としてカウントしていない作品もあることを考慮すれば、以上の結果は〈少女小説〉において女学生が主要な登場人物であったことを示唆していよう。

作家別でみると、一二作品の沼田笠峰を筆頭に、九作品の西村渚山が続く。四一作品のうち、二人の作品の合計が半数を占めていることから、沼田と西村が〈女学生小説〉を牽引していたといえる。

さらに『少女世界』には、女学生が描かれていることが期待される「学校小説」という角書を冠した作品が七本掲載されていた（【表5 - 3】）。

【表5-3】『少女世界』における〈学校小説〉一覧（明治三九〜四五／大正一年）

○沼田笠峰「学校小説　謝恩会」三巻四号（明治四一年三月一日）［全一回］
○沼田笠峰「学校小説　義侠心」三巻七号（明治四一年五月一日）［全一回］
○沼田笠峰「学校小説　特別寄宿生」三巻一〇号（明治四一年七月一日）［全一回］
○沼田笠峰「学校小説　泣き声」三巻一三号（明治四一年一〇月一日）［全一回］
○ゆり子「学校小説　茂子の交際」四巻一〇号（明治四二年七月一五日）［全一回］
○みね子「学校小説　帰省の日」四巻一〇号（明治四二年七月一五日）［全一回］
○波津子「学校小説　同級生」五巻二号（明治四三年一月一五日）［全一回］

〈学校小説〉は、三巻から五巻にかけてしか出現しておらず、沼田笠峰が七作品のうち五作品を手がけていた。ジャンルとしては普及していなかったことを示唆する結果となった。いずれの作品も〈女学生小説〉の条件を満たしていたため、本章では〈学校小説〉を加えた四八作品を検討することとした。

第二項　女学生熱

ここでは、〈女学生小説〉が女学生をどのように価値付けていたのかについて、竹内（一九八八）を援用して、「加熱」型・「再加熱」型・「縮小」型・「代替」型・「冷却」型に作品を分類した上で分析することとした。

「加熱」型とは女学生に対するアスピレーションを促す作品、「再加熱」型とは女学校に再チャレンジしたり、女学生である意義を再確認したりする作品、「縮小」型とは女学生に価値を見出しているものの、女学生に対するアスピレーションを減退させる作品、「代替」型とは女学生の代替的目標を見出す作品、「冷却」型とは女学生に価値を見出さなくなる作品を指す。

女学生の価値付けが確認できた一九作品を分類したところ、「加熱」型は一作品（「お店番」）、「再加熱」型は六作品（「花の友」・「状ぶくろ」・「燕の巣」・「白萩」・「花三枝」・「特別寄宿生」）、「縮小」型は一作品（「面会」）、「代替」型は四作品（「お嫁入」・「回状」・「満一年」・「桜貝」）、「冷却」型は八作品（「文子の失望」・「手紙」・「帰郷」・「回状」・「湯の宿」・「天人菊」・「茂子の交際」・「帰省の日」）となった(7)（複数の女学生が登場する「回状」を二箇所でカウントしているので、総数が二〇となっている）。

（一）「加熱」・「再加熱」型

まずは、「加熱」型であるが、「お店番」しか見当たらなかった。実家が文房具店を営んでいることを学友から馬鹿にされ、自らを恥じている美千代という女学生が弟とともに勉強立身を誓うという作品である。

当初は「世の中に貧乏ほど悲しいことがあるだらうか」と自らの境遇を嘆いていた美千代であったが、母子家庭の長女で、母親が病気がちなこともあり、やがて母親のような立場から弟に期待を寄せることになる。

「さうだとも、一生懸命に勉強して、えらいものにお成りよ、義ちやんさへ大きくなつたら、こんな商売をしなくつても好いわ。姉さんも勉強するから、義ちやんもシツカリおしよ！」（五巻六号［明治四三年四月一五日］）

ただし、女学校で勉学に励むことを誓いつつも、「美千代は、この小さなお店をも大切に守つて、ますます栄えさせるやうにと、堅く心に誓ひました」のように、栄達を弟に期待している（後述する「代替」型の「満一年」に近い）。

次に、「再加熱」型であるが、「花の友」・「状ぶくろ」[8]・「燕の巣」・「白萩」・「花三枝」[9]・「特別寄宿生」のうち、タイプの異なる「花の友」・「燕の巣」・「白萩」・「特別寄宿生」について検討を加える。

「花の友」では、家が貧しくて女学校に入ることができない花子という少女が馬車に轢かれそうになった幼児を助けたことを機縁に、百合子という令嬢と出会う。直接会ったことはなかったのだが、『少女世界』の読者投稿欄を通して交流があった二人は意気投合する。やがて、花子は百合子の家に小間使いとして引き取られ、青山の女学校に通わせてもらう。

百合子は、深くこれ（花子の家が貧しくて女学校に通えないこと、引用者注）を憐れんで、しばしば花子を慰め励ましてやりましたが、その中《うち》にお母さんの病気も、おひおひなほッて来たものですから、花子を自分の家へ引き取り、小間使ひといふことにして、昼の間だけは、青山の女学校へ通はせました。而して百合子と花子との間は、少しも主従のやうな様子はなく、美しい友だちの交はりをして居ます。（三巻五号［明治四一年四月一日］）

花子が百合子の家に引き取られたのは、花子が病気の母親を世話している孝行娘で、学問好きな少女であったからだ。孝心という婦徳を備え、学校化されていたからこそ、諦めていた女学校に通わせてもらえたのである。

さらに注目されるのは、『少女世界』が花子と百合子を媒介している点である。

（略）互ひに膝を交へて語つたことはないが、誌上の友といふことが分つて、花子はさもさも心からのお友だちを得たやうに深く喜びました。（同右）

花子が百合子と親しくなれたのは、花子が当時の少女に期待されていた性質を備えていたことに加え、『少女世界』の読者投稿欄を通した「誌友」であったからである。「誌友」という読者共同体が前景化することで、この作品を読んでいる花子と同じような境遇の読者の女学生熱も「再加熱」されたと考えられる。

「燕の巣」は、女学校に通っている小学校時代の級友に働かざるを得ない境遇を蔑まれたゑみ子という少女が「師範」を目指す決意をするという作品である。「花の友」とは対照的に、この作品では独力で再チャレンジを試みる少女が描かれていた。

私だつて勤めのひまひまに勉強さへしたら、きつと予《かね》ての望みが達せられるであらう。この傾いた家運を、私のかよわい力で元のやうにするのは、ちやうどあの燕が巣を作るのと同じこと！……いつかも杉田さんから、あんなに口惜しいことを言はれてゐるんだもの、どうしても今度は師範の試験をうけて、立派に入学しなければ……ほんとにさうだ、燕の巣！（五巻七号［明治四三年五月一日］）

高等女学校ではなく、学費がかからない師範学校を目指しているところが労働少女らしい。「白萩」は、母を亡くした上に父親が満州に出奔し、孤児同様の境遇にある花子という少女が叔母とその娘から虐げられ、弟の庸一とともに家出するのだが、事情を知った叔父により、女学校に上がらせてもらえるという作品である。(10)

花子も同様、これからはお父さんも送金するだらうし、若い身で、遊んで居てもならぬとて、某女史の監督の学校へ入塾させられて、朝から晩まで遣ひ立てられて棒になつた事もあつたのを、今は運動のためと、足どりあやふく浮動木に乗つて、友達とさざめきあつてゐる。（六巻一五号［明治四四年一一月一日］）

弟に先導されたとはいえ、家出したにもかかわらず、花子は女学校に通わせてもらえている。「外出失敗物語」（久米、二〇一三）になっていないのは、家出の原因が虐待にあったからだろう。

「特別寄宿生」は、三年次編入の首席で入学してきた秀子という女学生が父親を亡くし孤児となり、退学を申し出るが、学友の親切や学校側の善意により、寄宿舎で働きながら学業を継続することを許されるという作品だ。

「先生、私は四年前に、もうお母さんを失くしたのです。それで学校へ上げてもらふことも出来ず、小学校を中途で退《さ》がッた限《き》り、家の用事や弟や妹の世話をして居りましたが、どうかして、も少し勉強したいと思ひまして、閑々に一生懸命に雑誌や書物を読んで居りました。而して、お父さんに一生のお願ひだから、どうぞ女学校へ上げてくださいと、さんざん頼んで、ヤット今年の四月から、この学校へ入学が出来て、ホントに天へも登つたやうに嬉しう御座いましたのに……」（三巻一〇号［明治四一年七月一日］）

秀子は、貧しいながらも学問好きで、父親の許可を得て上京してきた少女として造形されていた。このような秀子の性質が学友や学校側に認められ、特別寄宿生として学業を継続できるようになるのだが、「以前の寂しげな、憂ひを帯びた顔色は、全く霽《は》れ渡つて、いかにも上品な従順な女学生となりました」（同右）と評されている。

特別寄宿生になることは秀子が廃学を回避する唯一の手段であった訳だが、その身分は「従順な女学生」であること、すなわち過度な学校化を強いるものでもあった。

(二)「縮小」・「代替」型

まずは、「縮小」型であるが、「面会」のみが該当した。父親が事業を失敗して廃学の危機を迎えるが、母親の情けから学業を継続できるようになった女学生たつ子の悲しみを描いた作品である。

末尾には「たつ子の耳には、その楽しさうな物音(女学生の華やかな笑い声、引用者注)が、何と響いたことでせう」(四巻二号[明治四二年一月一五日])とあり、学業を継続することに対するたつ子の複雑な胸中を示唆している。退学し実家に戻ったり、自ら働きに出たりしてはいないものの、女学校に在籍することに揺らぎが生じているため、「縮小」型の作品として位置付けた。

次に、「代替」型であるが、「お嫁入」[11]・「回状」・「満一年」・「桜貝」の四作品のうち、代替的目標が典型的な形で示されている「回状」・「満一年」・「桜貝」について検討を加えることとしたい。

「回状」は、小学校で仲の良かった五人の少女が卒業後の近況を手紙で伝え合う作品なのだが、そのなかの一人の菊子という在郷少女が女学生に対するアスピレーションを代替的目標に向けていた。

皆さんは、楽しい学校生活をしてゐらつしやるのに、私だけは寂しい田舎で、荒くれた百姓仕事をして居るのですもの、そりやア情ないと思つてよ。

(中略)

私の唯一の楽しみは、皆さんからのお手紙と、月々に来る少女雑誌と――それを見て、せめてもの心遣りとして居りますの。(四巻一四号[明治四二年一〇月一五日])

菊子は女学校生活に憧れ、手紙と少女雑誌で無聊を慰めながら日々を過ごしつつも、次のように女学生熱に折り合いをつけている。

学校へ行かれないのは、残念ですけれど、心の持ちやうでは独学自修して、智徳をすすめることも出来ると云ふぢやありませんか。私、これでも力の及ぶ限りは、家事の暇に勉強して居りますわ。それに、たとへ学問は進まないでも、農事や家事をよく励んで、心ばかりは正直な、勤勉な、貞淑な、女らしい女になりたいと思つてゐますの。心がけさへ善ければ、よい少女になれるでせうねえ、私、それが何よりの望みなのよ。（同右）

菊子は、女学生熱の代替的目標として「女らしい女」を据えているのである。ここでいう「女らしい女」とは良妻賢母であろう。その限りで、菊子は良妻賢母を目指す在郷少女の典型であるといえるが、「独学自修して、智徳をすすめる」という修養主義が女学生熱を吸収している点が注目される。

「満一年」では、自らの夢を弟に託す元女学生が描かれていた。一七歳の染子が働きながら、弟の勉強立身を支え、祖母の面倒を見ることを誓うという作品だ。

染子は「二年前には自分もハイカラ女学生と囃《はや》された事もあるのに、と又しても果敢《はか》ない思ひを繰返して」いた少女なのだが、働き始めて満一年を迎える前の日に次のような決意を固める。

（中略）

「ね、恒生、しつかりと勉強しておくれね。どうせ姉様は女だもの、どんなにやきもきしたつて、始まらないものね。」

「其代り、姉さんの力に叶ふ事だけは、何でもしてあげるからね。いいかね。」（七巻四号［明治四五年三月一日］）

「女だもの」という理由で復学への想いを断ち、勉強立身の夢を弟に託している点が「代替」的である。女学生熱は半ば冷めているので、アスピレーションが維持されているとは言い難いが、次に取り上げるルサンチマンの点から「代替」的であると位置付けた。

この作品で注目されるのは、「お染の目は充血したやうに光つて居りました」とあるように、染子の鬼気迫る様子である。実際、弟は「僕は恐くなつたの。姉さんが」という感想をもらしている。ここには、いろいろなことを諦めざるを得ない女という性に対するルサンチマンが垣間見える。このようなルサンチマンは、染子のアスピレーションが残り火のように燻り続けており「冷却」されきっていないことを示唆するとともに、「代替」されたからといって不満が消える訳ではないことをも示唆していよう。

「桜貝」では、頼りない実父と意地悪な継母によって、為子という少女が女学校を退学させられ奉公に出される。旅館で熱心に働き、女学校時代に自分のことをいじめていた少女を助けようした為子の人となりに感心した男爵に引き取られる。

ただし、校長に目をかけられるほど、勉強熱心な女学生であったにもかかわらず、男爵に引き取られた為子が女学校に復学するという結末にはなっていない。退学の際、「是非とも私がこの三吉野（実家を指す、引用者注）の看板を高々と掲げて見せなければならない、それが私の責任ではないか」（七巻一一号［明治四五年七月二〇日］）と決意しているように、為子は家名を起こすことを代替的目標に掲げた元女学生として描かれていた。

「亭主、この女は実にめづらしい心掛けの女だ、かういふ女を此所《ここ》に置いておくのは惜しい、必ず我輩の心に背《そむ》かず成功をする女とおもふ、何が望みダ、平生家名を起す事を望んでゐる、それは何より結構、（略）家名を起すのは、とりも直さず国を盛んならしむる基礎であるのダ（略）」（七巻一三号［大正一年一〇月一日］）

引用したのは、為子の侠気に感心した男爵のセリフである。逆境にも負けず、侠気あふれる為子であったが、「家名を起すのは、とりも直さず国を盛んならしむる基礎であるのダ」のように、男性の権力者によって彼女の「成功」が富国に回収されてしまっていた点が時代を彷彿とさせる。

(三)「冷却」型

「冷却」型については、「文子の失望」[12]・「手紙」・「帰郷」・「回状」[13]・「湯の宿」・「天人菊」[14]・「茂子の交際」・「帰省の日」[15]のうち、タイプが異なる「手紙」・「帰郷」・「湯の宿」・「茂子の交際」を中心に検討を加えることとしたい。

まずは、「手紙」であるが、地方から上京し女学校に通うようになった登志子が故郷に残った友人の美知子に女学校生活および下宿生活の現実を伝えるという作品である。

登志子の手紙には、女学校生活への失望と下宿生活の辛さが綴られている。

学校では、皆さんに嘲弄《からか》はれたり、除《の》けものにされたりして、誰とも打ち解けてお話をすることも出来ず。家へ帰へればこの通り叔母に叱られる。（四巻六号［明治四二年四月一五日］）

このような上京女学生の現実を知り、美和子の上京熱は「冷却」されたと考えられるが、「皆さんとおなじやうに、ハイカラぶりたい」気持ちを捨てた登志子は女学校に通うことができる「幸福」に思い至り、「熱心に勉強」することを誓っているので、その効果は半減している。手紙形式の語りであることに加え、作者名と執筆者名が一致していることから、当事者性が高く、読者に対する訴求力は強かったと思われる。

次に、「帰郷」であるが、わがままを聞き入れてもらい、久子という少女が郷里の知人を頼りに女学校に入学するが、実家からの送金も途絶え、学費を稼がざるを得なくなる。偶然、目にした新聞広告の「女子入用」に騙され、あやうく人身売買されそうになったのを契機に、反省して帰郷するという作品である。

両親の反対を押し切って上京していることもあり、「外出失敗物語」（久米、二〇一三）のような展開となっている。とりわけ、「地方から出て来た何も知らぬ少女をだまして、満州や樺太の方へ売り飛ばし、そのお金を横取りする悪漢の家だつたのです」（四巻六号［明治四二年四月一五日］）とあるように、上京少女をターゲットとした犯罪がクローズアップされており、上京熱を「冷却」する効果が顕著である。

ただし、帰郷後、「筑波嶺の麓で、久子はすなほに家事を手伝ひながら、その閑々に、やはり勉強をつづけてゐます」とある。郷里で修養を続けている点では、「縮小」型の作品として位置付けることもできよう。

続けて、「茂子の交際」を検討したい。同作のあらすじは次の通り。信州で「女学者」と称えられた神童の茂子が両親の反対を押し切って、少女雑誌の詩友である富子を頼って東京の女学校に入学するのだが、成績で首席を占めたことを嫉んだ富子に苛められて、ショックのあまり寝込んでしまう。

寝込んでいることから茂子の女学生熱は「冷却」されたと考えられるが、この作品で注目されるのは上京の手段である。

田舎の学校に居る頃から、茂子は、少女雑誌などを愛読して、それに投書したことも度々ありましたので、身は信州の山深い所に居りましても、都の空には、まだ見ぬ誌上の友があつて、互ひに文のたよりを怠りませんでした。（四巻一〇号［明治四二年七月一五日］）

茂子が上京の際に頼ったのは、少女雑誌の誌友の富子であった。手紙上では親しげであったのだが、「ハイカラ」で「高慢」な富子は田舎くさい茂子に辟易し、彼女を苛めるようになる。最後には仲直りしているものの、誌友を頼りに上京することを諌めているとも解釈できる作品であった。

最後は、「湯の宿」であるが、成績優等者でありながら経済的事情により女学校を中途退学した春代が女学校時代の親友で療養中の晴子を見舞い、互いの境遇を慰め合うという作品である。

二人とも現在の境遇を受け入れ、復学を諦めていることから、「冷却」型の作品として位置付けたが、このような「運命」を感傷的に描くことに主眼が置かれているようだ。

春代は、曽《かつ》て小説で読んだことを、二人でして見て居るのではないか知ら、とさう思つて居ました。全く酔心地でした。日々の学校通ひ、前途は只希望に輝くばかりであつた二人が、斯《こ》う旅で邂逅《めぐりあ》つて、斯う云ふ心持になつて、互の悲しい運命を慰め合ふことが、何となく興あることにも考へられるのでした。（五巻三号［明治四三年二月一日］）

二人で熱海の浜辺を散歩しながら「運命」を慰め合っている場面であるが、ここで注目されるのは、春代が「小説」のように現実を認識し「酔心地」でいる点である。

春代の感性は、「女の殊に妙齢の頃は、一層物に感じ易く、悲しみ易くある処へ、小説を読み耽るために、更に一種の空想に捕はれ、実世間とはますます遠ざかり、ひたすら小説伝記中の人物を憧憬する風を生じてまゐります」（下田歌子「女学生と読書」『婦人世界』六巻一三号〔明治四四年一一月一日〕）という女学生観と合致するものであり、教育者からは警戒されるものであったといえよう。

第三項　女学校生活

ここでは、女学校生活の描かれ方について、上京女学生の下宿・寄宿舎生活、女学校生活におけるトラブルを中心に検討を加えることとする。

（一）下宿・寄宿舎生活

下宿・寄宿舎生活は、上京女学生が堕落する環境要因として社会的関心を集めていた。たとえば、「女学生の監督難」（『読売新聞』明治三九年一一月一八日）は「山下神田署長」の談話を紹介している。

（女学生の堕落の原因は、引用者注）学校並に下宿屋の設備監督宜しきを得ざるにあり〔。〕目下多数の学校は下宿屋よりの通学を許さず親戚或は保護者の家と限れたれど〔、〕多数の女学生悉《ことごと》く都下に知己を有する訳にもあらず〔。〕さればとて学校の寄宿舎は大抵規模狭小にして総《すべ》てを収容し切れず今や女学生の大半は増々其宿所に困惑しつつあり〔。〕然れば目下の急務は責任ある監督者の下に完全なる寄宿舎の設立にあるべし（略）

女学生の監督が寄宿舎に期待されていたようだが、「東京府女子師範学校長」の林吾一は「女子教育諸大家の談話（二四）」で「寄宿舎は非常に厳重な取締を為《し》なければどうしても過失があり勝に思はれます」という課題を指摘している（『読売新聞』明治三五年一一月一四日）。

そこで〈女学生小説〉のうち、下宿生活ないしは寄宿舎生活が主題化されていた作品を抽出したところ、下宿生活については五作品（「指輪」・「泣き声」・「手紙」・「お手紙」・「天人菊」）、寄宿舎生活については六作品（「特別寄宿生」・「帰省の日」・「思ひ出」・「友情」・「沈丁花」・「寮の姉」）が認められた。なお、これらの作品以外にも、上京女学生が登場する作品は認められたが、下宿ないしは寄宿舎生活が背景化していた作品は検討していない。

①下宿生活

ここでは、下宿生活を主題化した五作品（「指輪」・「泣き声(16)」・「手紙」・「お手紙」・「天人菊」）のうち、タイプの異なる「指輪」と「手紙」の二作品を検討する。

まずは、「指輪」であるが、女学校に通うために知人宅に預けられている一七歳の弘子という少女が女学校の文芸会で独唱することになる。着飾りたい一心から下宿先の友子のルビーの指輪を無断で拝借し、紛失してしまうのだが、死を間近にした友子から指輪を形見として譲り受ける。下宿という環境が女学生の羨望ひいては虚栄心を誘発する様子を描いた作品である。

けれど、富貴の家に生れた友子の、何時とても佳美な通常着、流行の持物、素抜《すば》らしい晴衣、華族社会に多い其友達仲間——此等から、始終受ける刺撃《(ママ)》、其刺撃に出逢うと、豊かならぬ自分の家の様子と、肩身の狭い、恥しい身分が、益々《ますます》他人にも見え透かされるやうで、やつと十七の稚い心にも、痛々しい苦しみを覚え、結句《つまり》一人で居る方が楽でよい、と云ふ風の気がするのでした。（三巻一三号［明治四一年一〇月一日］）

下宿先の娘である友子の境遇を羨み、自分も着飾りたいという虚栄心がクローズアップされている。ここで注目されるのは、虚栄心が「妄想」とセットで語られている点である。

自分が若《も》し此家の友子さんであつたらと思ふ妄想は、絶えず附き纏《まと》つて居ると見えて、其夜の夢には、自分はまんまと、真正の友子になり済まし、ブローチやら、指環やら、帯止やら、ショールやら、花のやうに身体を纏《まと》はれて、文芸会へ馬車で送られて行く夢をありありと見ました。（同右）

弘子の虚栄心は「妄想」によって増幅されている。しかも、友子に真実を告げることができず、罪を背負う結末となっており、虚栄心を罰するような作品となっていた。

次は、「手紙」であるが、あらすじは「冷却」型の作品として紹介しているので割愛する。この作品では、すでに指摘した通り、上京女学生である登志子の下宿生活の憂鬱が語られていた。「田舎のお娘さんが、東京へ来て女学校へ這入《はい》ると、すぐお姫様になつてしまふんだからねえ、感心なことだ」（四巻六号［明治四二年四月一五日］）という叔母のセリフからもうかがえるように、登志子は叔母に邪険に扱われている。

実母以外の監督女性から上京女学生がいじめられるパターンは、「天人菊」にも認められた。上京女学生ではないが、家庭の都合により親戚等に養われている「白萩」や「桜貝」でも、叔母によって女学生が虐待されており、実母以外の監督女性は女学生の虐待者として描かれる傾向にあった。[17]

②寄宿舎生活

ここでは、寄宿舎生活を主題化した六作品のうち（「特別寄宿生」・「帰省の日」・「思ひ出」[18]・「友情」・「沈丁花」・「寮の姉」）、タイプの異なる「友情」・「寮の姉」・「帰省の日」を中心に検討する。

まずは、「友情」であるが、幼い頃に慕っていた幸枝の妹の環が寄宿舎に入ることを知り、姉を亡くした環の世話をしようと寮生の泰子が決心するという作品である。

「私、環さんがお気の毒でならない、どうかして…姉様のやうにはなれなくとも、姉様に代つて面倒がして上げたいわ」（六巻六号［明治四四年四月一〇日］）のように、泰子は環の姉のように世話しようとする。「小石川青柳幸枝といふお名が、少女世界の投書欄に見えます度、どんなに懐かしく思つたでせう」（同右）のように、泰子と幸枝の関係が少女雑誌に媒介されている点が『少女世界』らしい。このことは、誌友もまた、姉妹関係として捉えられていたことを示唆していよう。

「思い出」と「特別寄宿生」でも、寄宿舎生活において結ばれる友愛がポジティブに描かれていたが、「寮の姉」では寮生同士の純粋な関係のネガティブな側面が描かれていた。

寄宿舎生活を送っている五人の女学生の一人である真木が肺病になる。両親もなく、叔父夫婦からも学校からも厄介者扱いされている彼女は親しくしてくれた寮生がいる寄宿舎で死にたいと吐露し、次の日に息を引き取る。

同作では、「ですから東京に少しの知人のない人とか、あつてもたよれない事情の者とか、よくよくでなくつては寮生活はしてゐないのでした」（七巻九号［明治四五年七月一日］）のように、寄宿舎は恵まれない境遇の者が過ごす場所として設定されていた。(19)

同じような境遇であることも相俟って、「私達は姉妹ぢやないけれど、何日までも忘れつこなしにしませうね、お互にたよりない身の上なんですものね」（同右）のように、寮生は固い絆で結ばれている。

この作品で注目されるのは、真木の死因である。肺病の真木は、「皆さんと御一緒に、少しでも長く居たいと思ふから、厭《いや》なお薬も我慢して呑《の》んで来たんですわ、どうせ離れる位なら、思ひ切つて遠く別れてしまふ」（七巻一一号［明治四五年七月二〇日］）と宣言した翌日に亡くなったことに加えて、作品の最後には次の一文が添えられているからだ。

真木さんの死を自ら招たのだと知るものは、あの寮の優しい四人の人達きりで、医師の診断は如何《どう》かしらず、真木さんの死亡届は肺病になつてをりました。（同右）

「死亡届」は「肺病」となっているが、「自ら招た」とあるように、真木の自殺が仄めかされている。死の前日に告げていたように、真木は寮生に看取られて死ぬことを選び、寮生もまた黙認していたようなのだ。寄宿舎という閉ざされた環境が擬似姉妹関係の純度を高め、このような関係性が醸成されたのだと考えられる。

最後は「帰省の日」であるが、帰省という主題が認められた[20]。寄宿生の多くが上京女学生であってみれば、寄宿生活を描く上で格好のテーマであるといえよう。ただし、この作品では、廃学の危機に陥った主人公が帰省で華やぐ寄宿舎のなかで不安をおぼえており、女学校生活の悲哀の方がクローズアップされていた。

(二)　トラブル

〈女学生小説〉のなかには、女学生同士のトラブルを描いた作品が少なくない。これらの作品では、トラブルを通して女学生像が提示されていた。そこで、女学校生活を描いた作品群として検討することとした。

女学生間のトラブルが主題化されていた作品は七作品で、三者間のトラブルを描いているのが四作品（「お友だち」[21]「松井百合子」・「お手紙」・「お友だち」[22]「枯尾花」・「義俠心」）、冤罪を描いた作品が三作品であった（「状ぶくろ」・「同級生」「波津子」・「記念日」）。

まずは、三者間のトラブルを描いた作品であるが、「義俠心」を除く三作品では、妬みから第三者が仲良しの二人の関係に亀裂を入れるパターンが認められた。そこで、まずは、このようなタイプの典型例である「お手紙」を取り上げたい。

「お手紙」では、下宿先の娘である龍子の計略から、親密な関係にあった栄子と塩子が仲違いするものの、仲直りするまでが描かれている。

龍子の行為は「嫉妬」によるものであるとされており、女学生のネガティブな性質がクローズアップされているといえるが、この作品で注目したいのは、塩子と栄子の濃密な関係性である。

謝罪を受けた栄子は「いいわよ、それ丈妾《わたし》達の愛が深かつたんですもの。でも、もう解つたからいいでせう」と塩子を赦し、「二人は熱い手を握り合つて、暫時《しばし》離しませんでした」と結ばれており（五巻八号［明治四三年六月一日］）、「愛」の深さが強調されている。

このような情愛は、次のような激情を伴う点で警戒されるものであったと考えられる。

（略）栄子を憎む情火が、自づと燃え立つて来るのです。栄子を此上なき友として、愛情を捧げる度合が深かつた丈、余計に心が荒んで、憎しみが加はるのでした。そして、自分一人を其方除《そつちの》けにした、この新しい二人の関係（龍子と栄子、引用者注）を呪つてやりたくなりました。（同右）

引用したのは、龍子に騙されて栄子を憎む塩子の情念である。塩子は、情の深さの二面性を体現した女学生の典型であるといえる。ちなみに、相手を信じ切れずに疑う弱さについては、「お友だち」（枯尾花）でクローズアップされていた。

一方、「義俠心」では、「情深い心」に加え、「義俠」が求められていた。財産家の娘で傲慢な女学生であるクレオが工場の娘で大人しい女学生であるセピヤを苛めるのだが、県庁勤務の父親の娘で慈悲深い女学生であるマーシイが義俠心からクレオと取っ組み合いの喧嘩をする。その結果、クレオも「懺悔」し「親切」な少女となり、三人は仲良くなる。教師は「マーシイの君の情深い心と、義俠に富んだ振舞ひとを、深く感賞しなければならないでせう」（三巻七号［明治四一年五月一日］）のように、マーシイの振る舞いを褒め称えている。「義俠」が強調されているところが他の作品とは対照的であった。ちなみに、「桜貝」でも、少女の義俠心が称揚されていたことは既に指摘した通りだ。

次に、冤罪を描いた作品であるが、ここでは「状ぶくろ」[23]・「同級生」[24]・「記念日」のうち、典型例として「記念日」を取り上げることとする。

同作は、蔦子という少女がピアノに疵を付けたという疑いを持たれるのだが、小使いの為業であることが判明し、学友と打ち解けるという作品である。

蔦子が疑われたのは、母子家庭であり仕立て屋の娘でありながら、音楽の才能があったため、妬まれていたからである。

この作品で注目されるのは、学友に馬鹿にされて口惜しい思いをした娘に向かって、母親が「優しい美しい真心をこめて、皆様に親切を尽しさへすれば、きつといつかはその心が通じて、皆様と仲よくすることも出来」ると諭している点である（七巻三号［明治四五年二月一日］）。「いい修養になりますよ」とも述べていることから明らかなように、理不尽な仕打ちに対しても、「真心」と「親切」を尽くすような「修養」が期待されており、女学生に婦徳を求めるような作品となっていた。

第三節　学校化の語られ方

第一項　女学生熱

まずは、女学生熱についてであるが、女学生になること／であることをポジティブに描いた「加熱」・「再加熱」型が七作品、ネガティブに描いた「縮小」・「代替」・「冷却」型が一三作品であった。後者のうち「冷却」型が八作品と過半を占めている点が、「再加熱」型が多かった『少年世界』における学校を経由した立身出世物語との相違として挙げられる。

さらに、女学生の代替的目標に良妻賢母を据えた「回状」の菊子に典型的に認められるように、少女の学校化を推進しながら、学校化を抑制するというマッチポンプのような機能が〈女学生小説〉には指摘できる。たとえば、「談話室」には菊子のような少女が投書を寄せている。

みな様は女学校へお通ひなさつて、羨しいわ、私は家に居つて農業をしてゐます、みな様の中に、私と同じ農業をしておいでの方がありますか。（五味あい子〔無題〕四巻九号〔明治四二年七月一日〕）

四巻一一号（明治四二年八月一日）では、「信州の五味あい子様、私もあなたと同じ農業《ママ》ですの、女学校へお通ひの諸嬢は幸福です事」（長谷川きよ〔無題〕）という応答が寄せられるなど、菊子のように少女雑誌に慰められている少女読者の存在がうかがえる。

沼田笠峰もまた「談話室」で、「高等の学校」に入学できない少女に向かって、女学生熱の「代替」ないしは

「縮小」を試みていた。

　次に、父母の膝下ににあツて、家事の手伝ひをなさるお方は、これまで学んだことを実地に応用することが出来るのですから、これほど楽しいことはありますまい。併し知識を磨き、徳行をきたえるのは、何時になツても必要なのですから、仕事の暇には、絶えず書物を読んだり、雑誌を見たりして、折角今まで修めた学力が退歩せぬやう深く注意するのが肝要であります。（二巻五号〔明治四〇年四月一日〕）

　ここで注目されるのは、笠峰が様々なタイプの〈女学生小説〉を手がけていた点である（「加熱」・「再加熱」型を四作品、「縮小」・「代替」型を三作品、「冷却」型を五作品）。塩屋（二〇一三）は笠峰の少女小説について「勉学の意志」を指摘しているが(25)、その多様性もまた、笠峰の〈少女小説〉の特徴であった。笠峰が多様なタイプの「学校小話」を手がけることができたのは、「談話室」などを通して女学生が置かれていた現実を知悉していたからであろう。

　ただし、恵まれた家庭環境にある女学生読者にとっては、不遇な少女を描いた〈少女小説〉は、身分が保障された自らの境遇を再確認する機会として機能していたようだ。

　たとえば、両親を亡くし妹の面倒を見ていた少女が絵画奨励金を獲得したことを知ることなく凍死する悲劇を描いた「肖像画」について、「談話室」に次のような感想が寄せられていた。

　（略）肖像画の話はまことにきのどくですね、それにくらべると私等は父母も姉妹もたつしやでをりますから、喜ばなければなりません。（大平れい子〔無題〕四巻四号〔明治四一年三月一日〕）

「肖像画」のような悲劇的な〈少女小説〉は読者の心に響いたようで、身重の母親のために無理な孝行をした長姉が病に伏す「姉」（四巻七号・八号［明治四三年五月一日・六月一日］）や育児放棄した母親から結婚を強いられた長姉が死を決意する「月夜」（四巻九号［明治四二年七月一日］）などに同情を示すコメントが寄せられていた。〈女学生小説〉でも、父親の事業の失敗により女学校進学を断念せざるを得なかった「文子の失望」という作品について、「私深く同情しましてよ」（愛読者のひとり〔無題〕四巻七号［明治四二年五月一日］）のように、「同情」が寄せられていた。恵まれた境遇にある女学生読者にとっては、登場人物に同情を寄せることそのものが快楽であり、だからこそ〈少女小説〉は好評を博したのであろう。

第二項　女学校生活

次に、女学校生活についてであるが、①下宿が女学生に及ぼす悪影響、②寄宿舎における擬似姉妹関係、③トラブルを通して描かれる女学生の性質、の三点が明らかとなった。

下宿が女学生に及ぼす悪影響については、「天人菊」のように、実母以外の女性監督者による虐待などがクローズアップされる傾向にあり、上京熱を「冷却」するような副次的効果が指摘できた。なお、『少年世界』の〈少年小説〉では帰省を謳歌する少年が描かれていたのに対して（「帰省日記」など）、『少女世界』の〈少女小説〉では帰省を楽しむことができない少女が描かれていた（「おわかれ」など）。このように帰省が対照的に描かれているのは、男学生に比べ女学生の上京熱が「冷却」されることを社会が望んでいたからだと考えられる。

寄宿舎生活が主題化された作品では、「友情」のように、寄宿生間における擬似姉妹関係が描かれる傾向にあった。ただし、「沈丁花」や「寮の姉」のように、寄宿生の恵まれない境遇がクローズアップされる作品も見受けられ、寄宿舎生活がポジティブに描かれているとは限らなかった。

女学生間のトラブルについては、「お手紙」のように、「嫉妬」が原因でトラブルが生じたり、「記念日」のように、貧しい家庭の女学生が冤罪を被ったりしていた。いずれにおいても、「嫉妬」がクローズアップされる傾向にあった。「義俠心」や「状ぶくろ」のように、「嫉妬」などのネガティブな性質は克服されることがほとんどであることから、トラブルを通して望ましい女学生に学校化されたといえる。トラブルがジェンダーと結びついている点は、『少年世界』の〈少年小説〉と同じであった。なお、「冤罪」を被るのは常に貧しい家庭の女学生であり、女学校における家庭格差も垣間見えた。

総じていえば、女学校生活については、ネガティブな一面をクローズアップした作品が多かった。笠峰が『現代少女とその教育』（同文館、大正五年）で、「寂しい情緒を満足させるのにも、さまざまの詩的想像がある」として、「孤独の身」「母なき子」「別れの寂しさ」などを挙げているように（七八～七九頁）、不幸な境遇や出来事を通して感傷を喚起するという小説作法との親和性と相俟って、読者の女学生熱を「冷却」したと考えられるのである。

第三項　読者共同体

次に、読者共同体について考察を加えたい。〈女学生小説〉のうち、読者共同体における紐帯が描かれていたのは四作品であった（「花の友」・「茂子の交際」・「友情」・「花かげ」）。

たとえば、「花かげ」では、地方の女学校で過ごしていた里子が父親の転勤に伴い東京の女学校に転校するのだが、東京行きを嫌がっていた里子を心配した幼馴染みの千枝子が少女雑誌で交際のある同校の女学生である稲子に手紙を送り、里子と稲子との間を取り持っている。(26) 既に指摘したように、「花の友」と「友情」では「花かげ」と同じく、少女雑誌を媒介とした少女読者の紐帯が描かれる一方、「茂子の交際」ではその危険性が描かれていた。

〈女学生小説〉ではないが、〈少女小説〉には読者共同体や投稿により自らの不遇を慰める作品が散見された。たとえば、「宵」では、父子家庭の長姉である君江が同じ境遇の少女雑誌の読者から手紙をもらい、学問ではなく孝行に幸福を見出している。

「ああ淋しいのは私一人ぢやない。たとへ一時にもせよ、この小さい弟や妹や、またおいたはしいお父さんをおいて、私はどうして東京へ出やうなんて云ふ心を起したらう？　東京にもやはり私のやうに泣いてゐらつしやる方がおありなんだもの……学問もしたいけれど、かうして家の世話をしてさへをれば、それで私のつとめはすむ……いえ、その方がずつとずつと幸福なんだわ。」（五巻一二号［明治四三年九月一日］）

このような主人公に我が身を重ねながら、自らの境遇を受け入れた少女読者は少なくなかったと思われる。実際、「談話室」には次のような投書が寄せられていた。

少女小説の宵、私読んで泣きましたわ。君江さんや清子さんと私同じなんですもの、私も十六歳、妹弟七人の世話で毎日いそがしうございますわ。（北清水恭子〔無題〕五巻一三号［明治四三年一〇月一日］）

他にも、足に障害を抱えているため、女学校に通うことができない美緒子という一五歳の少女が『少女世界』への投書を慰めにさびしい生活を送っている「美緒子」（五巻一五号［明治四三年一一月一日］）、「少女世界投書家の女王」である静子の寂しい療養生活を描いた「お月見」（六巻一四号［明治四四年一〇月一〇日］）など、投稿少女が恵まれない境遇に置かれている点が共通していた。いずれの作品でも、少女雑誌や読者共同体は、女学校に通うことができない不満を吸収している点で、少女の学校化と相補的関係にあると考えられる。

第四項　その他

最後に、課外読み物として不健全と評されかねない作品を取り上げたい。

良妻賢母規範に抵触しかねない作品としては、「富久子」が挙げられる。いつも友達の輪の中心にいる女学生の富久子が婚家から帰省してきた姉の言動から、妻となることに悲しさをおぼえるという作品である。

富久子の女学校生活は順調なのだが、帰省してきた姉を音楽会に誘ったところ、「だつて、もう姉さんなんか、自分の身体で居て自分の身体でないやうなものですよ」（四巻一号［明治四二年一月一日］）のように断られ、次のような想いがこみ上げてくる。

其の後姿を見て、富久子は不図《ふと》さう思ひました。「随分、奥様らしくなつたわ。」と。それと同時に、何だか斯う自分には、それが厭《いや》なことに思はれて、悲しいやうな気持が、胸に湧立つて来るのでした。（同右）

「奥様」らしくなることに対して「厭」で「悲しい」という女学生の気持ちが描かれている点が良妻賢母規範から逸脱していよう。

寄宿舎生活における反社会的行為を描いた作品としては、寄宿舎における女学生の自殺を暗示した「寮の姉」が挙げられる。[27] 幼少時に両親を亡くした女学生が寄宿舎で自殺するなど（「女の藤村操」『読売新聞』明治三九年一月二九日）、『少女世界』が刊行された明治三九年は女学生の自殺が社会問題化していたという（木村、二〇一五）。擬似姉妹関係の過剰さと相俟って、「寮の姉」は堕落女学生を描いた作品として非難されかねない作品であったと考えられる。

女学生の性質として堕落と結び付けられやすい「虚栄心」が描かれた作品としては、文芸会で着飾りたいという

「虚栄心」から下宿先の少女の指輪を無断拝借した「指輪」が挙げられる。

石川天崖『東京学』（育成会、明治四二年）は「女学生の堕落」の原因として「虚栄心」を指摘している。

殊に女子（女学生を指す、引用者注）は虚栄心の強いものであるから、容姿を麗はしくし其の衣服を美にするが為めに、色々の名義の下に親に送金をせまる、私のやうに悪い服装をして居るものは無いとか、今度は皆が御揃ひで斯う云ふのを着るとか云ふて金を取り寄せる、夫《そ》れは勿論酒食の料に使ふ訳ではないが、虚栄心が益々《ますます》高まつて来て己れの身の風体髪容《みなりかみかたち》を飾ることにのみ骨を折ると云ふことになり、それから諸処物見高い所に出入りするやうになつて小遣も多分にかかる、父兄は夫れも知らずして、言ふが儘《まま》に送金すると云ふ〔、〕情ない憫《あわ》れなものである。（四四八頁）

他にも、『読売新聞』に明治四二年二月二一日から二六日にかけて連載された「堕落生征伐」で、「虚栄心に導れて堕落せる一女学生」が取り上げられるなど、女学生、とりわけ上京女学生が虚栄心により堕落するというナラティブが訴求力を有していたようだ。「指輪」の場合、主人公が精神的な罰を受けていることから非難されることはないと思われるが、堕落女学生予備軍として位置付けられる点で注目される作品であった。

これらの作品のうち「富久子」と「指輪」をものした西村渚山は、女であることのルサンチマンが垣間見える「満一年」などを手がけており、少女の感情の機微を捉えた作家であったといえよう。

なお、今回検討した四八作品の〈女学生小説〉のうち、女学生が語り手であったのは「泣き声」・「手紙」・「独唱」(28)の三作品のみであった。「手紙」については書簡体小説であり、女学生が語る主体の位置を占めているとは言い難く、「泣き声」については「これは、東京△△女学校の或る生徒から、四五日前に親しく聞いたお話です」（三巻一三号［明治四一年一〇月一日］）のように伝聞である。したがって、女学生が語る主体として自らの体験を語ったのは「独唱」のみといえる。〈女学生小説〉では、女学生は語る主体の位置から疎外されていたのである。[29]

（資料）

【表5-1】『少女世界』における〈少女小説〉作品一覧（明治三九～四五／大正一年）

○海賀変哲「雨」一巻三号（明治三九年一一月五日）［全一回］
○広津柳浪「登美子姫」二巻一号（明治四〇年一月一日）［全一回］
○福田琴月「少女小説　真心」二巻九号（明治四〇年七月一日）～一一号（八月一日）（一〇号を除く）［全二回］
○西村渚山「少女小説　楽み箱」三巻五号（明治四一年四月一日）［全一回］
○沼田笠峰「少女小説　花の友」三巻五号（明治四一年四月一日）［全一回］
○西村渚山「少女小説　お茶菓子」三巻七号（明治四一年五月一日）［全一回］
○沼田笠峰「少女小説　少看護婦」三巻一一号（明治四一年八月一日）［全一回］
○松美佐雄「少女小説　夏の草籠」三巻一一号（明治四一年八月一日）［全一回］
○西村渚山「少女小説　指輪」三巻一三号（明治四一年一〇月一日）［全一回］
○西村渚山「少女小説　富久子」四巻一号（明治四二年一月一日）［全一回］
○沼田笠峰「少女小説　心の姉」四巻一号（明治四二年一月一日）［全一回］
○松井百合子「少女小説　姉妹」四巻一号（明治四二年一月一日）［全一回］
○T．N．「少女小説　肖像画」四巻二号（明治四二年一月一五日）［全一回］

○みね子「少女小説　面会」四巻二号（明治四二年一月一五日）［全一回］
○西村渚山「少女小説　写真」四巻三号（明治四二年二月一日）［全一回］
○沼田笠峰「少女小説　お嫁入り」四巻三号（明治四二年二月一日）［全一回］
○松井百合子「少女小説　雪合戦」四巻三号（明治四二年二月一日）［全一回］
○西村渚山「少女小説　お帳面」四巻四号（明治四二年三月一日）［全一回］
○笠峰「少女小説　文子の失望」四巻五号（明治四二年四月一日）［全一回］
○登志子・美知子「少女小説　手紙」四巻六号（明治四二年四月一五日）［全一回］
○T．N．「少女小説　帰郷」四巻六号（明治四二年四月一五日）［全一回］
○沼田笠峰「少女小説　姉」四巻七号（明治四二年五月一日）～八号（六月一日）［全二回］
○松井百合子「状ぶくろ」四巻七号（明治四二年五月一日）［全一回］
○三宅花圃「涼風」四巻九号（明治四二年七月一日）［全一回］
○松井百合子「少女小説　月夜」四巻九号（明治四二年七月一日）［全一回］
○T．N．「少女小説　寂しき窓」四巻一〇号（明治四二年七月一五日）［全一回］
○西村渚山「少女小説　別荘の一日」四巻一一号（明治四二年八月一日）［全一回］
○松井百合子「少女小説　姉妹の別れ」四巻一二号（明治四二年九月一日）［全一回］
○西村渚山「少女小説　妹の顔」四巻一二号（明治四二年九月一日）［全一回］
○松井百合子「少女小説　お友だち」四巻一三号（明治四二年一〇月一日）～一五号（一一月一日）（一四号を除く）［全二回］
○美貴子「少女小説　妙子」四巻一四号（明治四二年一〇月一五日）［全一回］

○T．N．「少女小説　お人形」四巻一四号（明治四二年一〇月一五日）［全一回］
○みね子「少女小説　回状」四巻一四号（明治四二年一〇月一五日）［全一回］
○沼田笠峰「少女小説　遅刻」四巻一五号（明治四二年一一月一日）［全一回］
○久子「少女小説　薬とり」四巻一六号（明治四二年一二月一日）［全一回］
○三宅花圃「少女小説　お静」五巻一号（明治四三年一月一日）～三号（二月一日）（二号を除く）［全二回］
○西村渚山「少女小説　琴」五巻一号（明治四三年一月一日）［全一回］
○T．N．「少女小説　姉の涙」五巻二号（明治四三年一月一五日）［全一回］
○西村渚山「少女小説　湯の宿」五巻三号（明治四三年二月一日）［全一回］
○西村渚山「少女小説　鶯物語」五巻四号（明治四三年三月一日）［全一回］
○ひさ子「少女小説　まごころ」五巻四号（明治四三年三月一日）［全一回］
○T．N．「少女小説　お店番」五巻六号（明治四三年四月一五日）［全一回］
○花枝子「少女小説　おわかれ」五巻六号（明治四三年四月一五日）［全一回］
○沼田笠峰「燕の巣」五巻七号（明治四三年五月一日）［全一回］
○松井百合子「夕の星」五巻七号（明治四三年五月一日）［全一回］
○西村渚山「少女小説　恋しき家」五巻七号（明治四三年五月一日）［全一回］
○西村渚山「少女小説　お手紙」五巻八号（明治四三年六月一日）［全一回］
○はぎ子「仲なほり」五巻八号（明治四三年六月一日）［全一回］
○武田桜桃「妹」五巻八号（明治四三年六月一日）［全一回］
○ひさ子「しのび音」五巻八号（明治四三年六月一日）［全一回］

○西村渚山「少女小説　夢見る花」五巻九号（明治四三年七月一日）［全一回］
○ゆり子「少女小説　笛の音」五巻九号（全一回）（明治四三年七月一日）［全一回］
○Ｔ．Ｎ．「少女小説　天人菊」五巻一〇号（明治四三年七月一五日）［全一回］
○なでし子「少女小説　雨の日」五巻一〇号（明治四三年七月一五日）［全一回］
○西村渚山「少女小説　幼馴染」五巻一一号（明治四三年八月一日）［全一回］
○沼田笠峰「少女小説　故郷」五巻一一号（明治四三年八月一日）［全一回］
○松井百合子「少女小説　宿の昼」五巻一一号（明治四三年八月一日）［全一回］
○黒田湖山「少女小説　私ぢやない」五巻一二号（明治四三年九月一日）［全一回］
○西村渚山「少女小説　湖畔の花」五巻一二号（明治四三年九月一日）〜一三号（一〇月一日。一三号の題名は「桃割れ」）［全二回］
○安成懐春「少女小説　遠足の帰途」五巻一二号（明治四三年九月一日）［全一回］
○Ｊ．Ｏ．「少女小説　宵」五巻一二号（明治四三年九月一日）［全一回］
○竹貫佳水「お祖母様」五巻一二号（明治四三年九月一日）［全一回］
○はぎ女「おけいこ」五巻一三号（明治四三年一〇月一日）［全一回］
○松井百合子「少女小説　母様」五巻一三号（明治四三年一〇月一日）［全一回］
○枯尾花「少女小説　お友だち」五巻一四号（明治四三年一〇月一五日）［全一回］
○はつ音「少女小説　美緒子」五巻一五号（明治四三年一一月一日）［全一回］
○安成二郎「少女小説　思ひ出」五巻一六号（明治四三年一二月一日）［全一回］
○無署名「田舎より」六巻二号（明治四四年一月一五日）［全一回］

○武田鶯塘「お隣のお爺さん（滑稽少女小説）」六巻三号（明治四四年二月一日）［全一回］
○越知水草「少女小説　一夜の客」六巻三号（明治四四年二月一日）［全一回］
○松村豊子「少女小説　故郷」六巻六号（明治四四年四月一〇日）［全一回］
○千代子「少女小説　友情」六巻六号（明治四四年四月一〇日）［全一回］
○福田時雨女「少女小説　雪ちゃん」六巻七号（明治四四年五月一日）［全一回］
○葉津代子「少女小説　姉様」六巻八号（明治四四年六月一日）［全一回］
○枯尾花子「なさけ」六巻九号（明治四四年七月一日）［全一回］
○近藤静子「少女小説　まま事」六巻一〇号（明治四四年七月一〇日）［全一回］
○武田鶯塘「独唱」六巻一一号（明治四四年八月一日）［全一回］
○大井冷光「少女小説　嫂おもひ」六巻一二号（明治四四年九月一日）［全一回］
○三宅花圃「白萩」六巻一二号（明治四四年九月一日）～一五号（一一月一日）（一四号を除く）［全三回］
○内海延吉「少女小説　お月見」六巻一四号（明治四四年一〇月一〇日）［全一回］
○松井ゆり子「宵闇」六巻一五号（明治四四年一一月一日）～一六号（一二月一日。一六号の題名は「山茶花散る日」）［全二回］
○西村渚山「少女小説　夕飯」六巻一五号（明治四四年一一月一日）［全一回］
○大井冷光「同窓生」六巻一六号（明治四四年一二月一日）［全一回］
○三宅花圃「少女小説　春着」七巻一号（明治四五年一月一日）～三号（二月一日）（二号を除く）［全二回］
○三宅花圃「少女小説　輪柳」七巻二号（明治四五年一月一〇日）～五号（四月一日）（三号を除く）［全三回］
○松井ゆり子「記念日」七巻三号（明治四五年二月一日）～四号（三月一日）［全二回］

○はつよ「星の影」七巻三号（明治四五年二月一日）［全一回］
○西村渚山「少女小説　満一年」七巻四号（明治四五年三月一日）［全一回］
○大井冷光「沈丁花」七巻四号（明治四五年三月一日）［全一回］
○さざれ子「姉の心」七巻四号（明治四五年三月一日）［全一回］
○鈴蘭子「お被布」七巻四号（明治四五年三月一日）［全一回］
○西村渚山「丘の上」七巻七号（明治四五年五月一日）［全一回］
○松山みどり「花かげ」七巻七号（明治四五年五月一日）［全一回］
○多摩子「指環」七巻七号（明治四五年五月一日）［全一回］
○みゆき「青葉かげ」七巻八号（明治四五年六月一日）～九号（七月一日）［全二回］
○三宅花圃「桜貝」七巻九号（明治四五年七月一日）～一三号（大正一年一〇月一日）（一〇号を除く）［全四回］
○多摩子「祭の日」七巻九号（明治四五年七月一日）［全一回］
○千鳥「寮の姉」七巻九号（明治四五年七月一日）～一一号（七月二〇日）（一〇号を除く）［全二回］
○夜会草「人形の夢」七巻一三号（大正一年一〇月一日）［全一回］
○松井ゆり子「虫啼く夜」七巻一三号（大正一年一〇月一日）［全一回］
○ちどり「東京の子」七巻一三号（大正一年一〇月一日）～一六号（一二月一日）（一四号を除く）［全三回］
○生田葵「花三枝」七巻一五号（大正一年一一月一日）［全一回］
○紅つばき「前の晩」七巻一六号（大正一年一二月一日）［全一回］

結論

第一部の成果と課題

まずは、第一部の成果と課題を整理する。

第一章では、明治期を代表する総合雑誌である『太陽』を取り上げ、学生風紀問題において課外読み物が社会問題化されるに伴い、年少読者が読書国民として発見され、〈児童文学〉の社会的機能として修養の涵養が期待されるようになったことを明らかにした。

第二章では、大町桂月の時評における修養主義的文学論を検討した。「たしかなる人物」が理想像とされていたように、準エリート層の不満をガス抜きしながら、過度な欲望の抑制を試みていたことが明らかとなった。〈児童文学〉によって「加熱」された立身出世熱は「縮小」され、児童雑誌への投稿を通して「加熱」された文学熱は「冷却」されていた。

第一章と第二章に共通する主な課題としては、読書国民として少女読者がどのように位置付けられ、どのような修養が期待されていたのかについて検討できなかった点が挙げられる。

第三章では、児童雑誌が創刊ラッシュを迎えた明治中期には児童雑誌有害論が認められるなど、〈児童文学〉の社会的地位が確立されていなかったこと、明治三十年代後半には教育界において課外読み物としての教育的機能が〈児童文学〉に期待されつつあったことを明らかにした。このような社会的役割を与えられることによって、ロマンスとして周縁化されていた〈児童文学〉の社会的地位は向上し正統化されたが、課外読み物から逸脱しないような自主規制が働く点で〈児童文学〉の文芸としての自立は妨げられたことを指摘した。

第四章では、課外読み物における排除と包摂の力学について、〈冒険小説〉を事例に検証した。通俗教育調査委員会が認定したリストにおいては、課外読み物として相応しくないとされた一部の〈冒険小説〉が排除され、『ロビンソン・クルーソー』のような〈冒険小説〉が包摂されていた。当時、どのような作品が排除／包摂されていたのかについては、課外読み物リストを発掘し、それらのリストの検討が要されるだろう。

第五章と第六章では、明治期を代表する児童文学作家である巌谷小波を取り上げ、〈児童文学〉の正統化戦略について検証した。小波は〈お伽噺〉を通して海国思想の養成を試みたり（第五章）、文芸委員会と通俗教育調査委員会の委員に就任したりしていた（第六章）。経済的資本と象徴的資本のいずれも調達できなかった明治期にあっては、〈児童文学〉および児童文学作家の社会的地位を向上させるには文部省による正統化くらいしか手段がなかったからである。

注目されるのは、いずれも中途半端ではあったが、娯楽としての〈お伽噺〉を追究したり（第五章）、課外読み物規制のイニシアティブを握ろうとしたり（第六章）、〈児童文学〉の相対的自律性を確保しようとしていた点である。小波は〈児童文学〉の正統化と自立をめぐるジレンマに直面していたのである。小波の軌跡については、時代的制約を踏まえながら、その可能性の中心を視野に入れて検討されるべきだろう。

第一部では、課外読み物として〈児童文学〉に期待されていた社会的機能と児童文学作家の正統化戦略を明らかにできたと考えるが、課外読み物としてまなざされたジャンルの一部しか扱えていないことに加え、少女読者を対象とした課外読み物観、図書館などの通俗教育における課外読み物観などの検討が不十分であるなど、課題も少なくない。また、「児童読物改善ニ関スル指示要綱」[1]（昭和一三年）をはじめとした大正期以降の課外読み物の統制との相違についても検証する必要が認められよう。

第二部の成果と課題

次に、第二部の成果と課題を明らかにする。

第一章では、明治中期に創刊された児童雑誌に〈小説〉を掲載することについての社会的合意が形成されていなかったこと、読者が期待する〈小説〉のジャンルや内容が年齢や性別によって異なっていたことを明らかにした。

第二章から第五章にかけては、『少年世界』と『少女世界』掲載の〈お伽小説〉と〈冒険小説〉、『少年世界』掲載の〈少年小説〉、『少女世界』掲載の〈少女小説〉を分析した。

まずは、掲載状況であるが、一巻当たりの掲載件数で比較したところ、最も少なかったのが『少年世界』掲載の〈少年小説〉の約四・三件で、最も多かったのが『少女世界』掲載の〈少女小説〉の約二〇・三件であった。〈お伽小説〉と〈冒険小説〉については、『少年世界』掲載の〈冒険小説〉が約四・八件とやや少ないものの、それ以外は六・五件（『少女世界』の〈お伽小説〉）から七・八件（『少女世界』の〈冒険小説〉）までの間に収まっており、ほぼ同程度の掲載状況であった。角書が冠されていない作品を収集していないため、とりわけ『少年世界』の掲載状況については実態を反映できていない可能性を考慮しなければならないが、『少女世界』における〈小説〉の充実ぶりが目を惹く結果となった。

各ジャンルで出現頻度が高い作家については、興味深い知見が得られた。〈お伽小説〉と〈冒険小説〉については、『少年世界』と『少女世界』のいずれにおいても〈お伽小説〉を代表する作家は巌谷小波で、〈冒険小説〉のそれは押川春浪であった。『少年世界』掲載の〈少年小説〉と『少女世界』掲載の〈少女小説〉については、前者を代表する作家が巌谷小波、後者のそれが西村渚山と沼田笠峰であった。以上の結果が『少年世界』および『少女世界』にのみ該当する傾向なのか否かについては今後の課題としたい。

特筆すべきは、作家とジャンルの相関の強さである。小波は〈お伽小説〉と〈少年小説〉を手がけているが、〈冒険小説〉と〈少女小説〉を手がけていなかった。春浪は〈冒険小説〉を手がけているが、〈お伽小説〉と〈少女小説〉を手がけていなかった。渚山と笠峰は〈少年小説〉と〈少女小説〉を手がけているが、〈お伽小説〉と〈冒険小説〉を手がけていなかった。このように、各ジャンルを手がけた作家の棲み分けが指摘できるのである。作家の資質といえばそれまでだが、以上の結果はジャンル名から作家名が喚起されたであろうことを示唆している。

次に、それぞれのジャンルが課外読み物としての役割期待を遂行したり、そのような役割期待から逸脱したりしているかどうかについて整理することにしたい。

ジャンル名は、読者が児童雑誌でどの作品を読むのかをアフォードする役割を担っていたのではないか。

〈お伽小説〉と〈冒険小説〉については、ロマンスの程度に相違が認められたものの、冒険する少年少女が海国思想を体現しているなど、課外読み物としての役割期待を遂行している作品が少なくなかった。なかでも、『少女世界』掲載の〈お伽小説〉には良妻賢母規範に違反した冒険少女が矯正されている作品が散見されるなど、イデオロギー装置としての側面が顕在化していた。

しかしながら、『少年世界』掲載の〈お伽小説〉と〈冒険小説〉では、課外読み物規制派が警戒していた「空想」が過剰に描かれていたり、『少女世界』掲載の〈お伽小説〉と〈冒険小説〉では、良妻賢母規範から自由な冒険少女が造形されていたり、ジェンダー規範に抵触するような読者投稿が寄せられたりするなど、課外読み物から逸脱する作品や投稿も散見された。ただし、『少女世界』掲載の〈冒険小説〉に顕著に認められたように、少年少女の振る舞いが語り手によって制御されていた可能性もまた指摘できた。

『少年世界』掲載の〈少年小説〉と『少女世界』掲載の〈少女小説〉については、〈少年小説〉には立身出世熱を

「再加熱」するパターンが多かったのに対して、〈少女小説〉には女学生熱を「冷却」するパターンが多く認められた。男女で異なる学歴期待を反映させながら、学校化された少年少女像を提示している点で、課外読み物としての役割期待を遂行していたといえる。また、〈少年小説〉ではウィークネス・フォビアが描かれ、〈少女小説〉では嫉妬や虚栄心が描かれるなど、当時のジェンダー規範を再生産する作品も少なくなかった。なお、巌谷小波の〈少年小説〉には自らの声で語る主体が出現していたが、支配的価値観などに抵抗したり逸脱したりする主体ではなかった。

しかしながら、『少年世界』掲載の〈少年小説〉と『少女世界』掲載の〈少女小説〉のいずれにおいても、課外読み物規制派が警戒していた投稿文化や読者共同体の紐帯を描いた作品が散見された。ただし、ジェンダー規範を壊乱するような作品はあまり見受けられず（〈少年小説〉には認められず、西村渚山などの〈少女小説〉に少数ながら認められた）、「寮の姉」のような反社会的内容を有する作品は例外的であった。

第二部では、『少年世界』と『少女世界』がイデオロギー装置として課外読み物の役割を遂行しつつも、少数ながら課外読み物として期待される役割から逸脱するような作品が掲載されていたことが明らかとなった。児童雑誌は、課外読み物として自らを正統化しつつも、〈冒険小説〉を支持する『少女世界』の読者が体現していたように、一部の読者からは課外読み物から逸脱するロマンスを要求されるというジレンマを抱え込んでいたのである（もちろん、小説有害論の立場から〈小説〉を排除する読者も存在した）。

ここで想起されるのがザイプス（二〇〇一）のおとぎ話論である。ザイプスは、子ども読者がグリムなどの「おとぎ話」を通して文明化される側面、「おとぎ話」の伝統的モチーフが現代的に加工された創作を通して文明化イデオロギーが転覆される側面を指摘した。『少年世界』と『少女世界』では、文明化（社会化）機能が前景化していたが、転覆とまではいかないまでも文明化イデオロギーを相対化するような作品が散見された。〈児童文学〉は学校教育の補完ないしは通俗教育に存在意義を訴えた訳だが、ロマンスが本来備えている「空想」を飼い慣らすことは困難であったことがうかがえる。課外読み物には回収されない〈児童文学〉の諸相の検討については今後の課題である。

以上の結果が今回検討したジャンルにのみ認められるものなのかどうかについては、他ジャンルや他誌にまで検討範囲を拡げて検証する必要がある。とりわけ、今回は〈小説〉に着目したため、〈お伽噺〉を検討できておらず、お伽噺作家としての小波の全容に迫ることができていないことは大きな課題である。また、生田葵山・江見水蔭・押川春浪・木村小舟・武田桜桃・西村渚山・沼田笠峰など、それぞれのジャンルで活躍していた小波以外の作家についても、研究に取り組む必要があるだろう。

文学社会学に向けて

本書のアプローチは、課外読み物という視座から〈児童文学〉の社会的地位を考察している点で、文学社会学として位置付けられるものである。

サピロ（二〇一七）は、文学社会学を次のように説明している。

> 文学社会学は、文学的事実を社会的事実として研究対象にする。そこには二重の問いがともなう。ひとつは、社会現象としての文学についての問いであり、これには作品を生産し、消費し、評価する多くの制度や個人が関わっている。もうひとつは、文学テクストのなかに時代の表象や社会的争点がいかに刻印されているのかについての問いである。（七頁）

「社会現象としての文学についての問い」については、社会問題として課外読み物がまなざされる局面を明らかにした第一部で主に扱い、「文学テクストのなかに時代の表象や社会的争点がいかに刻印されているのかについての問い」については、『少年世界』と『少女世界』のテクストを検討した第二部で主に扱った。

本書では、このような二つの問いを設定することにより、「内在分析と外在分析の対立を乗り越え、作品がいかに社会的世界を変形させつつ描き出しているのかを理解しよう」（サピロ、二〇一七、九五頁）と試みた。〈児童文学〉というジャンルは、課外読み物規制という制度と結び付いている点では外在分析が要されると同時に、ジャンルないしは題材の取捨選択やレトリックを通して課外読み物として正統化されたり、課外読み物から逸脱したりする点では内在分析が要されるからである。また、〈児童文学〉という周縁化されたジャンルを対象としたことにより、文学の正統化をめぐるポリティクスを典型的な形で議論の俎上に載せることができたのではないだろうか。

ただし、読者による受容（解釈）の検討が不十分であるなど、分析のデザインは模索段階にある。今後は、量的分析を含め、分析のデザインを再検討することにより、その精度を高めていきたい。

【注】

序論

（1）課題図書部門の創設の経緯については、全国SLA編集部（二〇一四）に詳しい。
（2）なお、『少年園』に先立って、同誌より年齢層は高いが、作文投稿雑誌である『穎才新誌』が明治一〇年に創刊され、「少年文学」叢書の第一巻である『こがね丸』が刊行される前年には三輪弘忠『少年之玉』が刊行されている。近代児童文学の草創期をめぐる議論については、科学読み物を含めて論点を整理した鳥越（二〇〇一）を参照のこと。
（3）清川（一九九二）によれば、小学校卒業程度の第二水準のリテラシーを有する男子は、明治二二年の五〇・六二％から明治三七年には八八・五二％にまで急上昇するという。
（4）稗史小説観については、野口（一九九六）を参照されたい。
（5）前田（一九八九ａ）および竹内（二〇〇五）によれば、同書を通して立身出世主義が広まったという。
（6）『西国立志編』からの引用は「木平謙一郎明治四年新刻の後刷」を公開している早稲田大学図書館古典籍総合データベースを参照したが、読みやすさを考慮し、合略仮名などの表記に手を加えた。
（7）坪内逍遥の小説観については、亀井（一九九九）を参照されたい。
（8）引用は、坪内（二〇一〇）に拠る。具体的には、次のように馬琴を批判していた。「彼の曲亭の傑作なりける『八犬伝』中の八士の如きは、仁義八行の化物にして、決して人間とはいひ難かり。作者の本意も、もとよりして、彼の八行を人に擬して小説をなすべき心得なるから、あくまで八士の行をば完全無欠の者となして、勧懲の意を寓せしなり」（五三頁）。ただし、中村（一九八二）によれば、逍遥は馬琴の小説観の近代性を捉え切れていないという。
（9）谷川（二〇〇八）は、「『立志編』の小説性悪説は、当たり前すぎてかえって公然と口にされることのなかった同時代の小説観と連絡をとりながらも、それをさらにエスカレートさせることによって、皮肉なことに、実（「虚」の対概念、引用者注）と対等にわたりあう恐るべき力を「小説」に与えるように作用することになる」（六四頁）と指摘している。

（10）牧野訓令に先行する課外読み物を規制する制度として「文部省示論」（明治一五年）が挙げられる（新藤、二〇一三）。ただし、社会問題としての拡がりが認められなかったので、本書では牧野訓令をもって嚆矢とした。
（11）東京都青少年の健全な育成に関する条例改正が孕む問題点については、長岡（二〇一〇）を参照されたい。
（12）正統化については、ブルデュー（一九九五、一九九六）を参照されたい。

第一部第一章

（1）同時代の総合雑誌である『国民之友』と『中央公論』に比べ、百科全書的であるが故に、「編集姿勢の無思想性」が指摘されている（鈴木、二〇〇一、一九頁）。ただし、永嶺（一九九七）が『中央公論』に指摘した「一流大家を起用した小説重視の文芸路線」（一四七頁）は、硯友社と結び付きが強かった『太陽』にも認められる傾向であり、共通点も認められる。
（2）明治期に文芸欄を担当した四人の記者のうち、高山樗牛と大町桂月が東京帝国大学出身、長谷川天渓と金子筑水が早稲田大学の前身の東京専門学校出身である。明治二九年から博文館が早稲田大学の出版物を引き受けていること（坪谷善四郎『博文館五十年史』博文館、昭和一二年、一一三頁）や博文館を支えた坪谷水哉が東京専門学校出身であることなどから、執筆者の人選に際して早稲田閥の影響が推測される。なお、無署名記事については、歴代の編集主幹（坪谷水哉、高山樗牛、鳥谷部春汀、浮田和民）や先述した文芸欄担当者によるものも少なくないと考えられるが、今回は詳らかにできなかった。
（3）ただし、天渓は自然主義を基調とした小説観を有しており（長谷川天渓『自然主義』博文館、明治四一年）、天渓の小説観の整合性については検討が要される。ちなみに、瀬沼（一九五五）は、天渓について「外界の出来事にジャアナリスティックに反應するところに、性急に自己表現を見出していったがために、論理的矛盾が生じた」（二二七頁）と指摘している。
（4）井上の国民道徳論については、江島（二〇〇九）に詳しい。
（5）同建議案については、「教育会建議案」（『読売新聞』明治四〇年一〇月二七日）などで知ることができる。
（6）類似の特集としては、『教育報知』の「小学生徒ニ小説ヲ読マシムルノ利害」（八〇号［明治二〇年八月二〇日］）・「小学生徒ニ小説ヲ読マシムルノ可否」（八一号［明治二〇年八月二七日］、八七号［明治二〇年一〇月八日］）、『教育時論』の「教育と文芸との関係」（八二六号［明治四一年三月二五日］、八二七号［明治四一年四月五日］）などが挙げられる。

（7）ちなみに、一五巻一〇号（明治四二年七月一日）では「夏季と読書」という特集が組まれている。「教育と小説」に比べ、この特集では課外読み物問題が争点化されていない。ただし、島崎藤村がアナキストであるクロポトキンの自伝を避暑先で読んでみるつもりであると述べている点が目を惹いた。大逆事件前とはいえ、牧野訓令では「社会主義」が「思想教育界」に広まっていることを警戒していたからである。

（8）田中については稲垣編（一九七四）、中島については小股（一九九〇）を参照されたい。

（9）藤井については、泉谷（二〇〇〇）を参照のこと。

（10）三輪田については、三輪田学園百年史編集企画委員会編（一九八八）、新渡戸については筒井（一九九五）を参照されたい。

（11）小波の課外読み物観については、第一部第五章および第六章を参照のこと。

（12）一五巻一号（明治四二年一月一日）では「文芸取締問題と芸術院」という特集が組まれているのだが、談話を寄せた六名のうち、取締を是とするのは三宅雪嶺のみで、上田万年と島村抱月は取締を不可としている。広津柳浪と小杉天外は取り締まる際には作者の態度を勘案すべきである旨を注文した上で芸術家は我が道を進むべきだと述べ、内田魯庵は取り締まったところで自然主義の時代思潮を覆すことはできないと主張するなど、三人の文学者は当局による取締を避けられないとした上で自論を述べていた。

（13）同じ号の「教育」欄に掲載されていた一連の文章のため、一件としてカウントし、タイトルを併記した。

（14）序論で取り上げた『西国立志編』の「稗官小説ノ害」は、「蓋《けだ》シ小説ヲ読ムコト癖習トナルトキハ．壮旺ノ情懐．コレガ為メニ麻痺シ．健安ノ心思．コレガ為ニ衰耗《すいこう》スルコトナリ．怕《おそ》ベシ．」のように、読書習慣に対して否定的であった。

（15）「稗官小説ハ．人ノ戯笑ニ供シ．ソノ心志ヲ蕩散スルモノニシテ．教養ノ事ヲ穢スコト．コレヨリ甚シキハナシ．」という一文（『西国立志編』）を想起されたい。

（16）筒井（一九九五）によれば、現在では「文化の享受を通しての人格の形成」は「教養」という用語が担っているが、明治後期においては「教養」は「教化」を意味することが多く、人格主義を担っていたのは「修養」であったという。

（17）目黒（二〇一一a）によれば、文学趣味が明治後期の文芸思潮の一つであった天才主義に接合され、修養主義から逸脱する動向が認められるという。文学趣味の重層性については注意が要される。

（18）「二級読者」とは、「テクストが書かれ、この社会のなかでテクストとして流通する―特定のテクストが選択され、編集され、出版され、読まれる―という、テクストをテクストとして成立せしめる一連の状況を支配する重層的な権力構造のなかで、テクストを読むことから排除され、テクストから疎外される者たち」をいう（岡、一九九八）。読書国民として「少年」が包摂される際、読書国民から排除された年少読者が存在したことはいうまでもないが、本書では扱えていない。

第一部第二章

（1）ただし、『少年文集』（明治二八年創刊）については検討できていない。

（2）検討した単行本は以下の通り。『大絃小絃』（博文館、明治三三年）、『文学小観』（新声社、明治三三年）、『学生訓』（博文館、明治三四年）、『続学生訓』（博文館、明治三五年）、『処世訓』（博文館、明治三六年）、『社会訓』（文録堂、明治三六年）、『女学生訓』（博文館、明治三六年）、『青年訓』（博文館、明治三七年）、『軍国訓』（博文館、明治三七年）、『家庭と学生』（日高有倫堂、明治三八年）、『雑木林』（博文館、明治四〇年）、『青年時代』（大倉書店、明治四一年）。なお、桂月には『桂月全集』全一二巻（興文社、大正一一～一二年）・別巻一巻（昭和四年）があるが、初出が記載されていないことに加え、児童文学関連記事が漏れていたことから、参照するに留めた。単行本については、桂月全集刊行会編「姿婆帖」（『桂月全集』一二巻、興文社、大正一五年版）によれば、明治期に五二冊の著作を刊行しているが、本章の目的から美文韻文・紀行文・史伝を検討対象から除外して著書を抽出した。

（3）プロフィールは、以下の通り。本名芳衛。高知県生まれ。明治二～大正一四年。東京帝国大学国文科卒。明治三三年に博文館に入館し、同三九年に退館。明治四四年には小松原英太郎文部大臣によって設置された文芸委員会委員を務める。詳しくは、桂月全集刊行会編「姿婆帖」、坪谷善四郎『博文館五十年史』（博文館、昭和一二年）、竹崎（一九五二）を参照のこと。

（4）博文館との接点としては、独逸学協会学校および称好塾で共に学んだ巌谷小波も挙げられるが（巌谷季雄『我が五十年』東亜堂、大正九年）、推薦等の資料は見つからなかった。

（5）谷沢（二〇〇二）によれば、「文芸時評」という呼称は桂月を嚆矢とするという。最初の掲載は『太陽』七巻一号（明治三四年一月五日）であった。なお、谷沢は指摘していないが、同時に「教育時評」を手がけていた点が注目される。当時の桂月が「教育」に対して高い関心を示していたことがうかがえるからである。

（6）当時の『太陽』には「桂月対天渓の相撲評」（同記事）が散見される。ここでいう天渓とは、桂月の後に『太陽』の文芸時評欄を担当した長谷川天渓のことである。もちろん、「人多くは桂月が本誌を去りたりとて、甚だ惜む処あるが如しと雖《いえども》、吾人は然らず、桂月は理性に暗し、その頭は粗雑なり」（柴田楚外〔無題〕『太陽』一三巻一一号〔明治四〇年八月一日〕）のように、桂月を批判している読者もいた。

（7）菅野（二〇〇四）によれば、武士道は旧来の武士道（士道）と明治武士道とに大別できるという。後者を代表するのが明治三三年にアメリカで発表された新渡戸稲造の*BUSHIDO, THE SOUL OF JAPAN*である。国家主義的であるという点で、桂月の武士道も明治武士道のバリエーションの一つであるが、新渡戸をはじめとした明治武士道論者との相違の解明については今後の課題である。

（8）同記事に「余は、従来、博文館編集局の一員として、本誌にはただ文を載するに止まりしが、今後、編集の手助けをも為すやうになりて、本誌とは関係益《ますます》密接になれり」とある。

（9）たとえば、文芸委員会における奨励作品の選定をめぐって「森鷗外、島村抱月等の新派文学家と大町桂月、塚原渋柿等の旧派文学家との間に稍《やや》意見の牴触する所」があったと報道されている（『東京朝日新聞』明治四五年二月二〇日）。

（10）桂月は直近の号で（「本誌の将来（中等教育諸家及び学生諸君に告ぐ）」七巻一号〔明治三七年一月一〇日〕）、「青年文壇は、作文の補助とならむとするもの也。もし学生諸君にして、学課を放棄して、投稿にのみ従事するものあらば、これ余輩の意を誤れるもの也」のように、学課を優先するよう読者に呼びかけていた。

（11）ただし、小田・土屋（一九九九）の知見は歴史科の検討を基にしたものである。小笠原（二〇〇七）によれば、他科目に比して受験者数が多かった国語科については、実態が解明されていないという。

（12）データの詳細および後述する文士の社会的地位については、目黒（二〇一一ａ）を参照されたい。

第一部第三章

(1) 向川（一九八五）と藤本（二〇一三）は教育雑誌の検討を通して年少者と文学との関係を明らかにした数少ない児童文学研究であるが、主な検討期間が明治十年代から二十年代にかけてであり、明治三十年代以降の動向が詳らかにされていない。

(2) 「子ども」の発見に伴い、「少年」と「青年」が新たに再編される明治期にあって（木村、一九九八）、両者が差異化された上で使用されている訳では必ずしもないが、学生風紀問題の記事では「学生」・「書生」・「青年」などの言葉が用いられており、「少年」という言葉は学生風紀問題ではあまり見受けられなかった。

(3) 無署名「少年書類の刊行に就て」（三九四号［明治二九年三月二五日］）のように、「少年書類」のなかに「其書中の事実は、六七歳の児童に適するも、其書き方は、高等小学生徒と雖《いえども》、容易に理解すること能《あた》はざるもの」が認められることを指摘し、学校のカリキュラムに適合した「少年書類」を期待している記事もあった。

(4) 文学と教育との関係を考える上で図書館関連記事の検討は不可欠だが、今回は調査することができなかった。

(5) 藤本（二〇一三）によれば、同記事は「白耳義「アベイユ」号雑誌」の抄訳である「善良ナル書籍ハ真実ト愛善ノ情トヲ誘起ス」（『教育雑誌』一六五号［明治一五年六月一四日］）と重なる箇所があり、同記事の影響が指摘できるという。このような影響関係は、明治十年代では外国の知見の紹介であったものが、明治二十年代から三十年代にかけて内在化されていく過程を示唆していると思われる。

(6) 「教育小説」は七六号（明治二〇年五月二五日）以降から散見される。教育雑誌ならではのジャンルとして、検討の必要性が認められる。

(7) 向川（一九八五）では、「修身書」における動物の擬人化を難じた無署名「婦人の問答」（一号［明治一八年四月一五日］）や子ども向けのお話が「同感の情」を引き起こす点に着目した田中登作「情ノ育テ方」（三九号［明治一九年五月一五日］）が『教育時論』における児童文学論の嚆矢として紹介されている。

(8) 正木直彦「趣味教育に就て」（七九九号［明治四〇年六月二五日］）は、「理性」による「サイエンス」の教育に対して、「文芸」による「趣味」の教育の必要性を指摘し、「文芸趣味の教育を受けることの卑《ひく》いものは、卑近な文芸にのみ趣味を有し、其教育が進むに随《したが》つて、順次高尚なる作品に趣味を有する様になる」と述べている。

(9) 参考文献では挙げられていないものの、ターミノロジーからして、高橋（一九九二）はフーコーを参照していると思われる。

（10）課外読み物以外では、アメリカの事例を紹介し、「物語」（写実小説を含む）の効能を説いた無署名「初等教育と物語」（八三八号［明治四一年七月二五日］）や「其の教科書中に編入せられある幾多の軟文学は、是等の悪結果（学生の風紀紊乱、引用者注）を来す所少しとせず、小松原文相は茲《ここ》に見る所あり」と教科書問題に言及した無署名「中等教科書と文学」（八四二号［明治四一年九月五日］）などが目を惹いた。

（11）明治三九年には無署名「女学生の読物」（七七六号［明治三九年一一月五日］）や無署名「女子の読物」（七七九号［明治三九年一二月五日］）のように、「女子」向けの課外読み物がクローズアップされていることが目を惹く。木村（二〇一五）によれば、幼少時に両親を亡くした女学生が寄宿舎で自殺するなど（「女の藤村操」『読売新聞』明治三九年一月二九日）、明治三九年は女学生の自殺が社会問題化していたという。女学生を対象とした課外読み物規制の高まりとの相関が示唆される。

（12）在任期間については、文部省編（一九七二、三六七頁）を参照した。ただし、二回目は割愛している。後述の小松原の文部大臣在任期間についても、同文献を参照した。

（13）小波は「文芸的出版物の検閲をば、内務省警視庁の手から取つて、之を文部省に移すが至当と思ふ」（「教育と文芸との関係」）と考えていたようだ。小波と文部省の関係については、第一部第六章を参照のこと。

（14）同記事によれば、委員の一人が「激烈なる図書審査無用論」を演説したという。このように、認定図書をはじめとした課外読み物の保護＝規制に批判がなかった訳ではない。

（15）ただし、無署名「独逸俗悪文学取締」（九九五号［大正一年一二月五日］）などの記事から、活動写真の規制に伴い、探偵小説が活動写真との関係で取り沙汰されるようになったことがうかがえる。

第一部第四章

（1）〈冒険小説〉に関する近年の研究としては横田（二〇一一）が挙げられるが、課外読み物としての社会的地位については検討していない。

（2）引用は、吉田ほか編（一九七一）に拠る。

（3）大町桂月の文学観（第一部第二章）にも通底していよう。

（4）高橋（二〇一五）は、『浮城物語』のジャンルが「政治小説」から「冒険小説」へ移行した局面を捉え、児童文学に囲い込まれたことを指摘しており、参考になった。

（5）『小説神髄』からの引用は、坪内（二〇一〇）に拠る。

（6）ただし、第一部第三章で取り上げたように、逍遥もまた「文学の効用」（『教育時論』七一〇号［明治三八年一月五日］）で、自らが批判していた「ローマンス」の効用を換骨奪胎して利用している。〈小説〉が有害視されていた当時にあって、〈小説〉の教育的効用というレトリックが訴求力を有していたことがうかがえる。

（7）「探偵小説」もまた、「児童の之を読む者をして知らず識らず其の風に感化し去るの患《うれい》あらしめ遂に自ら強盗たらんこと事（ママ）を欲し、隠険自ら喜ぶに至る」（無署名「探偵小説の流行」『教育時論』二八九号［明治二六年四月二五日］）のように、悪影響という点で〈冒険小説〉と同列に扱われることが少なくなかった。

（8）〈冒険小説〉において博物学的欲望が「殖民」と接合される傾向にあることについては、高橋（二〇一五）を参照されたい。

（9）「読売」より転載とあったが、確認できなかった。ほぼ同じ内容の記事が「健全なる読物」というタイトルで『教育時論』九五三号（明治四四年一〇月五日）にも掲載されていた。

（10）小波以外の〈お伽噺〉としては、文部省図書課図書審査官の吉岡郷甫などが編纂した『家庭お伽噺』（春陽堂、明治四〇〜四三年）や木村定次郎（小舟）『お伽テーブル』（博文館、明治四二年）などが挙げられる。

第一部第五章

（1）巌谷小波のプロフィールについては、大阪国際児童文学館編（一九九三ａ）、巌谷季雄『我が五十年』（東亜堂、大正九年）を参照した。なお、小波は作家（小説家・児童文学作家）および編集者以外にも口演童話家や俳人としての顔を持つが、本書では扱えていない。

（2）たとえば、重信（二〇〇三）は「そこでは（「メルヘンに就て」や『桃太郎主義の教育』を指す、引用者注）、「日本」というナショナルな枠組みのなかで子どもの理想像が手繰られ、その子どもを育む国民教育を担うものとして「よいお伽噺」が位置づけられていました」（四〇頁）と述べ、小波のお伽噺論を「国民教育」に還元している。

（3）続橋（一九七二）は「桃太郎主義」が「多彩な内容を包含している」とし、「子どもの心情の解放という時代に先んずる見識」を示していたことを指摘しているが（二九九頁）、「空想」の文学的価値の検討には至っていない。

（4）引用は、小波編『世界お伽噺』第一集（合本）（博文館、大正六年）に拠った。

（5）本文中の表記は「お伽話」。『少年世界』における〈お伽噺〉の変遷については、中川（二〇〇〇）に詳しい。

（6）ただし、『桃太郎』などの昔話については、「諷誡」を目的とした「寓言の書」としての側面を指摘し、「娯楽」を目的とした「奇異譚」とは区別している。

（7）後年、小波は「本来お伽話なるものわ、どれも多少の怪奇気分を含まぬのわ無い」（『小波お伽全集』第一巻、千里閣、昭和三年、六頁）と述べている。中村（一九九〇）は、坪内逍遥が排除したロマンスを小波の〈お伽噺〉が引き受けたと指摘している。

（8）田山花袋は『小説作法』（博文館、明治四二年）で「小説を書くに就いて、可成《なるべく》想像を排するを第一とするのは、私の主張である」とした上で、「小説に用ゆる者の想像は、飽まで正確なものでなくてはならぬ。数学的計算と官能的感覚と正確なる経験を基礎としたものでなくてはならぬ」と述べている（一四九頁）。

（9）これらの記事以前では、「少年文学」の前編に相当する無署名「少年文学の真面目」（『帝国文学』一巻六号［明治二八年六月一〇日］）で同様の批判が加えられていた。いずれの記事でも、「少年文学」を「メルヘン」と言い換えており、内容からしても「少年文学」は〈お伽噺〉を指している。

（10）前年の『少年世界』三巻に発表された「お伽噺」である「附木舟紀行」（海軍士官を夢見ている「僕」が小さくなって附木舟で庭の池を冒険する）などが該当しよう（第二部第二章参照）。

（11）引用は、桑原編（一九七七）に拠る。ちなみに、『桃太郎主義の教育』には、「空想」を「冒険」に接続するレトリックが認められない。後述する空想批判が大正時代に入って沈静化したため、反駁する必要がなくなったからなのかも知れない。

（12）「之（武勇談、引用者注）は厳密に云へば童話の中に入る可きものではないが普通は入れてある」（高島平三郎「童話に就いて」『婦人と子ども』九巻六号［明治四二年六月五日］）のように、〈冒険小説〉が〈お伽噺〉と並記されている。このような慣習については、ヘルバルト学派のツィラーらが提唱した教科書の第一学年では『グリム童話』のメルヘン、第二学年では『ロビンソン・クルーソー』が教材化されていたことによる影響が指摘できる。

（13）〈冒険小説〉における南進論の系譜については、柳田泉『海洋文学と南進思想』（日本放送出版協会、昭和一七年）

に詳しい。

(14) 幼児教育への「童話」の導入については、柿岡（二〇〇五）、北川（二〇一三）に詳しい。

(15) ただし、小波は「メルヘンに就て」では、「メルヘンとしては、必しも道徳的倫理的の加味を要せず、寧《むし》ろ無意味非寓意の中に、更に大なる点可有之」としながらも、「必しも寓意、教訓の筆法を、絶対的に、排斥する者には無之、時として之を用ふる」と述べていた。「教訓」を排除するような姿勢を貫徹できなかった点には注意が要される。

(16) 「巌谷漣君の編まれたる、「日本昔噺」二十四編、其の筆妙ならざるにあらずといへども、其の言語も、其の文字も、又其の事実も、小学の教授に適せざるは、其の目的の他にあるにもよるべけれども、頗《すこぶ》る遺憾に思ひたりければ（略）」と批判している（「自序」樋口勘次郎編『修身童話』第一巻、開発社、明治三一年）。

(17) 鷗村子（桜井鷗村）「幼年文学と漣山人」（『女学雑誌』四二七号［明治二九年一〇月一〇日］）は、以下の通り、小波の〈お伽噺〉における擬人法を評価した数少ない評論である。「（「小児」は、引用者注）禽獣《きんじゆう》、虫魚、草木に対しても、人間らしき感覚を有するものと、妄想して、格別怪しともなさず、その大なる想像力によりて却《かえつ》て目に触るる万物を人化して、これと対話する真似して喜ぶが如きことあり。漣山人は巧みに此妙処を捉ふるものなり」。

(18) 自殺現場の木に記された「巌頭之感」と相俟って、旧制一高生の死はマスコミを賑わし、後追い自殺が続いたという。詳しくは、平岩（二〇〇三）を参照されたい。

(19) 「近来青年女子ノ間ニ往々意気銷沈《しようちん》シ風紀頽廃《たいはい》セル傾向アルヲ見ルハ本大臣ノ憂慮ニ堪ヘサル所ナリ〔。〕現ニ修学中ノ者ニシテ或ハ小成ニ安《やすん》シ奢侈《しやし》ニ流レ或ハ空想ニ煩悶シテ処世ノ本務ヲ閑却スルモノアリ〔。〕甚《はなはだ》シキハ放縦《ほうしよう》浮靡《ふび》ニシテ操行ヲ紊《みだ》リ恬《てん》トシテ恥チサル者ナキニアラス」（傍線、引用者）。

(20) ただし、小波は「楽天苦語」（『中学世界』九巻七号［明治三九年六月一〇日］）で、「青年子弟の分際として、宇宙観の、人生観のと、途方も無い大問題に頭脳を悩ますのは、抑《そ》も生意気千万である」とし、「僕は今の学生に、寧《むし》ろ哲学書類を禁じ度《た》いと思ふ。但しその健全なる物のみを残して」と述べている。〈お伽噺〉の「空想」の文学的価値を主張した小波にしても、「煩悶」は許容できなかったようだ。

(21) 当時、O・ヴァイニンガー（片山正雄訳著）『男女と天才』（大日本図書、明治三九年）やA・ショーペンハウアー（角田勤一郎訳著）『恋愛と芸術と天才と』（隆文館、明治四〇年）などの翻訳を通じて流行していた天才論でも、感傷性を女性領域に、創造性を男性領域に囲い込むレトリックが認められる。

(22) 藤本（二〇一三）もまた、「そういう思想性を中心に読まれたというよりも、筋立ての面白さ、洒落や機智に富む表現」を楽しんだ側面を指摘している（一一四頁）。滑稽譚としての側面は小波の〈お伽噺〉を評価する上で看過できないが、今回は扱うことができなかった。

第一部第六章

(1) 本章で検討する言説では、優遇や保護の対象として「文士」と「文壇」が挙げられている。身分（「文士」）と組織（「文壇」）では優遇や保護のあり方が異なる局面も想定されるが、「文壇」が成熟していないことも鑑み、本章では「文士」の社会的地位の方に焦点化して考察を加えている。なお、タイトルの「文士優遇論」というワーディングであるが、後述する『我が五十年』で「それには文士の待遇を良くするに限る」と小波が述べていることにちなんでいる。

(2) 『児童文学事典』（日本児童文学学会編、一九八八）および『日本児童文学大事典』第一巻（大阪国際児童文学館編、一九九三ａ）の小波の項でも言及されておらず、近年の小波研究の成果である藤本（二〇一三）でさえも、小波の文士優遇論は検討されていない。

(3) 文芸院構想については、今井（一九七〇）、和田（一九八九）、ルービン（二〇一一）を参照のこと。なお、和田（一九八九）とルービン（二〇一一）が文芸院設立論争を検討する過程で小波に言及しているが、エピソードとして取り上げている程度であり、小波の思想の軌跡は明らかにされていない。

(4) 発表時期からして、「著作家は著作家の組合を設けて著作家全体の利益と名誉とを保全し増進すべし」と主張した幸田露伴「著作家協会」（『新小説』二年七巻［明治三〇年六月五日］）に触発されたものと思われる。

(5) 明治二九年から小波は「文話会」である木曜会を主催しているが、松田（一九八五）は文壇に縛られない開放的な一面が認められる点で「社交的文学会」に通じる会であったと指摘している。

(6) 他には、後藤宙外が「大作と田園生活」（『新小説』五年七巻［明治三三年五月二五日］）で、文士の保護が期待できないため、生活費が少なくて済む「田園」で生活して「修養」に努めることで「大作」をものすることができるという提案をして話題となった。

(7) ただし、「未だ戯作者の心を失はずして而して戯作者以上の待遇を望むも豈《あ》に得べけんや」のように、当時の文士が「戯作者」の域を出ていないことも批判している。

(8) 時代は少し降るが、巌谷小波「文士処世問題」(『太陽』一四巻一一号[明治四一年八月一日])では、「形而上の財産」である「声明」を重んじ、「生活問題」を軽んじている。前掲「文学会に就て」では、「清貧」に安坐するような文士のあり方を批判しており、小波の文士観には振幅が認められる。

(9) 巌谷小波「お伽噺作法」(『成功』一〇巻二号[明治三九年一〇月一日])でも、「日本にてお伽噺の流行する様になつたのは、つい近頃のことであり、之に対する批評家もない位で、未だ幼稚なる状態に在りと云ふべきである」と述べている。

(10) のちに「雨声会」と名付けられ、第七回(大正五年四月一八日)まで断続的に開催された。第一回の出席者は以下の通り。小杉天外、小栗風葉、塚原渋柿園、森鷗外、幸田露伴、内田魯庵、広津柳浪、巌谷小波、大町桂月、後藤宙外、泉鏡花、柳川春葉、国木田独歩、島崎藤村、田山花袋、川上眉山、徳田秋声。坪内逍遥と夏目漱石と二葉亭四迷は欠席した。ちなみに、小波は第一回目の返礼会の幹事を務めている。雨声会については、和田(一九八九)に拠った。

(11) 牧野文相のもとで文部省嘱託として「国語読本」の「改修」に参画していたことから(「おとぎ四十年【四】」『東京朝日新聞』昭和五年九月一七日)、『教訓仮作物語』の編纂を任されたのだと思われる。

(12) 文部省展覧会につながる美術審査委員会官制が公布されたのは明治四〇年六月六日であるが、「文部省にては美術奨励保護の目的を以て明年度以後に於て美術院とも称すべき展覧会費用を予算に計上したる」(無署名「公設美術展覧会」『読売新聞』明治三九年一二月八日)のように既報であったことから、「美術院」構想を念頭に置いた発言であると思われる。

(13) 実のところ、小波も発禁処分の憂き目に遭っている。『読売新聞』に連載していた小波の「緑源氏」が明治二五年一月八日に風俗壊乱の廉で連載中止になった(読売新聞社社史編纂室編、一九五五)。小波によれば、「その主人公、十五歳のませた美少年が年上の女に誘惑される径路を書いたが、忽《たちま》ち忌諱《きい》に触れて、風俗壊乱発行停止と云ふ厳命に接した」という(『我が五十年』東亜堂、大正九年、一三二頁)。

(14) 和田(一九八九)によれば、招待されたのは、森鷗外、夏目漱石、幸田露伴、上田敏、巌谷小波、島村抱月、塚原渋柿園、芳賀矢一、上田万年の九名であったという。文芸院の設立をめぐっては、『太陽』一五巻一号(明治四二年一月一日）では「文芸取締問題と文芸院」、『文章世界』四巻三号（明治四二年二月一五日）では「文芸院設立の要ありや」、『中央公論』二六年六号（明治四四年六月一日）では「文芸委員会の真価如何」という特集が組まれるなど、世間の耳目を集めていた。

(15) 当時の記事としては、巌谷小波談「文芸発展の一策」（『国民新聞』明治四一年一一月六日）が挙げられる。「当局者」から「風紀振粛」のための「文芸」の取締について意見を求められ、「唯文学を圧迫されるばかりでは妙でない。一方に何か奨励策を設ける必要があるでせう」と述べたとある。

(16)『我が五十年』に「有松君は僕と共に独逸学協会学校を卒業した一人である。但し君は専修科を、僕は普通科を出たのだから云はば二年の先輩である」（四四八頁）とある。

(17) 文芸委員会の目的は「文学芸術の積極的奨励」で、次のように説明されていた（「新設されたる両委員会の目的と事業」『読売新聞』明治四四年五月一九日）。「先づ第一に小説脚本の著作に対して委員会の方から審査をなし、多数の委員が授賞の価値あるものと認めた時には文部大臣の手を経て授賞する。又著者や書店の願出に応じて調査する事もあらう。第二に場合に依ては委員会の方から広く懸賞で募集する事もある。第三には外国文学で日本文学の奨励に必要な者を紹介翻訳をする事である」。なお、文芸委員会の構成員は以下の通り。森鷗外、上田万年、芳賀矢一、藤代禎輔、上田敏、徳富蘇峰、姉崎正治、佐々醒雪、幸田露伴、巌谷小波、伊原青々園、大町桂月、塚原渋柿園、饗庭篁村、足立荒人、島村抱月。

(18) 和田（一九八九）は「紅葉が生きて居たら」（『中央公論』四八年八月号〔昭和八年八月一日〕）を取り上げ、「疾《やま》しさ」を感じていたから昭和八年になって有松との会合を「白状」したのではないかと指摘しているが、大正九年刊行の『我が五十年』で発表されている点には注意が要される。ちなみに、『中央公論』の同記事では、『金色夜叉』で題材となった「失恋事件」の理由の一つとして「私が小説なぞを書く、所謂《いわゆ》る道楽商売である事」を挙げており、小波の文士優遇論に及ぼした影響が示唆される。

(19) 倉内（一九六一）は「敬神崇祖の観念の普及を第一とする復古的な徳育主義の立場から、国民思想健全化のための社会教育の奨励に、いよいよ積極的な措置をとりはじめた」と総括している（二五頁）。

(20) 小松原の文芸観については、小松原英太郎『小松原文相教育論』（二松堂書店、明治四四年）も参照のこと。

(21) ただし、「教育と文芸との関係」（前掲）では、「勿論小説中には、目的として人を堕落せしめる様なものも有る、さういふものは論外であるが、普通文学的価値を認められてをるものの中から、充分選択して読ませたら何でそれが害にならう」と述べており、条件付で容認する立場であったようだ。

(22) 小波が「旧派」と「新派」のどちらの側に与していたのかについては、今回の調査では明らかにすることができなかった。

(23) 表彰式が開催された明治四五年三月一九日の時点では、第二次西園寺内閣の成立に伴い、文部大臣が小松原から長谷場純孝に変わっている。

(24) 政府高官に招待され、鷗外や露伴をはじめとした「一流」の文士と同列に報道されることによって、小波のプレゼンスが高まり、児童文学者という存在を世間に認知させる副次的効果も指摘できよう。

(25) ブルデュー（一九九五、一九九六）によれば、文学場は、文学が卓越化され芸術としての価値を獲得するための必要条件で、作家・出版者・編集者・研究者・評論家・読者等の文学関係者が織り成す象徴空間を指す。

(26) 「お伽噺作法」（前掲）などに拠る。

第二部第一章

(1) 大阪国際児童文学館編（一九九三b）によれば、「『少年園』は、それまでの投稿を中心とする「頴才新誌」「小学教文雑誌」などの少年雑誌に対して、教養・娯楽などの読物を中心に編集され、少年雑誌の方向を大きく転換させる契機となった」という（五六八頁）。

(2) 発刊当初の誌名『尋常小学 幼年雑誌』が示している通り、『幼年雑誌』は尋常小学校児童をターゲットにしていた。本章では、高等小学校児童および尋常中学校生徒を主な読者対象としていた『日本之少年』を検討対象としたが、『幼年雑誌』においても文芸読み物が重視されていたという（上田、二〇一一）。

(3) ただし、以下の通り、「プライド」の見解を参考に近代小説の優位性を主張した内田魯庵の記事を掲載するなど、小説観に揺らぎが認められる。「歴史の記載するは政事上の事変に止まり、伝紀（ママ）の主とするは偉人の行為に限らるるを以て、人は却《かえっ》て之を知るに汲々《きゅうきゅう》たらず、所謂《いわゆる》同類は同類を引くの譬喩《ひゆ》の如く、彼等は尋常の事変と尋常の人間を精《つまび》らかにせむと欲し、之れを実際に見るを得ざる時は、想像して楽まむとす。是に於てか歴史家は擯斥せられて小説家初めて重むぜらる」（不知庵主人「読小説法。少年園の為めに。」八六号［明治二五年五月一八日］）。なお、同じ箇所を翻訳紹介した星野久成編『読書法』（博文館、明治二八年）に「ダビット、プライド氏の著はしたる「文学の道」」（「緒言」）に依拠したとあるが、原著については調査できなかった。

（4）後発の児童雑誌である『少年世界』にさえも、「教科書の補修用」（「小波時言」『少年世界』一〇巻一六号［明治三七年一二月一日］）や「学校と連絡を取り、先生方と御相談して」（「健全な読物」『少年世界』一九巻一号［大正二年一月一日］）などの文言が見受けられる。課外読み物として自らを正統化することは当時の児童雑誌にとって生命線であったのかも知れない。

（5）確認されたのは「少年新誌第一号」の「小説」欄（一一八号［明治二六年九月一八日］）と投稿に冠されていた「短篇小説 小呂尚。」（一二六号［明治二七年一月一八日］）のみであった。

（6）この論説については、続橋（一九七二）が「男性中心の功利主義的な女性観」（五一頁）と批判したのに対して、久米（二〇一三）は当時の女性観としては開明的であるとして一定の理解を示している。『少年園』における開明的な少女像については、同誌に翻訳連載された若松賤子訳「セイラ、クルーの話。」（明治二六年九月～二七年四月）が示唆的である。詳しくは、目黒（二〇〇七）を参照のこと。

（7）『日本之少年』が〈小説〉を重視したことについては、上田（二〇一〇）も着目している。

（8）二巻三号以前では、「滑稽小説」（一巻七号［明治二二年五月一五日］、一巻一四号［明治二二年九月一日］）と「立志小説（承前）西国俊傑サーフランシスピザロー氏の伝」（同右）が確認できたが、掲載前後の運用事例に照らし合わせるならば、前者については「滑稽小話」の誤記、後者の角書については「立志談」の誤記である可能性が高い。

（9）「原名シールドパッケット」とあるが、原典については明らかにできなかった。なお、途中までは宮崎北道（太郎）が訳し、九号より小心庵主人に交代、一一号より小心庵主人と四涓道人の共訳となっている。

（10）「学術小説」がロマンスとノベルとの間で揺らいでいた点については、目黒（二〇一二）を参照されたい。

（11）序論でも取り上げたが、『西国立志編』の「稗官小説ノ害」に反論し「小説」を擁護した吉田幾治郎「少年（青年ヲ含ム）諸君須ク小説ヲ読ムベシ」（二巻五号［明治二三年三月一日］）に対して、草場金次郎が「吉田幾次郎《ママ》ノ小説可読ノ説ヲ読ム」（二巻六号［明治二三年三月一五日］）で反論を寄せているなど、読者の小説観にも振幅が認められる。なかでも、「今日道徳ノ衰頽《すいたい》ト女（学）生ノ醜聞トハ是レ少シク稗史小説流行ノ結果ニ基キシモノナラン」（長井勇稿「小説家ニ与フル書」二巻八号［明治二三年四月一五日］）のように、女学生が稗史小説に悪感化されやすいことが争点化されていた点が注目される。

(12) 城南小僧を擁護した長谷川康「藤田野村両君の説を駁す」が二巻八号（明治二九年四月一五日）に掲載されている。長谷川は『少年世界』の「小説」が無益であると断じた野村・藤田説に対して、「余輩は寧《むし》ろ本誌の小説の如き者を利用し彼卑《ひ》猥《わい》なる冊子の蔓延《まんえん》を防がんと欲する者也」と自説を述べている。さらに、二巻一六号（明治二三年八月一五日）では、長谷川説に対して須藤透が「戦後の今日に当り有為の青年たる者何ぞ小説を読むの間隙《かんげき》あらんや」と反論を寄せている（「長谷川君の説を駁し併せて記者閣下に望む」）。

(13) 上京した「我」に対して裏表を使い分ける二人は良妻賢母規範から逸脱した女性であると考えられるが、作中で二人が罰せられることはない。第二部第三章で指摘する「外出失敗物語」（久米、二〇一三）とは対照的である。

(14) ただし、記者は「「我が母」のいづくの点か猥褻《わいせつ》なるか又其風紀を紊《みだ》すにや御教示願ひたし」とコメントしており、有害であるとは認めていない。

(15) 「硬派」は「男色」、「軟派」は「女色」によって特徴付けられることが少なくなかった。詳しくは、目黒（二〇〇三）を参照のこと。

(16) このような混乱は、年齢層が異なる二誌（『幼年雑誌』と『日本之少年』）を統廃合したことに起因していたようだ。「通報」欄に寄せられた学海航史「少年世界に望む」（一巻一三号［明治二八年七月一日］）は、『幼年雑誌』読者は満足できるものであったが、幼稚であるため、『日本之少年』読者は失望したのではないかと指摘し、「小説」の数を減らした上で「日本之少年の入雲異譚の□き其他学術小説を加へては如何」と提案している。ちなみに、「『少年部』は小学校高等科以上中学校生徒の為めにするものなり」（広告「『少年世界』の読者に告ぐ」一巻二三号［明治二八年一二月一日］）とあるように、「少年」は小学校高等科から中学校生徒までを指していた。

(17) 冊数については、遠藤（二〇一〇）を参照した。

(18) 若松については、尾崎（二〇〇七）を参照されたい。

(19) 明治四一年時点であっても、高女が狭き門であったことには注意が要される。高女の入学資格は高等小学校第二年であり、尋常小学校の義務教育年限は四年であった。したがって、明治四一年に高女に入学した女子児童は明治三五年以前に小学校に入学していることになる。参考までに、明治三五年の女子児童数（尋常科）を確認したところ、百九十九万五千六十名であった。あくまで概算であるが、明治三五年の女子児童のうち明治四一年に高女に進学できたのは同年代の約二・三％にすぎない。

（20）稲垣（二〇〇七）によれば、「これらの女学生小説（『魔風恋風』など、引用者注）が現われた一九〇〇年前後から一九一〇年代にかけては、新聞や雑誌にも「女学生堕落論」が数多く登場している」という（一二二頁）。

（21）『少女世界』において「読書する少女」像が視覚化されていたことも、少女読者の文芸趣味を加速させたと考えられる。「少女読書会」の集合写真を除いても、「読書」（「よみかき」を意味する可能性もあるが）というキャプションが認められた口絵や写真が八点確認できた（「運動と読書」二巻一二号［明治四〇年九月一日］、「読書と弾琴と」三巻六号［明治四一年四月一五日］、「読書」三巻一六号［明治四一年一二月一日］、「読書と運動」四巻六号［明治四二年四月一五日］、「たのしき読書」四巻九号［明治四二年七月一日］、「雑誌」・「読書」五巻一〇号［明治四三年七月一五日］、「読書」六巻六号［明治四四年四月一〇日］）。表紙については、「読書」（五巻一二号［明治四三年九月一日］）が確認できた。他にも、絵画の懸賞課題の当選作である「少女の読書」（四巻七号［明治四二年五月一日］、五巻一五号［明治四三年一一月一日］）や「書斎の少女」（六巻一二号［明治四四年九月一日］）が掲載されていた。

（22）作品リストの作成には、筆者も分担者として参加した科学研究費補助金・研究成果データベース「明治期主要児童雑誌内容目次データベース」（課題番号：一八八一四〇、代表者：小松聡子）の成果を利用したが、データの遺漏等についての責任は稿者にある。

第二部第二章

（1）山内秋生「赤い花の咲く頃」（一八巻八号［明治四五年六月一日］）については、目次では「お伽小説」となっていたが、本文では「おとぎばなし」となっていたため、本文のジャンル名を採り、〈お伽小説〉としてカウントしなかった。なお、「少年新聞」に掲載されていた作品については、四〇〇字程度の小品であることから、検討対象から除外した。

（2）「海陸大王」については、小波が担当しているのは「発端」のみであるため、小波の作品としてはカウントしなかった。

（3）大阪国際児童文学館編（一九九三ａ）によれば、木村小舟（明治一四～昭和三〇年、本名・定次郎）は、『少年世界』への投稿を機縁に巌谷小波から指導を受け、明治三三年に博文館に入社し、『少年世界』をはじめ、『幼年世界』

などの編集にも従事したという。角書は冠されていないが、博物学の研究に熱心な三少年を主人公とした「理科三少年」（九巻五号［明治三六年四月五日］）と後日譚である「採集旅行」（一〇巻五号［明治三七年四月五日］）は、理科好きな小舟らしい少年小説風の作品として注目される。

（4）動植物および無機物に加え、精霊などの人外の存在も擬人化されている場合はカウントした。なお、三六作品のうち、擬人化されたキャラクターが登場しない作品は「母さまの狸」・「布衣貞吉」・「開南丸の行方」の三作品であった。

（5）金鵄になりたい鳶が自分ではなれないので、金鵄を産むために、毎朝、「太陽様」に願掛けしたところ、聞き届けられ、日の丸の旗を呑み込むよう命じられる。やがて、金色の卵を産むが、自分の側には置いてはならぬといわれていたので谷底に蹴落とす。亀にはじまり、蛇、蛙、猿、人間の爺さんを経て欲張り婆さんの手に渡った金の卵は斧で叩き割られ、金鵄太郎という超人が産まれる。

（6）雪の神によって、飼い主である大名に忠義を尽くした猟犬が人の姿となり、猟犬を捨てにきた大名の家来が犬の姿にされたのを目の当たりにし、大名が改心する。

（7）太郎兵衛という無精者が先祖代々伝えられてきた竹藪を粗末にして大筍から吊るし上げられるが、竹子祭によって竹藪が鎮まる。

（8）月宮殿の嫦娥夫人が天界で地震に遭い、下界に落ちた際に二人の子どもを産み落とすが、どこかに飛んでいってしまう。その場に居合わせた空々仙人が二人の子どもを探し出し、修行を積ませて二人を天界に還す。

（9）夜な夜な父親を苦しめている魔物の正体を突き止めた孝一という少年が智恵を働かせて魔物の弱点を聞き出し、父親を救った上に「智仁勇の三徳の玉」をもらう。

（10）「第五巻の「少年世界」は、其の全体の編集方針に於て、著しく文学化したる感あり」（木村小舟『少年文学史明治篇』別巻、二二九頁）と指摘されている。文脈からして、「文学化」は「小説化」と同義であると考えられるため、冒険思想というイデオロギーとは異なった水準で〈お伽小説〉が捉えられていたことが示唆される。

（11）〈お伽小説〉については、ジャンルとしての共通理解が形成されていなかったようで、〈お伽噺〉と何ら変わらない作品以外にも、久留島武彦「布衣貞吉」のような立志小説にまで使用されていた。ちなみに、「布衣貞吉」は「これまでわこのお話を日本の事としてお話し為ましたが、これわ英吉利に名高いホヰッチントンと云う人の一代記」であることが種明かしされている（一五巻一二号［明治四三年九月一日］）。リチャード・ホイッティントンはロンドン市長に三度なった人物。
(12) 主人公が「土の神」の息子である「木霊の鼓」は除外した。
(13) 夢に現れた松の老人に頼まれ、腕白者の太郎が魔物のキツツキを追い払ったところ、魔物に逆恨みされて窮地に立たされるが、松の老人から賜った松の実の鎧に加護されて返り討ちにする。
(14) 太郎丸と二郎丸の小姓が夜な夜な衰弱する梅の名木を見張るよう大臣に命じられる。黒い雲が現われ、太郎丸は逃げ出すが、二郎丸は一太刀浴びせ、龍を改心させる。ところが、太郎丸は二郎丸の手柄を横取りしようとする。真実が露見し、太郎丸は謹慎に処されるが、次郎丸の取り成しにより許される。
(15) 中将から夜光の玉の探索を命じられた猪之丸という青年が道中で助けた蛇の助力により、魔物を退治し、宝玉を取り戻す。
(16) 竜巻で壊れた日月台に代えて、大照殿を建設するにあたって、人の手が入ったことのない森を切り拓くことになる。その役目を任された小柄太郎という若者の樵が菊頂児の助けを借りて、大事業を成し遂げる。
(17) 内田（二〇一〇）によれば、ウィークネス・フォビアは「「弱」に対する嫌悪と、「弱」と判定されてはならないという強迫観念」と説明されている（一三頁）。
(18) 父親は総理大臣で侯爵という設定なのだが、小波の作品に登場する少年は裕福な家庭の子弟であることが少なくない。猛八郎は「漣山人のお伽噺」（『早稲田学報』二三号〔明治三二年一月二八日〕）で、「主人公とも称すべき者は多くは金満家、門閥家の児童なり」として、「余は漣山人の作が上記の如く貴族的方面に偏するを憾《うらみ》とす」と批判している。
(19) ただし、久米（一九九三a）が指摘するように、亥太郎は大鬼と戦うなど、男らしさを発揮しており、「〈弱さ〉というものが、〈あるべき少年像〉の中から排除されていく」点には注意が要される。
(20) 「お伽小説」という角書は冠されていないが、一〇巻一三号（明治三七年一〇月一日）から一六号（一二月一日）にかけて三回連載された「つばくろ島」でも、学問好きな少年が地球が丸いことを確認するために燕に乗って世界各地を飛び回るという冒険譚を語っている。
(21) 目次の角書では、一〇号と一一号が「少年小説」、一二号と一四号から一六号が「お伽小説」であり、「お伽小説」が多いことから〈お伽小説〉としてカウントした。

（22） 仙界で父親を殺された息子の兵太が一夜にして天城に届いた豆の木を伝って仙界に行き、宝具を奪い返し、父親の仇を討つ。『ジャックと豆の木』の翻案で、翻案らしく「武士」の息子であることが強調されている。

（23） ラドヤード・キップリング『ジャングル・ブック』（一八九四）の翻訳である。狼をはじめ、熊などの森の動物たちに育てられた人間の男の子のモーグリーが猿に攫われたりしながら森の掟を学び成長していくが、人間にしか使えない火によりセアカンを脅したことを契機に人間の世界に帰るところまでを描く。「狼少年」に「お伽小説」という角書が冠された理由であるが、動物たちが人間の言葉を話しているという擬人化が関係しているのかも知れない。ただし、『少年世界』六巻に掲載された続編「虎退治」の角書は「動物小説」であり、作品の位置付けに苦慮していたようだ。

（24） 孝行息子の多一という少年が夢のお告げに従い、白い鳥に導かれて海上の城に住まうお姫様から不思議な花を貰い受ける。その薬により、病に伏せていた父親の病が治り、父子ともに幸福に暮らす。

（25） 朝一という少年が秋海棠から母親が盲目である理由（瞳が美しかったので、星が奪ったこと）を知り、瞳を取り戻す。

（26） 三品（二〇〇七）によれば、「彼が当初「呑天坊」（呑海坊、引用者注）の署名で発表した「人魚」は、原作は特定されていないものの、アイルランドの児童文学を翻案したものとおぼしい、幻想的な冒険譚であり、「少年世界」の読者投稿欄を見るかぎり当時の読者からは好評をもって迎えられた」という。少女が冒険するという展開は、翻案であることに起因しているのかも知れない。ちなみに、訳者の長谷川天渓は、少女が冒険する作品として、ルイス・キャロル『鏡の国のアリス』を「鏡世界」という邦題で『少年世界』の五巻（明治三二年）に翻訳連載している。

（27） 作者の一人である桜桃は同号に掲載された「少年文学に就ての私見」で、「此海陸大王は既に其題が或意味を示して居る通り、多少冒険的の意が寓されて居るので、幼稚園から中学二三年の学生まで、読んで趣味があるだらうと信じて居ります。予の意見から申ますると、既に冒険的の意を寓されて居ると云ふ事が面白くないのですが、今の日本の時勢としては勢ひ止［む］を得ません事で、何等かの意を寓すると云ふ事は必要であらうと思ひます」とお伽小説観を述べている。教訓から離脱できずにいた小波のお伽噺観が想起される。

（28） この方法では、思軒居士訳「冒険奇談 十五少年」（二巻［明治二九年］、全一五回）や奥村不染訳「新魯敏孫（漂流実話）」（五巻［明治三二年］、全六回）が抽出できないなどの課題が残る。なお、「幽霊小屋」の本文の角書は「探検小説」であるが、一回目の目次で「冒険小説」という角書が冠されていたため、リストに追加している。

(29) 抽出条件を満たしていない作品のなかには、さくら子（桜井鴎村）補訳「普仏戦争美談 少看護婦（少女冒険談）」（五巻［明治三二年］、全七回）などの少女を主人公とした作品が認められる。

(30) プロフィールについては、大阪国際児童文学館編（一九九三a）を参照した。なお、「冒険小説」という角書が冠されていないため、本章では取り上げないが、行方不明となった軍艦・畝傍をめぐる冒険譚である「絶島通信」は春浪らしい作品である（九巻［明治三六年］、全四回）。

(31) なお、肝付は「家母」の育成を重視する立場から「其筆力能《よ》く我か男児を奮起せしむると同時に、亦《また》女子を感動せしむるに足るものあり」のように、「女子」の感化を強調している。引用は名著複刻日本児童文学館編（一九七一）に拠る。

(32) プロフィールについては、大阪国際児童文学館編（一九九三a）を参照した。ちなみに、坂本（二〇〇一）によれば、「明治四〇年代になると、もう蛮勇家・冒険家といわれても仕方がないほど、その世界に入り込んでしまったのである。明治四一年一一月には冒険家の一人として読売新聞主催の冒険家の懇親会に招かれたり、探検講演会に出るようになっていた。そして雑誌『探検世界』の主筆となり（明治四二年六月二八日まで）、明治四二年一月には、自ら隊長となって雪中富士の登頂を試みている」（三四四頁）という。ちなみに、春浪側の証言を確認できていないのだが、水蔭は「自分の冒険小説を少年時代に愛読して呉《く》れたといふ押川春浪」（『自己中心明治文壇史』博文館、昭和二年、四六五頁）と述べており、春浪に及ぼした水蔭の影響が示唆される。

(33) ただし、水蔭は「冒険」と「探検」を区別している。「元来、探検と冒険、又探検と旅行、之は共に相似て別なるものである、冒険とは字の示す如く危険が向ふに横はつて居る、それを冒して出掛けることであるが、探検は必ずしも危険がなくも差支はない、字の示す如く探り検《しら》ぶることである、従つて遊興の旅行とは又異る、探検を為さんには、科学上の知識がなくてはならん」（江見水蔭「探検小説作法」『成功』一一巻三号［明治四〇年四月一日］）。なお、水蔭は「南朝時代冒険小説」という角書を冠した「剣の刃渡」という作品を書いているのだが、〈時代小説〉はこの一作のみであった。

(34) 高橋（二〇一五）によれば、「「こがね丸」（明治二四年一月）から始まる博文館の「少年文学叢書」、全三二編中〈海洋冒険小説〉と目されるものは一つもないのだが、日清戦争中・戦後から出版された数の多さには圧倒される。

とくに『海島冒険奇譚 海底軍艦』（明治三三年一一月）の前後に著しい」（三〇六頁）という。

(35) 続編「死艦隊探検」（六巻七号、一〇号、一一号［明治三三年］）については、角書がないことから検討対象から除外した。

(36) ただし、翻訳であることが明記されていない翻案作品を見落としている可能性がある（「カピテン犬」など）。

(37) 一九世紀に活躍した海洋冒険小説作家のウィリアム・クラーク・ラッセルか。

(38) 両親と四人の息子が船員に見捨てられて無人島で生活するという設定や難破船から小舟を降ろすのに爆薬を使うなどのエピソードから、ウィース『スイスのロビンソン』（一八一二）の翻案の可能性が高い。

(39) ジャマイカに停泊中の英国商船の船長らが近海を荒らしている海賊を退治する。

(40) 愛国党との戦いに敗れ、追われる身となったイタリア人のダルコという男が海賊によって無人島に隠された財宝を発見し、大富豪となる。

(41) 新造汽船で世界周遊していた「冒険侯爵」の筑波達磨がユダヤ人の「青衣海賊」から日本人を救出し、そのアジトである怪島を領土とする。

(42) カムチャッカ半島で、ボーイの宏という少年が独力で白熊を仕留める。

(43) 子守りを任されていた洋犬の番太が、航海中に誤って転落した赤ん坊の玉子を助けるのみならず、飼い主を連れてきて、親子の再会を実現させる。

(44) 元探検家であることを見込まれた「余」が上官から密命を受け、砲台の地下の洞窟を調査するという作品である。「余は只之をお話として諸君に物語るより他には無い。即ち地理科とか歴史科とかに関係してありの儘《まま》に記載することの能《で》きないは頗《すこぶ》る残念であるが、旭に輝く軍旗の下に名誉ある軍人となつて居る以上は是非がない、其地点（「此の砲台の〇〇に」など、引用者注）だけは秘密にすることを許して貰《もら》はなければならぬ」（一三巻九号［明治四〇年七月一日］）のように、事実性を仮構している。

(45) 尋常小学校を卒業して以来、五年間、父親の汽船で航海している「僕」がサモア諸島で「土人」に毒矢を射られるものの、九死に一生を得るという作品である。

(46) 〈海洋冒険小説〉ではないが、〈冒険小説〉の「幽霊別荘」では、「海軍兵学校」への入学が決まり鍛錬している少年を登場させている。

(47)〈お伽小説〉のなかには、「海陸大王」のように冒険少年が「海の王」や「山の王」になる作品が認められるが、「海の王」と「山の王」は社会的地位とは言い難いため、ここではカウントしていない。主人公が学者になり、「木福長者」となる「木菌太夫」は判断に迷う作品である。「学者」に焦点化した場合は社会的に高い地位を占めているといえそうだが、「木福長者」に焦点化した場合は高い地位を占めたとは言い難いからである。

(48)「立志冒険小説」という角書が冠されている「二十年目」は〈立志小説〉を取り上げた第二部第四章で論じている。

(49)一柳（一九九七）によれば、明治四三年から四四年にかけての千里眼事件を契機に、催眠術は科学としての地位から失墜し、「いかがわしさ」のメタファーとして機能するようになるという。

(50)「尚武小説」という角書が冠された広津柳浪「三少年」（四巻［明治三一年］、全三回。六号の角書は「少年小説」）では、「敵愾心」を強調しつつも、「外国人——よし魯国人であらうとも、独逸人であらうとも、遼東の干渉は国と国との上の事で、一個人の上には友愛の情を尽すのが人たるの道である」（四巻六号［明治三一年三月一日］）と述べている。ただし、この作品では、日本男児の美徳として語られており、ナショナル・アイデンティティを補強する作用の方が強く働いている。

(51)〈海洋冒険小説〉ではないが、「さらさら越」に「主公《とのさま》はお弱くッて、大《だい》の大《だい》のそれは呆《あき》れたほどの臆病で為《い》らつしやるが、そのかはり不思議なほどの御手練で、（略）鉄砲さへお持ちになると、何《どん》な処でも何ともお思ひは遊ばさぬ」（五巻七号［明治三二年三月一五日］）という軟弱な男性が描かれている。

(52)この投書に対して、小波は第一部で検討した「メルヘンに就て」（『太陽』四巻一〇号［明治三一年五月五日］）を参照するよう述べ、「御小供衆」の存在を忘れないよう釘を刺している。

(53)マダカスカル島にある真珠国が黄沙国の奸計により滅ぼされるが、その国の王子が四天王の一人である電光四郎の隠れ家に潜伏し、父王の敵を討つために四郎のもとで修行する。

(54)江見水蔭の「実地探検」における「事実」と「虚構」の関係について、熊谷（二〇〇五）は「「事実」を標榜した明治四〇年前後の新「作法」は、文学作品の虚構性に抵抗し、同時に虚構であることを弁明するため、要請されたものだったのである」と指摘している。

(55)「熊の足跡」では、石狩の大平原に「冒険旅行」に出かけた血気盛んな少年たちが熊の足跡を発見するが、逃げ延びた先で熊の怖さを聞いて「冒険旅行」を諦めている。ただし、「人間は実地を踏まぬ間は、決して大言壮語をしてはならぬ」という教訓を伝えているだけで（一二巻六号〔明治三九年五月一日〕）、冒険熱を「縮小」している訳ではない。「冒険小説」という角書が冠されているが、春浪の実体験であることが最後に明かされている。
（56）イデオロギー装置としての児童文学については、目黒（一九九九）を参照されたい。

第二部第三章

（1）久米（二〇一三）が『少年世界』における「外出失敗物語」と『少女世界』における「少女冒険小説」を検討し、蔡（二〇一〇）が『少年世界』と『少女世界』における「異界往還物語」を検討するなかで冒険少女を分析している。しかしながら、前者では〈お伽小説〉が検討されておらず、後者では「冒険小説」などの角書を含む作品を「お伽小説」として検討しているため、ジャンル間の差異を扱えていない。
（2）引用は、中嶌監修（一九八四）に拠る。なお、「少女の力」（『少女世界』四巻二号〔明治四二年一月一五日〕）でも、「少年男子に負けず劣らず、少女の力を十分にあらはす覚悟を持たなければなりません」と言いつつ、「少女が少年のやうに荒々しい性質をもつて、威張り散らすやうになツては困ります。女子が男子を凌《しの》ぐといふことは、わが日本の国体に悖《もと》りますから、それは飽くまでも慎しまなければなりません。ただ、気心や学識だけは、男子に劣らないまで進めるやうに、勉強してもらひたいのです」と慎重な物言いになっている。なお、署名は「記者」となっているが、笠峰の著書である『少女スケッチ』（博文館、明治四三年）に収録されている。
（3）小波と笠峰以外に木村小舟と竹貫佳水が編者を務めているのだが、分担執筆者が記載されていないため、当該記事の筆者は不明。
（4）「八重一重」の角書は「お伽少女小説」と「お伽小説」が各一回、「鶯塚」の角書は「少女お伽小説」（本文）と「お伽小説」（目次）が混在していた。なお、「はげ人形」については、所蔵館の雑誌に欠損があったため、『小波お伽全集』第八巻（千里閣、昭和五年）所収のものに拠った。
（5）ただし、「はげ人形」では癇癪を起して人形の髪を抜いてしまった少女が改心して妹のように人形を大切にするようになったり、産婆が活躍する「みどり艸紙」では産む性としての母性が描かれたり、「雁の礫」では罪人を改心させる成人女性（母親）の慈悲深さが描かれたり、いずれの作品においても良妻賢母規範が強調されていた。
（6）同じく裁縫嫌いの冒険少女が登場する作品として、若松賤子の「着物の生る木」（『少年世界』一巻一八号〔明治二八年九月一五日」）が挙げられる。『少年世界』の「少女」欄に掲載された同作では、主人公は「辛抱して裁縫してれば好《よか》つたに」と後悔に暮れることになるが、「裁縫なんて、ほんとうに嫌だこと！」のように本音を吐露し、前掛がトウモロコシのようにたわっている畑に心を奪われている。久米（二〇一三）によれば、「物語内容としてはあくまで婦徳の尊重に収斂するが、それを語る過程で非日常的夢想世界へと、読者の少女を誘い出す」二律背反的な構造が仕組まれているという（九〇頁）。このような良妻賢母規範をめぐる冒険少女の揺らぎは「無縫の衣」と「八重一重」の対照的な少女像にも指摘できよう。

（7） 女学生批判については、稲垣（二〇〇七）を参照されたい。

（8） 裸体画論争については、中山（二〇〇〇）を参照のこと。

（9） 蔡（二〇一〇）は、小波が渡独した際に見聞した西洋婦人の影響を推測している。

（10） 久米（二〇一三）によれば、「物語が示している無許可外出への厳しい禁止は、それが「家の娘」の最大の逸脱―自己の意思決定による行動―を意味したからだ」とされる（一〇三頁）。

（11） 〈冒険小説〉については、本数が少なかったため、以下の通り、収集対象を拡大した。「腕環の行衛」の角書については「冒険奇談」が五回、「冒険小説」が三回であったが、〈冒険小説〉としてカウントした。さらに、「冒険少女」という角書が冠されていた「無人島の正月」と「花傘紅筆」、「探検小説」という角書の「海底の女王」、角書はないものの、タイトルから冒険小説であることがわかる「少女冒険譚」と「漂流少女」を加えた。

（12） 岡村直吉の調査によれば、春浪と水蔭と桜井鷗村（本文では「鷗」は「鴻」）が児童によく読まれている冒険小説作家であったという（「児童課外読物につきて」『教育学術界』二三巻二号［明治四四年五月一〇日］）。

（13） 他には、次のような投書もあった。「我が愛する少女世界の此節はドシドシ勇壮なる探検談や趣味ある歴史談がでるのですもの、これからの女子はどうしても勇気を養つていかなければねえ、ナンテマア生意気なことを、オホ…（略）」（麻布の野菊〔無題〕三巻一〇号［明治四一年七月一日］）。

（14） 蔡（二〇一〇）によれば、科学的知識による解決は少年を主人公とした「異界往還型物語」に認められるという。

（15） ただし、「漂流少女」の語り手は、冒険少女に同伴した駿吉ではなく、駿吉から伝え聞いた者である。冒険少女が語り手たりえていない点に変わりはないことから、ここでカウントした。

（16） 前章で検討した通り、小波は「新八犬伝」で海洋冒険物語を描いている。〈お伽小説〉で海洋冒険物語を描けなかった訳ではない。

（17）南進論の影響もあって、〈冒険小説〉では「南洋」を舞台とした作品が散見された（「少女冒険譚」など）。このような〈冒険小説〉は課外読み物として警戒されたかも知れない。笠峰の『現代少女とその教育』では、「空想の翼をひろげて華やかなもの」を求める「空想型」の少女に教育者の注意を喚起するくだりで、「思慕の対象」として「オレンヂ美しき南の国」や「椰子の葉しげる南洋の港」が挙げられているからである。ただし、『少年世界』の〈お伽小説〉と〈冒険小説〉に認められた「空想」を実行するような冒険少女は認められなかった。その理由としては、「空想」を実行に移すような振る舞いが少女には許されていなかったことなどが考えられる。

（18）若桑（二〇〇〇）によれば、「伝統的な男女枠内」にとどまっている限り、「女性の強さは非常時においてはむしろ積極的に要求される」という（二五六頁）。

（19）「服従する主体」については、フーコー（一九七七）およびアルチュセール（一九九三）を参照されたい。

（20）「花の様な日本の一美人」（「女俠姫」）や「絶世の美人」（「黒百合姉妹」）のように、「美人」として語られていることも、男性の語り手による冒険少女の領有を示唆している。

（21）小波の作品については、「火借の森」に次のような投書が寄せられていた。「小波先生の火借の森は、誠に面白うございました。お照さんや露子さんの強いのには、感心しました。またこれからも、あんなのを載せて下さい」（清瀬幸子〔無題〕五巻一号〔明治四三年一月一日〕）。「火借の森」のような作品は、良妻賢母規範の軛を逃れる訓練の機会を与えたと思われる。

第二部第四章

（1）広津柳浪「三少年」（四巻六号〔明治三二年三月一日〕）・押川春浪「幽霊小屋」（一三巻一四号〔明治四〇年一一月一日〕）・巌谷小波「白梅組」（一七巻九号〔明治四四年七月一日〕）・巌谷小波「催眠太郎」（一八巻一〇号〔明治四五年七月一日〕・一一号〔大正一年七月二〇日〕）は、記載した巻号で目次ないしは角書に「少年小説」が冠されているが、連載において他のジャンル名の方が多く使われていたので、〈少年小説〉としてカウントしなかった。

（2）例外的に連載回数が多い「乞食王子」はマーク・トウェイン『王様と乞食』（一八八一）の翻訳で、顔が瓜二つであったことから、貧乏なタムと王子のエドワードが入れ替わるという作品である。なお、同作では、本好きのタムの

「空想」が高じて「現実」に影響を及ぼしている点が注目される（「書を読む事と、空想を浮べる事との、結果が追々目に立つて来、終にはもう自分で貴公子の真似をする様になり、タムの談《はな》しつぷりだの、其の動作が、不思議なほど礼式的になり、また何となく雅びて来た」四巻一号［明治三一年一月一日］）。もちろん、タムの空想癖は王子と入れ替わるために必要な設定であるが、「現実」を侵食するような「空想」は課外読み物として警戒されたと思われる。

（3）「少年小説」という角書は冠されていないが、二組の兄妹がそれぞれを招待し、手料理（一方はシチュー、他方は天婦羅）を振る舞う江見水蔭「少年料理」（一〇巻一号［明治三七年一月一日］）は当時のジェンダー規範からすれば斬新な作品として注目される。

（4）〈少年小説〉という角書が冠されているが、「火柱城」には擬人化されたキャラクターを伴い少年が非現実的世界を冒険するという〈お伽小説〉のスタイルが指摘でき、小波作品でもジャンル名の揺らぎが指摘できる。

（5）大阪国際児童文学館編（一九九三a）によれば、武田桜桃（明治四～昭和一〇年、本名・桜桃四郎、別号に鶯塘など）は、小波が渡独していた間、主筆の江見水蔭を助け、編集を一手に引き受けるなど、『少年世界』で活躍した他、明治四四年発行の第二次『幼年世界』の編集に携わったという。なお、桜桃は「村への復讐」（村で虐待されていた少年が後に村を支配する）と「洞窟内の復讐」（癩病の父親の治療に必要な脳漿を得るために殺人を重ねる青年により、学友が殺される）で、反社会的とされかねない作品を手がけていた。桜桃の児童文学作品を検討した藤本（一九九一）では取り上げられておらず、桜桃の作風であるかどうかは不明だが、他作家には認められなかった特徴であった。

（6）飯干（一九九二）にしたがい、「修学旅行」・「帰省日記」・「初投書」・「おむかひ」・「未見の友」を小舟の作品としてカウントした。

（7）ただし、小波は『当世少年気質』（博文館、明治二五年）と『暑中休暇』（同上）を既に発表している点では、〈少年小説〉を牽引した作家といえる。久米（一九九三）は、「小波は、『暑中休暇』の目次に「当世少年気質の中」と記していたが、あるいはこの「少年小説」群は（六巻で発表された一〇本の「少年小説」を指す、引用者注）、年月を隔てて実現した「当世少年気質の下」、とも目されていたのかもしれない」（八八頁）と述べている。

（8）「凡例」には、ゲーテの「狐の裁判」やグリム、アンデルセンのメルヘン（「奇異談」）をはじめ、「桃太郎」「かちかち山」などの昔話から「今昔物語」「宇治拾遺」や「黄表紙類」などを「立案」の助けにしたとある。

（9）なお、両書の差異については、目黒（一九九七）を参照されたい。

（10）引用は、名著複刻全集近代文学館編（一九六八）に拠る。

（11）言文一致体は「人情小説」にのみ用いると述べている（漣山人「再び紫子！」『読売新聞』明治二四年三月二〇日）。なお、「人情小説」には「ノベル」というルビが振られていることから、坪内逍遥がいうところの「ノベル」とほぼ同義であると思われる。

（12）引用は、名著複刻日本児童文学館編（一九七四）に拠る。ちなみに、『三十年目書き直し こがね丸』は、時代にあわせて、小波自身が言文一致体に書き改めた作品である。

（13）山本（一九六五）は、正岡子規による写生文の提唱・帝国教育会における言文一致会の結成・自然主義文学における言文一致体の試みなどに着目し、明治三三年から明治四二年にかけて言文一致体が確立したとしている。

（14）ここでいう「学校」は、「特定の年齢層を対象として、履習を義務づけられたカリキュラムへのフルタイムの出席を要求する、教師に関連のある過程」と定義されている（イリッチ、一九七七、五九頁）。近代日本では、明治三三年から明治四〇年までの期間に四年制義務教育が完成をみる（天野、一九九七）。

（15）日本社会学会社会学事典刊行委員会編（二〇一〇）によれば、学歴社会とは「個人を社会的に評価し選抜する際に学歴が重視され、地位達成に対して学歴の影響が相対的に大きな社会」を指す（三一六頁）。学校化された社会の典型が学歴社会である。天野（一九九二）によれば、日本において学歴社会の原型が成立するのは明治三十年代であるという。

（16）山田美妙「義気の義三」（六巻二号［明治三三年二月一一日］）と生田葵山人「踏切の番人」（六巻六号～七号［明治三三年五月一五日～六月一五日］）は立身出世が主題化されているとは言い難いため、除外した。ちなみに、前者は義理堅くて村で敬われている義三という青年が鷲にさらわれた赤子を助けるという作品で、後者は病気の父親から踏切の番人として旗振りを引き継いだ一三歳の与吉が汽車に轢かれそうになった少年を助け、殉職し名を残すという作品である。なお、「踏切の番人」では、男勝りでお転婆娘の少女がポジティブに描かれていた。

（17）大阪国際児童文学館編（一九九三a）によれば、生田葵山（明治九～昭和二〇年、本名・盈五郎、別号に葵など）は、東洋英学塾を経て巌谷小波の門下生になり、『少年世界』および『少女世界』で活躍したという。

（18）「目的意識的行為」と「慣習行動」の区別については、ブルデュ（一九八八）を参照されたい。

(19) 酒井（一九九七）は『少年世界』の一巻から五巻までを検討し、①「上京の志を抱きながら、遊学を果たすことができない少年たちの物語」、②「遊学先までの旅を描いた物語」、③「上京先で孤独を味わい、望郷の念を募らせる少年たちの物語」と分類している。「木賃宿」は②のタイプとして取り上げられている。ちなみに、①の事例として、「小説」欄に掲載された湖山人（漣山人・閲）「落花一片」（一巻一八号～一九号［明治二八年九月一五日～一〇月一日］）を取り上げている。「少年小説」という角書は冠されていないが、上京を目指して苦学する少年が志半ばで亡くなる同作品は、上京熱を「冷却」する典型的な作品であるといえる。実際、同作を「憂を慰むるの友」として自らの進学熱を冷ましている読者投稿が認められる（「我経歴を叙して高山恵治君に交を乞ふ文」二巻一号［明治二九年一月一日］）。

(20) 正雄という少年が「白なまづのお化け」と差別されている少年と同じ名前であることから、からかわれる。からかわれたくない一心で、父親に頼んで「白なまづ」を家に引き取り、尋常科一年に通わせる。引き取る理由に加え、正雄と「白なまづ」が仲良くなる訳でもないことから、「空気銃」（漣山人）などとは似て非なる作品である。ちなみに、「白なまづ」は「顔中白墨を塗つた上を、茶碗でこすつたやうな色をして居る上に髪の毛も、眼の色も朱い、気味の悪いやうな少年だ」とあり（一六巻一一号［明治四三年八月一日］）、アルビノのような病気を抱えている。この作品も桜桃の作であり、（注5）で指摘したような、他作家にはない展開が認められる。

(21) 中学生と思しき生徒たちが雪合戦の際、告げ口をした少年に集団で仕返ししたところ、級長に諌められ、わだかまりが解消する。

(22) 中学校に転入してきた菊二という少年が端艇のチャンピオンであるという嘘を吐く。法螺であることを知りながら、「僕」をはじめとした同級生は菊二を担ぎ上げ、端艇遊びに誘い出して恥をかかせる。

(23) 「喧嘩太郎」では、喧嘩好きの鬼塚太郎という中学生が自分に従わない荻窪英雄に喧嘩を仕掛けるが、柔道が得意な英雄に返り討ちに遭い、荻窪家に仕返しに行く。そこで、「いえ、鬼塚も日本男児です、決してそんな卑怯な真似（復讐、引用者注）はしないだらうと思ひます！」という英雄の言葉を聞いて改心しているように、喧嘩を仕掛ける側が男らしさを獲得するパターンも認められる。

(24) 西村渚山「学校小説 僕は臆病です」（一六巻八号［明治四三年六月一日］）では、臆病なため、からかわれがちな少年が勇敢な少年になるまでが描かれているのだが、「母様もどうかして省三を気丈な胆玉の大きい少年に仕立たいと云ふ希望から、野外運動にしても、遊戯にしても、なるべく活発なものを奨め、又、絶えず英雄の伝記や、勇敢な少年の物語などを読ませて、寝ても醒めても、凛々しいことを忘れさせぬやうにした」のように、賢母の家庭教育が焦点化されている。ちなみに、「学校小説」という角書はこの作品にしか確認できなかった。

(25) 端艇の倶楽部で会計を任されている正一という学生が祝儀を見込んで新型のカメラを買うのに部費を使ってしまうのだが、返済する当てが外れて後悔する。

(26) 当時、子どもたちの暑中休暇の過ごし方については注目されていた。石井研堂は「休暇中の消光。」（『小国民』四年一五号［明治二五年八月三日］）で、「帰省」・「旅行」・「游泳」・「読書」を取り上げている。とりわけ、「游泳」については「海国に生れて水泳《みずおよ》ぎを知らざるは耻つべきこと」と述べており、海国男児にとって欠かすことができない技能であったようだ。

(27) 「その間の消息は、帰省日記と名づけて、これを我最愛なる従兄、木村小舟氏に寄せて、満天下の少年諸君に、発表して貰《もら》はんことを約した」（六巻九号［明治三三年八月五日］）のように、小舟が従弟の日記を公表したという体裁になっているが、体験談を仮構している可能性が高い。「修学旅行」でも、語り手が雑誌に投稿した「修学旅行の記」を掲載するなど、事実性の仮構は小舟作品の特徴であるといえるからだ（〈冒険小説〉の「新龍閣」と「新敷島」を想起されたい）。

(28) 学校を経由しない立身出世物語では、そもそも学校の価値が低いため、本章で扱う立身出世主義とは性質を異にしている側面が指摘できる。

(29) 次のような投書が典型であろう。「私は家計の都合で高等小学校以上の学校へ入る事が出来ない〔。〕それ《（ママ）》かと云つて折角今まで学校で物の黒白を弁へるやうになつたのを其儘《まま》にして家の仕事の為に勉強しなかつたならば今まで習つたものは忘れて了《しま》ふだらう〔。〕故に余は書籍を購読し僅かなりとも自分で勉強するつもりです」（飯田豊三「無題」一一巻四号［明治三八年三月一日］）。

(30) 一人称語りは、『当世少年気質』では全く現れず、『暑中休暇』では文語体手記のスタイルでしか現れていないことから、六巻の〈少年小説〉はスタイルの上で前作と大きく異なっていた。久米（一九九三）は、「僕」という自称詞が書生言葉である点に着目し、「〈立身出世〉していく主体を書き込む場、それが〈僕〉という人称であった」（九九頁）と指摘している。

（31）ただし、「渡舟銭」では、巡礼しながらもらいを受けて生計を立てている六部の少年が語り手となっている（自称詞は「私」）。

第二部第五章

（1）連載で角書が欠けていた五件を含む（「山茶花散る日」六巻一六号［明治四四年一二月一日］、「青葉かげ」七巻九号［明治四五年七月一日］、「さくら貝」七巻一二号［大正一年八月二〇日］、「東京の子」七巻一三号［大正一年一〇月一日］・一五号［大正一年一一月一日］）。また、「T．N．」と「みね子」の作品を沼田笠峰の作品としてカウントした。沼田の『少女小説　わか草』（健文館、明治四三年）収録の「応接室」が『少女世界』掲載時に「T．N．」、同書収録の「お人形」と「肖像画」が『少女世界』掲載時に「みね子」と署名されていたからである（『少女世界』掲載時の題名は「面会」）。沼田の本名は沼田藤次なのでイニシアルも一致する。松井百合子については「松井ゆり子」と「ゆり子」を同一人物とみなした。なお、「八重一重」については、角書が四巻五号（明治四二年四月一日）では「お伽少女小説」、四巻七号では「お伽小説」となっていたが、スタイルの上から判断して「お伽小説」としてカウントしたため、ここでは検討対象から除外した。

（2）岩淵ほか編（二〇一五）によれば、松井百合子（明治一八～昭和四九年、本名・伊藤ふく）は沼田笠峰と結婚し、笠峰が主催した少女読書会の中心的人物であったという。

（3）大阪国際児童文学館編（一九九三b）によれば、三宅花圃（明治一～昭和一八年、本名・竜子）は、明治二一年に金港堂書籍から刊行した『藪の鶯』で注目された小説家・歌人・随筆家で、東京高等女学校卒業後は『少年世界』・『少女世界』・『少女画報』などの少年少女雑誌でも活躍したという。

（4）ただし、小波は「少女対話」で女学生が登場する作品を手がけている。なかでも、弟子入りを志願したものの、女流作家の本性を知り、小説家嫌いになる女学生を描いた「雨宿り」（四巻一〇号［明治四二年七月一五日］）は、女学生の文学熱を「冷却」する作品として注目される。「少女対話」については、目黒（二〇一三）を参照されたい。

（5）プロフィールについては、大阪国際児童文学館編（一九九三b）を参照した。

（6）プロフィールについては、大阪国際児童文学館編（一九九三b）を参照した。

（7）「お友だち」・「雨の日」・「幼馴染」・「沈丁花」・「遠足の帰途」については、退学や病休が背景化しているため、カウントしなかった。

（8）貧相な身なりなため、友達がおらず、教師からも好かれていないすみ子という女学生が月謝を盗んだ嫌疑をかけられる。唯一の身寄りである父親を亡くし、自らも病に倒れ、学業どころではなくなるのだが、嫌疑が晴れ、すみ子の境遇に同情した学友の家に引き取られる。

（9）小学校で仲の良い三人の少女のうちの一人であるとも子の父親が急死する。資産家のふで子の家が葬儀を取り仕切り、勉強熱心なとも子を引き取る。

（10）夫の不品行に心悩まし、家督を庸一に奪われるかも知れない不安を抱えている叔母は悪者扱いで（「ヒステリー」六巻一二号［明治四四年九月一日］）、浮気をしているらしい叔父は悪者扱いされていない（「不品行なのが欠点ながら、極お心よしの旦那」六巻一五号［明治四四年一一月一日］）。ジェンダーによる人物設定の不均衡が指摘できる。ちなみに、「まごころ」では、継母が女学校を退学させようとしているのを知ったうら子という少女が真心を伝えるのだが、「わつとばかり泣き沈んだうら子の真心は、いつ通じることでせう」という一文で締め括られており（五巻四号［明治四三年三月一日］）、実父に通じた真心が継母には通じていないことを匂わせている。

（11）母子家庭で家が貧しいため、女学校を三年で退学した姉が嫁入りできるよう学校を退学し、家計のために働くことを決意した妹を描いた作品である。嫁ぐ決心をした姉の様子を見て、「嬉しいやら悲しいやら、われを忘れて、さめざめと泣きくづをれました」とあるのだが（四巻三号［明治四二年二月一日］）、ここでの悲しみは姉との別れのみならず、退学する悲しさも含まれているように思われる。代替的目標への切り替えに伴う悲しみを描いた作品といえるかも知れない。

（12）人望家で優等生の文子という少女が女学校入学を心待ちにしていたところ、父親が事業に失敗し、通うことができなくなり、同じ女学校に入学した友人に慰められる。

（13）仲良し五人組の一人であるとも子が病気により女学校を退学しており、次の通り、諦めている。「あの楽しい白リボン時代には、皆さまを驚かすほどのお転婆《てんば》だつたのに、どうして斯《こ》う弱々しくなつたのかと、またしても愚痴を言ひたくなります。が、今さら仕方が御座いませんから、なるべく母の心の休まるやうに、身体の療養を専一として、裁縫やお料理のお稽古でも致したい、と思つて居ります」（四巻一四号［明治四二年一〇月一五日］）。菊子のように婦徳に積極的価値を見出していないので、「代替」型とはみなさなかった。

(14) 上京して世話になっている下宿先の娘と女中により、故郷に追い返されるちづ子の悲しみを描く。
(15) 美代子という女学生が帰省を楽しみにしていたのだが、役人の父親が失職し、帰省どころではなくなり、親友の帰省を寂しく見送る。
(16) 姉と慕っている友達を看病していたたね子が母親の看病のために帰郷を余儀なくされる。同居しながら、仕送りで薬代まで都合している看病ぶりが過剰であり、たね子は堕落女学生として警戒されたかも知れない。なお、「お手紙」はトラブルを描いた作品として取り上げている。「天人菊」については（注14）を参照されたい。
(17) 「琴」では、叔母の元で鶴子とお里という少女が暮しているのだが、「立派」な両親がいる鶴子はお嬢様扱いされ女学校に通わせてもらっているのに対して、孤児のお里は「女中」のような扱いで女学校に通わせてもらえていない。
(18) 母親を亡くし寂しく過ごしていた邦子という女学生が北国の女学校に転校し、寄宿舎生活の楽しさを知る。この作品でも、女学生同士の親密な関係が描かれていた（「邦子を妹のやうに愛して、つねに淋しい邦子の境遇を慰さめ、弱々しい邦子の性質を護つて、優しい情で導きました」五巻一六号［明治四三年一二月一日］）。なお、「特別寄宿生」については「再加熱」型作品として論じているので、そちらを参照されたい。
(19) 「沈丁花」もまた、同系統の作品である。「養育院」出身であることを打ち明けてくれたルームメイトの雪子が退学してしまい、養女であることを告げられなかった英子の後悔を描く。「その境遇のわびしさを秘密にする間は、この後何時までも心の友は出来ますまい」（七巻四号［明治四五年三月一日］）とあるように、「心の友」を得る機会を逸したことが主題なのだが、「寮の姉」と同じく、寮生のわびしさが通奏低音として指摘できる。
(20) あらすじについては（注15）を参照のこと。ちなみに、「故郷」（五巻一一号［明治四三年八月一日］）では、帰省したことがない郁子という女学生が帰省した学友から故郷の懐かしさを綴った手紙を受け取り、故郷を懐かしむ気持ちがわからず、孤独感に苛まれている。
(21) 花枝という女学生が病気で休んでいる間に、たに子という級友の悪企みによって、紀年会での名誉を横取りされたばかりか、花枝の親友である英国人のルーセとの仲まで壊される。
(22) 学友の道江に騙されて、君代が親友の崎子のことを疑うが、真実を知り、自分の至らなさを謝りに行く。
(23) あらすじについては、（注8）を参照のこと。
(24) 家が貧しいみち子という生徒が「塗板」に先生に贔屓されていると書かれ、みち子と仲の悪い歌子が落書きの犯人と疑われるが、小使いの少女が犯人であることがわかり、重苦しい雰囲気が晴れて二人は安堵する。

（25）塩屋（二〇一三）は「遅刻」を取り上げ、勉学を志向しない少女が排除されていることを指摘している。「遅刻」では、露子という女学生が通学途中で、蜆売りの少女が腕白坊主たちに苛められているのを目の当たりし、いじめを止めさせるのだが、蜆売りの少女は露子に引き取られることはない。貧しい少女が資産家の娘の家に引き取られる「花の友」とは対照的な結末となっている。「勉学」への志向の有無が両者の運命を分けたのだと考えられる。

（26）（千枝子の手紙で里子が詩歌を作っていたことを知り）「「でも、あなたはもう隠れたつて駄目よ、山間の遺珠が都の詩壇へ出たのですもの。私達の文学会は屹度《きつと》あなたを女王にするわ。」／二人は十年の親友のやうに、肩を並べて語り合ひつつ、花かげを逍遥しました。そして二人の胸には、三人の少女を繋いだ目に見えぬ縁の糸が深く考へられました」のように（七巻七号［明治四五年五月一日］）、文芸趣味を通した少女の紐帯がポジティブに描かれている。

（27）〈女学生小説〉ではないが、「お静」では、女中奉公している少女が寄宿先の親切な高校生に寄せる淡い恋情が描かれていた（「物思はしく庸一の後影を見送つたお静は、ハツと顔に紅葉を散らして、犇《ひし》と光子の手を握りかへした」五巻三号［明治四三年二月一日］）。女学生ではないものの、下宿における男女関係が社会問題化していたことを想起するならば、非難されかねない作品であったと思われる。

（28）女学生の間で独唱家として評判の園子という少女が但馬に帰郷した際、女教員をしている小学生時代の友達から独唱を頼まれ披露したところ、理解を得られず、不評を買うという作品である。地方におけるハイカラ女学生に対する社会的まなざしが描かれるとともに、「私の得意の独唱も、此町へ来ては、お友達にまで御迷惑をかけたか知らと思ふと《(ママ)》。私、もう悲しくなつてしまひました」（六巻一一号［明治四四年八月一日］）のように、世間の風当たりの強さに打ちひしがれている様子が語られている。

（29）「写真」（四巻三号［明治四二年二月一日］）では、自分の写真を撮るのが大好きな操という女学生がフランスに留学している兄から肖像画を描きたいので写真を送るよう頼まれる。この作品で注目されるのは、兄が選んだ写真は操が撮ったものではなく、写真好きの男性が勝手に撮影したものであったという点である。気取っておらず、操らしいというのが理由とされているが、操のポジションはまなざす主体からまなざされる客体へとシフトしている。女学生がまなざす主体からも疎外されていたことを示唆していよう。まなざされる対象としての少女像については、ビジュアル・イメージを検討した今田（二〇〇七）を参照されたい。

結論

（1）「児童読物改善ニ関スル指示要綱」の成立の経緯については、浅岡（二〇〇四）を参照されたい。俗悪とされた赤本や漫画等との差異化を通して、〈児童文学〉がどのように正統化されたのかなど、検討すべき課題は少なくない。

【参考文献】（【初出一覧】掲載分を除く）

浅岡邦雄（二〇〇二）「明治期博文館の主要雑誌発行部数」国文学研究資料館編『明治の出版文化』臨川書店
浅岡靖央（二〇〇四）『児童文化とは何であったか』つなん出版
天野郁夫（一九九二）『学歴の社会史―教育と日本の近代―』新潮社
天野郁夫（一九九七）『教育と近代化　日本の経験』玉川大学出版部
アルチュセール、ルイ（一九九三）柳内隆訳「イデオロギーと国家のイデオロギー装置」『アルチュセールの〈イデオロギー〉論』三交社
飯干陽（一九九二）『明治の少年記者木村小舟と『少年世界』』あずさ書店
泉谷周三郎（二〇〇〇）「国民道徳と個人主義」『横浜国立大学教育人間科学部紀要Ⅲ社会科学』三集
一柳廣高（一九九七）『催眠術の日本近代』青弓社
稲垣恭子（二〇〇七）『女学校と女学生　教養・たしなみ・モダン文化』中央公論新社
稲垣達郎編（一九七四）『明治文学全集50　金子筑水・田中王堂・片山孤村・中沢臨川・魚住折蘆』筑摩書房
今井泰子（一九七〇）「明治末文壇の一鳥瞰図―文芸委員会あるいは文芸院をめぐって」北海学園大学編『学園論集』一六号
今田絵里香（二〇〇七）『「少女」の社会史』勁草書房
イリッチ、イヴァン（一九七七）東洋ほか訳『脱学校の社会』東京創元社
岩淵宏子ほか編（二〇一五）『少女小説事典』東京堂出版
上田信道（二〇一〇）『日本之少年【復刻版】解説』柏書房
上田信道（二〇一一）『幼年雑誌【復刻版】解説』柏書房
内田雅克（二〇一〇）『大日本帝国の「少年」と「男性性」　少年少女雑誌に見る「ウィークネス・フォビア」』明石書店
江島顕一（二〇〇九）「明治期における井上哲次郎の「国民道徳論」の形成過程に関する一考察―『勅語衍義』を中心と

して―」『慶應義塾大学大学院社会学研究科紀要』六七号
遠藤純（二〇一〇）「『少年世界』の総合的研究―『少女世界』創刊の影響―」日本児童文学学会第四九回研究大会ラウンドテーブル資料
大阪国際児童文学館編（一九九三a）『日本児童文学大事典』第一巻、大日本図書
大阪国際児童文学館編（一九九三b）『日本児童文学大事典』第二巻、大日本図書
小笠原拓（二〇〇七）「「文検国語科」の研究（1）―その制度と機能について―」鳥取大学地域学部編『地域学論集』四巻一号
岡真理（一九九八）「二級読者あるいは「読むこと」の正統性について」『思想』八八六号
尾崎るみ（二〇〇七）『若松賤子　黎明期を駆け抜けた女性』港の人
小田義隆・土屋基規（一九九九）「戦前中等教員養成制度の研究―「文検」歴史科を中心に―」『神戸大学発達科学部研究紀要』七巻一号
小股憲明（一九九〇）「教育勅語撤回風説事件と中島徳蔵」京都大学人文科学研究所編『人文学報』六七号
柿岡玲子（二〇〇五）『明治後期幼稚園保育の展開過程―東基吉の保育論を中心に―』風間書房
上笙一郎（一九六一）「日本児童文学におけるナショナリズムの系譜―『浮城物語』から山中峯太郎へ―」『日本文学』一〇巻九号
亀井秀雄（一九九九）『「小説」論　『小説神髄』と近代』岩波書店
菅忠道（一九六五）「巌谷小波　おとぎ話と教育」東洋館出版社編集部『近代日本の教育を育てた人びと　下』東洋館出版社
菅忠道（一九八三）『菅忠道著作集』一巻、あゆみ出版
菅野覚明（二〇〇四）『武士道の逆襲』講談社
北川公美子（二〇一三）「明治期の幼稚園教育と「童話」―ヘルバルト派教育学の影響下で―」『保育学研究』五一巻一号
木村直恵（一九九八）『〈青年〉の誕生　明治日本における政治的実践の転換』新曜社
木村洋（二〇一五）『文学熱の時代　慷慨から煩悶へ』名古屋大学出版会
清川郁子（一九九二）「「壮丁教育調査」にみる義務制就学の普及―近代日本におけるリテラシーと公教育制度の成立―」

日本教育社会学会編『教育社会学研究』五一集
金水敏（二〇〇三）『ヴァーチャル日本語　役割語の謎』岩波書店
熊谷昭宏（二〇〇五）「「事実」としての「奇」と「危」―江見水蔭の「実地探検」群を手がかりに―」『同志社国文学』六三号
久米依子（一九九三ａ）目白学園女子短期大学国語国文科研究室編「巌谷小波「お伽小説」の世界―明治少年の冒険―」『国語国文学』二号
久米依子（一九九三ｂ）「巌谷小波「少年小説」の世界―明治少年〈僕〉の物語」井上百合子先生記念論集刊行会編『近代の文学』河出書房新社
久米依子（二〇一三）『「少女小説」の生成　ジェンダー・ポリティクスの世紀』青弓社
倉内史郎（一九六一）『明治末期社会教育観の研究―通俗教育調査委員会成立期―』講談社
榑松かほる・菅原亮芳（一九八八）「民間教育雑誌の成立に関する一断面―「教育時論」と「教育報知」をてがかりとして―（上）」『桜美林論集：一般教育篇』一五号
桑原三郎（一九七七）「解説―巌谷小波―」『日本児童文学大系　巌谷小波集』一巻、ほるぷ出版
桑原三郎編（一九七七）『日本児童文学大系　巌谷小波集』一巻、ほるぷ出版
小山静子（一九九一）『良妻賢母という規範』勁草書房
蔡暉映（二〇一〇）「巌谷小波の創作「お伽小説」―異界往還物語からみる「少年」と「少女」―」日本児童文学学会編『児童文学研究』四三号
ザイプス、ジャック（二〇〇一）鈴木晶ほか訳『おとぎ話の社会史　文明化の芸術から転覆の芸術へ』新曜社
酒井晶代（一九九七）「日清戦争後の〈遊学少年〉たち―雑誌「少年世界」を手がかりに―」『愛知淑徳短期大学研究紀要』三六号
坂本道夫（二〇〇一）「小説家・江見水蔭の生涯―太古の遺物を地中の宝といった異色の大衆小説家―」中山清隆編『江見水蔭『地底探検記』の世界　解説・研究編』雄山閣出版
サピロ、ジゼル（二〇一七）鈴木智之ほか訳『文学社会学とはなにか』世界思想社
塩屋知里（二〇一三）「『少女世界』の少女表象―主筆沼田笠峰の小説分析から―」広島大学近代文学研究会編『近代文学

試論』五一号
重信幸彦（二〇〇三）『〈お話〉と家庭の近代』久山社
澁谷知美（二〇一三）『立身出世と下半身　男子学生の性的身体の管理の歴史』洛北出版
新藤透（二〇一三）「明治期に於ける「選書論」の検討」『日本図書館情報学会誌』五九巻一号
鈴木貞美（二〇〇一）「明治期『太陽』の沿革、および位置」鈴木貞美編『雑誌『太陽』と国民文化の形成』思文閣出版
鈴木正節（一九七九）『博文館『太陽』の研究』アジア経済出版会
瀬沼茂樹（一九五五）「解説　長谷川天渓」『長谷川天渓文芸評論集』岩波書店
全国ＳＬＡ編集部（二〇一四）「青少年読書感想文全国コンクール課題図書について」『学校図書館』七六三号
全国学校図書館協議会編（二〇一七）『考える読書 第62回青少年読書感想文全国コンクール入賞作品集』毎日新聞出版
高橋一郎（一九九二）「明治期における「小説」イメージの転換―俗悪メディアから教育的メディアへ―」『思想』八一二号
高橋修（二〇一五）『明治の翻訳ディスクール―坪内逍遙・森田思軒・若松賤子』ひつじ書房
竹内洋（一九八八）『選抜社会』リクルート出版
竹内洋（二〇〇五）『立身出世主義　近代日本のロマンと欲望［増補版］』世界思想社
竹崎敏子（一九五二）「大町桂月」昭和女子大学光葉会編『学苑』一四巻七号
谷川恵一（二〇〇八）『歴史の文体　小説のすがた　明治期における言説の再編成』平凡社
谷崎潤一郎（一九九八）『幼少時代』岩波書店
谷沢永一（二〇〇二）「「文藝時評」ことはじめ」『新潮45』一月号
筒井清忠（一九九五）『日本型「教養」の運命　歴史社会学的考察』岩波書店
続橋達雄（一九七二）『児童文学の誕生―明治の幼少年雑誌を中心に―』桜楓社
坪内逍遥（二〇一〇）『小説神髄』岩波書店
土居安子（二〇一三）「明治期『少年世界』の読書投稿欄から見た『少年世界』の読書様態」『国際児童文学館紀要』二六号
鳥越信（二〇〇一）「日本近代児童文学史の起点」鳥越信編『はじめて学ぶ日本児童文学史』ミネルヴァ書房
永井聖剛（二〇一一）「「文章＝世界」を生きる中学生たち―『中学世界』から『文章世界』への移行―」『愛知淑徳大学メディアプロデュース学部論集』一号

長岡義幸（二〇一〇）『マンガはなぜ規制されるのか 「有害」をめぐる半世紀の攻防』平凡社
中川理恵子（二〇〇〇）「『少年世界』にみる明治中期の「お伽噺」」『武蔵野女子大学短期大学部紀要』一号
中嶌邦監修（一九八四）『近代日本女子教育文献集15 現代少女とその教育』日本図書センター
永嶺重敏（一九九七）『雑誌と読者の近代』日本エディタースクール出版部
永嶺重敏（二〇〇四）『〈読書国民〉の誕生 明治30年代の活字メディアと読書文化』日本エディタースクール出版部
中村哲也（一九九〇）「近代日本における児童文学生成期の諸相―逍遥・鷗外・小波を中心に―」日本児童文学学会編『児童文学研究』二二号
中村幸彦（一九八二）『中村幸彦著述集』一巻、中央公論社
中山昭彦（二〇〇〇）「裸体画・裸体・日本人―明治期〈裸体画論争〉第一幕」金子明雄ほか編『ディスクールの帝国 明治三〇年代の文化研究』新曜社
中山淳子（二〇〇九）『グリムのメルヒェンと明治期教育学―童話・児童文学の原点』臨川書店
成田龍一（一九九四）「『少年世界』と読書する少年たち―1900年前後、都市空間のなかの共同性と差異―」『思想』八四五号
日本児童文学学会編（一九八八）『児童文学事典』東京書籍
日本社会学会社会学事典刊行委員会編（二〇一〇）『社会学事典』丸善
野口武彦（一九九六）『一語の辞典 小説』三省堂
平岩昭三（二〇〇三）『検証藤村操 華厳の瀧投身自殺事件』不二出版
フーコー、ミシェル（一九七七）田村俶訳『監獄の誕生―監視と処罰―』新潮社
藤本芳則（一九九一）「武田櫻桃と児童文学」『大阪青山短大国文』七号
藤本芳則（二〇一三）『〈小波お伽〉の輪郭 巖谷小波の児童文学』双文社出版
ブルデュ、ピエール（一九八八）今村仁司ほか訳『実践感覚』1、みすず書房
ブルデュー、ピエール（一九九五、一九九六）（石井洋二郎訳）『芸術の規則』Ⅰ、Ⅱ、藤原書店
細谷実（二〇〇一）「大町桂月による男性性理念の構築」関東学院大学経済学部教養学会編『自然・人間・社会』三一号
ホブズボウム、エリックほか編（一九九二）前川啓治ほか訳『創られた伝統』紀伊國屋書店

前田愛（一九八九ａ）『前田愛著作集第二巻　近代読者の成立』筑摩書房
前田愛（一九八九ｂ）『前田愛著作集第三巻　樋口一葉の世界』筑摩書房
松田良一（一九八五）「巌谷小波の出発―『世界お伽噺』と木曜会―」相山女学園大学国文学会編『椙山国文学』九号
三川智央（二〇一〇ａ）「『西国立志編』と明治初期の「小説」観（Ⅰ）」金沢大学大学院人間社会環境研究科編『人間社会環境研究』一九号
三川智央（二〇一〇ｂ）「『西国立志編』と明治初期の「小説」観（Ⅱ）」金沢大学大学院人間社会環境研究科編『人間社会環境研究』二〇号
三品理絵（二〇〇七）「翻案作家としての長谷川天渓―「鏡世界」と「人魚」―」神戸大学文学部国語国文学会編『国文論叢』三八号
三輪田学園百年史編集企画委員会編（一九八八）『三輪田学園百年史』三輪田学園
向川幹雄（一九八五）「明治初期の児童文学評論」兵庫教育大学言語表現学会編『言語表現研究』三号
名著複刻全集近代文学館編（一九六八）『巌谷小波著　こがね丸　博文館版』日本近代文学館
名著複刻日本児童文学館編（一九七一）『海底軍艦　文武堂版』ほるぷ出版
名著複刻日本児童文学館編（一九七四）『三十年目書き直し　こがね丸』ほるぷ出版
目黒強（一九九七）「明治二五年における学童／児童の言説編成―巌谷小波『当世少年気質』と『暑中休暇』における同一性と差異―」日本児童文学学会編『児童文学研究』三〇号
目黒強（一九九九）「「児童の発見」再考―イデオロギー装置論（アルチュセール）に向けて―」日本児童文学学会編『児童文学研究』三二号
目黒強（二〇〇三）「不良学生問題の成立過程に関する考察」『神戸大学発達科学部研究紀要』一〇巻二号
目黒強（二〇〇七）「若松賤子訳「セイラ、クルーの話。」にみるジェンダー」神戸大学文学部国語国文学会編『国文論叢』三八号
目黒強（二〇一一ａ）「立身出世主義にみる文学少年の近代」稲垣恭子編『教育文化を学ぶ人のために』世界思想社
目黒強（二〇一二）「『日本之少年』における小説観のアクチュアリティ」『国際児童文学館紀要』二五号
文部省編（一九七二）『学生百年史　資料編』帝国地方行政学会

山梨あや（二〇一一）『近代日本における読書と社会教育　図書館を中心とした教育活動の成立と展開』法政大学出版局
山本武利（一九八一）『近代日本の新聞読者層』法政大学出版局
山本正秀（一九六五）『近代文体発生の史的研究』岩波書店
山本芳明（二〇〇〇）『文学者はつくられる』ひつじ書房
横田順彌（二〇一一）『近代日本奇想小説史』ピラールプレス
吉田精一ほか編（一九七二）『近代文学評論大系第1巻　明治期Ⅰ』角川書店
読売新聞社社史編纂室編（一九五五）『読売新聞八十年史』読売新聞社
ルービン、ジェイ（二〇一一）今井泰子ほか訳『風俗壊乱　明治国家と文芸の検閲』世織書房
若桑みどり（二〇〇〇）『戦争がつくる女性像　第二次世界大戦下の日本女性動員の視覚的プロパガンダ』筑摩書房
早稲田大学図書館古典籍総合データベース
http://www.wul.waseda.ac.jp/kotenseki/（二〇一八年八月二九日閲覧）
和田利夫（一九八九）『明治文芸院始末記』筑摩書房

（復刻版書誌）
『教育学術界』大空社、一九八九～九九年。
『教育時論』雄松堂書店、一九八〇～九六年。
『教育報知』ゆまに書房、一九八六年。
『児童研究』第一書房、一九七九～八七年。
『小国民』不二出版、一九九八～九九年。
『少年園』不二出版、一九八八年。
『少年世界』名著普及会、一九九〇～九一年。
『日本之少年』柏書房、二〇一〇～一一年。
『婦人と子ども』名著刊行会、一九七九年。

【初出一覧】

（それぞれの章に収録した論文の原題と初出誌を示す。
ただし、本書にまとめるに際して大幅に改訂している。）

序　論　書き下ろし

第一部　課外読み物としての〈児童文学〉の正統化戦略

第一章　目黒強（二〇一四）「明治後期における課外読み物観の形成過程—『太陽』における「小説」観に着目して—」『神戸大学大学院人間発達環境学研究科研究紀要』八巻一号

第二章　目黒強（二〇一七a）「大町桂月の修養主義的文学観」『大阪国際児童文学振興財団研究紀要』三〇号

第三章　目黒強（二〇一四）「教育雑誌における教育的メディアとしての児童文学の発見—『教育時論』を事例として—」日本児童文学学会編『児童文学研究』四六号

第四章　目黒強（二〇一六）「明治期における〈冒険小説〉の排除と包摂—教育雑誌を中心に—」『大阪国際児童文学振興財団研究紀要』二九号

第五章　目黒強（二〇一八a）「明治期の読書論における〈空想〉の排除と包摂—お伽噺論を中心として—」日本子ども社会学会編『子ども社会研究』二四号

第六章　目黒強（二〇一八b）「明治後半期における文士の社会的地位をめぐるポリティクス—巌谷小波の文士優遇論に着目して—」『大阪国際児童文学振興財団研究紀要』三一号

第二部　児童雑誌のジレンマ

第一章　書き下ろし

第二章　目黒強（二〇一〇）「『少年世界』における「お伽小説」にみる「小説」の位相―巌谷小波の作品を中心として―」『国際児童文学館紀要』二三号

第三章　目黒強（二〇一七b）「明治後期における『少女世界』にみる良妻賢母規範をめぐるポリティクス―〈お伽小説〉と〈冒険小説〉を事例として―」『神戸大学大学院人間発達環境学研究科研究紀要』一一巻一号

第四章　目黒強（二〇一一b）「『少年世界』における「少年小説」の同時代的意味―小説有害論に着目して―」『国際児童文学館紀要』二四号

第五章　目黒強（二〇一三）「メディア有害論からみた『少女世界』における女学生像―「少女小説」と「演劇」を中心として―」『国際児童文学館紀要』二六号

結論　書き下ろし

あとがき

課外読み物観に関心を抱いたのは、今から一〇年ほど前のことである。それまで近代的子ども観について研究していたのだが、大阪国際児童文学館の専門員の方々（遠藤純さん、小松聡子さん、土居安子さん）を中心とした児童雑誌の共同研究に参加することになり、「お伽小説」というジャンルが孕む歴史性に気付いたことが研究の始まりであった。

以来、現在に至るまで児童雑誌の共同研究に取り組んでいるのだが、児童雑誌研究会に参加していなかったら、課外読み物観の研究に着手することはなかったかも知れない。研究テーマとの奇縁を思わずにはいられない。また、本書の元になった論文の多くは館の研究紀要に発表させていただいたものである。その意味でも、児童雑誌研究会なしには本書は成立しえなかっただろう。

研究のアプローチも共同研究によって培われた。竹内洋先生に稲垣恭子・竹内洋編『不良・ヒーロー・左傾』（人文書院、二〇〇二年）の合評会にお招きいただいて以来、稲垣恭子先生をはじめとした教育社会学研究者の方々と教養に関する共同研究を続けている。文学研究者の筆者にとって、教育社会学研究者の方々との交流は刺激的で得がたい機会である。本書の鍵概念である立身出世主義や文学場はもちろんのこと、歴史社会学的に文学的事象を考察する構えを学ばせていただいた。

かくも多くの方々の学恩に支えられながら、研究に取り組むことができたことはとても幸せなことなのだと思う。

本書の刊行をもって、学恩に少しでも報いることができていたら嬉しい。

最後に謝辞を。二〇一八年三月まで神戸大学大学院人文学研究科に在職されていた田中康二先生（現・皇學館大学）には、本書をまとめるよう背中を押していただいたのみならず、出版社をご紹介いただくなど、本当にお世話になりました。ありがとうございました。また、面識がなかったにもかかわらず、本書の出版をお引き受けいただいた和泉書院の廣橋研三様には、感謝の言葉しかありません。この場を借りて、お礼を申し上げます。

二〇一八年一一月

目黒　強

人名索引

凡例

収集範囲から作品一覧の表を除外し、読者投稿欄の著者名・参考文献の著者名・作中人物名を除いた。本文中の表記では分かりにくい人名のうち特定できた者については、〔 〕内に人名を補った。ヨミが不明な者については、推定で立項した。

ア行

カ行

サ行

タ行

ナ行

ハ行

書名索引

凡例
昔話を含み、参考文献を除く。本文中の表記では分かりにくい書名については、〔 〕内に補った。

カ行

サ行

マ行

ヤ行

ラ行

ワ行

■著者略歴

目黒　強（めぐろ つよし）

神戸大学大学院教育学研究科修了。

神戸大学大学院人間発達環境学研究科准教授。

専門は近現代日本児童文学。

共編著に『「場所」から読み解く世界児童文学事典』（原書房、2014年）、分担執筆に「谷崎潤一郎『細雪』にみる接触空間におけるモダンガール表象のアポリア」（緒形康編『一九三〇年代と接触空間－ディアスポラの思想と文学』双文社出版、2008年）、「立身出世主義にみる文学少年の近代」（稲垣恭子編『教育文化を学ぶ人のために』世界思想社、2011年）、「キリスト教児童文学と戦争」（鳥越信・長谷川潮編『はじめて学ぶ日本の戦争児童文学史』ミネルヴァ書房、2012年）などがある。

〈児童文学〉の成立と課外読み物の時代
シリーズ 扉をひらく 3

二〇一九年五月二五日 初版第一刷発行

著者 目黒強
発行者 廣橋研三
発行所 和泉書院

〒543-0037 大阪市天王寺区上之宮町七－六
電話 〇六－六七七一－一四六七
振替 〇〇九七〇－八－一五〇四三

印刷・製本 亜細亜印刷
装訂 濱崎実幸／定価はカバーに表示

ISBN 978-4-7576-0902-0 C3395